智慧校园建设研究

李兆延　赵成芳　著

中国水利水电出版社
www.waterpub.com.cn
・北京・

内 容 提 要

本书对智慧校园建设进行了系统探究。第 1 章阐述“智慧校园”出现的背景和必然性。第 2 章简述了智慧校园的历史、理论、内涵、建设现状和存在问题。第 3 章介绍物联网、云计算、虚拟化、大数据等智慧校园建设的关键技术。第 4 章介绍智慧校园的规划方案与模式，并详述了智慧校园的功能、内容和体系架构。第 5 章对智慧大楼、智慧教室、智慧图书馆、智慧宿舍、智慧餐厅等基础硬件设施建设进行探究。第 6 章对智慧校园应用系统、大数据中心、科研服务平台、学生事务服务平台等软件设施建设进行介绍。最后两章探讨了智慧校园的安全保障和管理评价。

本书适合各大高校计算机专业学生和教师使用，也可供计算机从业人员参考阅读。

图书在版编目（CIP）数据

智慧校园建设研究 / 李兆延，赵成芳 著 . -- 北京：中国水利水电出版社，2020.4 （2024.10重印）
ISBN 978-7-5170-7674-2

Ⅰ.①智… Ⅱ.①李… ②赵… Ⅲ.①信息技术－应用－校园－建设 Ⅳ.① G47

中国版本图书馆 CIP 数据核字 (2019) 第 089496 号

责任编辑：陈　洁　　　　**封面设计：领航文化**

书　　名	智慧校园建设研究 ZHIHUI XIAOYUAN JIANSHE YANJIU
作　　者	李兆延　赵成芳　著
出版发行	中国水利水电出版社 （北京市海淀区玉渊潭南路 1 号 D 座 100038） 网址：www.waterpub.com.cn E-mail：mchannel@263.net（万水） sales@waterpub.com.cn 电话：（010）68367658（营销中心）、82562819（万水）
经　　售	全国各地新华书店和相关出版物销售网点
排　　版	北京万水电子信息有限公司
印　　刷	三河市元兴印务有限公司
规　　格	170mm×240mm　16 开本　20.5 印张　328 千字
版　　次	2020 年 4 月第 1 版　2024 年 10 月第 3 次印刷
印　　数	0001—3000 册
定　　价	92.00 元

前言

高校的信息化建设已经从数字校园迈向智慧校园阶段，教育模式也从传统教育变革到以“互联网+”为代表的智慧教育。在国家“双一流”建设的背景下，在翻转课堂、MOOCs等学习方式的冲击下，必须大力建设智慧校园才能创设智慧教学环境，推进课程形态、教学范式、评价模式、教师发展、教育管理等的变革，才能适应新的教育形态。在智慧校园环境下，一切活动将在物联网、大数据技术下变得可视化，通过量化分析进行精准的个性化的教学指导，实现全员、全过程、全方位的三全育人格局；同时基于大数据的决策分析将进一步优化育人环境和决策机制，为培养创新型、智慧型人才提供良好的服务。

智慧校园是一个系统体系，不是孤立的建设硬件或软件，而是要围绕育人建设全方位的服务体系，服务于三全育人，贵州务川的现代教育技术工作者高方银在他的专著《行走在教育绿洲——一位仡佬族现代教育技术探究者的成长足迹》中说到一个故事，一个老人在河边钓鱼，技巧纯熟，没多久就钓了满篓的鱼。一个小孩在旁边看，老人见小孩很可爱，要把满篓的鱼送给他，小孩摇摇头。老人惊异地问：“你为什么不要？”小孩回答：“我想要你手中的钓竿。”老人问：“为什么？”小孩说：“鱼没多久就吃完了，要是我有钓竿，我就可以自己钓，一辈子也吃不完。”老人反问：“你会钓鱼吗？如果你不会钓，就算有了钓竿，也没有用啊！”如果把“钓鱼”事件与“教育信息化”对比联系，钓竿即是信息化硬件设施，钓饵便是信息化教育资源，钓技则是教师的信息技术应用技能，钓趣就是师生的技术工具与技术手段选用意识与兴趣。做到钓竿、钓饵、钓技和钓趣的有机结合，即是实现信息化硬件设施、教育资源、应用技能和应用意识的协调发展。与此同时，没有浓厚的意识与兴趣，没有持久的耐心与信心，没有娴熟的技能与技巧，再好的“硬件设施”和“教育资源”也是枉然，反之亦然。智慧校园建设也亦然。

教育部门已经将智慧校园建设列为重点工作内容，很多学校也开始轰轰烈烈地建设智慧校园，通过研究我们发现学校在智慧校园建设中还存在诸多问题，本书结合高等学校智慧校园技术参考模型（CELTS-201604）、智慧校园总体框架（国家标准 GB/T36342—2018）、美国地平线报告等，从硬件建设到平台开发到业务应用到服务门户到安全层面，全方位地分析存在的问题并给出解决方案，在案例的基础上兼顾理论，使本书成为智慧校园建设的理论指导，同时也是各级各类学校建设智慧校园的重要参考依据。本书既有文献资料，也有政策法规及规范性文件，内容包含理论的研究、知名高校的实践、一线厂商的技术路线、著者的思考等。

本书共 8 章。第 1、2、3 章从理论的角度，分别介绍了智慧校园建设的背景、现状、关键技术；第 4、5、6、7 章为从建设的角度，分别介绍了智慧校园的规划、基础设施、系统建设、安全保障；第 8 章从评价的角度，介绍了智慧校园的管理和评价。

作者自 2001 年开始在西华大学信息化管理部门工作，一直从事数字校园 / 智慧校园的建设与研究，并开发了部分应用软件系统，但是由于能力和水平有限，书中肯定还存在诸多不足之处，敬请各位专家、学者以及阅读本书的人员批评指正，恳请提出宝贵意见，请联系 lzy@email.xhu.edu.cn。在本书的写作过程中，参考和引用了大量国内外论文、专著、教材、网络文献资料，其中主要来源已在参考文献中列出，如有遗漏，恳请谅解，在此对所有著作者表示最诚挚的谢意！本书的顺利出版得到了中国水利水电出版社的鼎力支持，在此向他们表示由衷的感谢。

本书在写作过程中，得到了西华大学计算机与软件工程学院、信息与网络管理中心、大数据研究中心的大力支持；江苏金智、西安博达、郑州新开普、广州三盟等智慧校园公司和杭州迪普科技、北京谷安天下、绿盟科技等安全公司也进行了指导和评阅，在此非常感谢。同时感谢西华大学发展规划处（高等教育研究中心学科平台项目，编号 szjj2018-014）、四川新环佳科技发展有限公司（教育部 2018 年第一批产学合作协同育人项目，编号 201801293003）给予立项和资助。

李兆延　赵成芳

2019 年 1 月

目 录

前 言

第 1 章 “互联网 +”呼唤智慧校园 01

1.1 智慧校园建设背景 01

1.2 教育信息化推进教育现代化 16

1.3 “互联网 +”推进教育变革 27

1.4 数字校园向智慧校园迈进 39

引用及参考文献 48

第 2 章 智慧校园发展现状 54

2.1 智慧校园发展历程 54

2.2 智慧校园建设的理论基础 60

2.3 智慧校园的内涵 65

2.4 智慧校园研究现状 74

2.5 智慧校园建设现状 76

2.6 智慧校园建设存在的问题 82

引用及参考文献 85

第 3 章 智慧校园建设关键技术 89

3.1 物联网技术 89

3.2 云计算技术 92

3.3 虚拟化技术 97

3.4 大数据技术 104

3.5 移动互联网技术 108

3.6 信息推送技术 109
引用及参考文献 113

第 4 章 智慧校园建设规划 115

4.1 智慧校园规划 115
4.2 智慧校园的功能 139
4.3 智慧校园建设内容 149
4.4 智慧校园体系架构 155
引用及参考文献 161

第 5 章 智慧校园基础设施 163

5.1 智慧大楼 163
5.2 智慧教室 164
5.3 智慧图书馆 168
5.4 智慧宿舍 169
5.5 智慧餐厅 170
引用及参考文献 172

第 6 章 智慧校园系统建设 173

6.1 智慧校园应用系统构成 173
6.2 智慧校园大数据中心建设 191
6.3 智慧校园服务门户建设 196
6.4 智慧校园站群系统建设 199
6.5 智慧校园科研服务平台建设 206
6.6 智慧校园学生事务服务平台建设 207
6.7 基于大数据的主题决策分析系统建设 209
引用及参考文献 220

第 7 章　智慧校园网络安全保障 221

7.1　智慧校园网络安全制度 221

7.2　智慧校园网络安全方案 230

引用及参考文献 239

第 8 章　智慧校园管理评价 241

8.1　智慧校园组织机构 241

8.3　智慧校园制度建设 246

8.4　智慧校园建设管理 247

8.5　智慧校园评价 249

引用及参考文献 257

附录 1　XX 大学信息化建设十三五规划 258

附录 2　网络安全等级保护测评指标 281

附录 3　浙江省高校教育信息化评价指标体系 289

附录 4　江苏省高校智慧校园建设指标体系 299

附录 5　安徽省高等学校教育信息化建设评价指标体系 302

第 1 章 “互联网 +”呼唤智慧校园

1.1 智慧校园建设背景

1.1.1 “互联网 +”成为国家战略

2012 年 12 月 7 日，党的十八大闭幕不到一个月，习近平在深圳考察时作出论断：“现在人类已经进入互联网时代这样一个历史阶段，这是一个世界潮流，而且这个互联网时代对人类的生活、生产、生产力的发展都具有很大的进步推动作用[1]。”

2014 年 2 月 27 日，习近平主持召开中央网络安全和信息化领导小组第一次会议。会上，习近平在讲话中强调：“信息化和经济全球化相互促进，互联网已经融入社会生活方方面面，深刻改变了人们的生产和生活方式。我国正处在这个大潮之中，受到的影响越来越深。”[2]

2014 年 11 月 20 日，李克强在杭州出席首届世界互联网大会的时候说：“互联网是大众创业、万众创新的新工具”，其中“大众创业、万众创新”正是此次政府工作报告中的重要主题，被称作中国经济提质增效升级的“新引擎”，可见其重要作用[3]。

2015 年 3 月 5 日上午十二届全国人大三次会议上，李克强在政府工作报告中首次提出“互联网 +”行动计划：制订“互联网 +”行动计划，推动移动互联网、云计算、大数据、物联网等与现代制造业结合，促进电子商务、工业互联网和互联网金融健康发展，引导互联网企业拓展国际市场[4]。

关于“互联网 +”的定义有很多，有代表性的主要有：

官方版（李克强）：“互联网 +”代表了一种新的经济形态，即充分发挥互联网在生产要素配置中的优化和集成作用，将互联网的创新成果与经济社会各领域深度融合，提升实体经济的创新力和生产力，形成更广泛的以互联网为基础设施和实现工具的经济发展新形态[5]。

马化腾版："互联网+"是以互联网平台为基础，利用信息通信技术与各行业的跨界融合，推动产业转型升级，并不断创造出新产品、新业务与新模式，构建连接一切的新生态[6]。

阿里版：所谓"互联网+"就是指，以互联网为主的一整套信息技术（包括移动互联网、云计算、大数据技术等）在经济、社会生活等各部门的扩散应用过程[6]。

李彦宏版："互联网+"计划，是互联网和其他传统产业的一种结合模式[6]。

雷军版："互联网+"就是用互联网的技术手段和互联网的思维与实体经济相结合，促进实体经济转型、增值、提效[7]。

分析以上不同的版本，其内涵具有一定的共同性，主要就是发挥互联网在经济发展和社会生活中的基础作用，是一种新的生态体系。

2015年7月4日，经李克强总理签批，国务院印发《关于积极推进"互联网+"行动的指导意见》（以下简称《指导意见》），这是推动互联网由消费领域向生产领域拓展，加速提升产业发展水平，增强各行业创新能力，构筑经济社会发展新优势和新动能的重要举措，明确了11项"互联网+"重点行动领域：分别是创业创新、协同制造、现代农业、智慧能源、普惠金融、益民服务、高效物流、电子商务、便捷交通、绿色生态、人工智能[8]。由此"互联网+"教育应运而生，与教育直接相关的有"互联网+"创业创新、"互联网+"电子商务、"互联网+"人工智能等，"互联网+"教育将促使互联网与教育进行深度融合，为培养创新人才，形成大众创业、万众创新的智慧教育环境。

1.1.2 在线教育蓬勃发展

2018年8月中国互联网信息中心（CNNIC）发布第42次《中国互联网络发展状况统计报告》，报告显示：截至2018年6月，中国网民规模达8.02亿，互联网普及率为57.7%；手机网民规模达7.88亿，网民通过手机接入互联网的比例高达98.3%；我国互联网基础设施建设不断优化升级，提速降费政策稳步实施，推动移动互联网接入流量显著增长，网络信息服务朝着扩大网络覆盖范围、提升速度、降低费用的方向发展；交通、环保、金融、医疗、家电等行业与互联网融合程度加深，互联网服务呈现智慧化和精细化特点，在2017年12月至2018年6月中国网民各类互联网应用的使用率中，在线教育用户规模从 15518 万增加到 17186 万人，半年的增长率为 10.7%，是增长较快的应用之一[9]。

据 iiMediaResearch（艾媒咨询）2018 年预计，到 2020 中国的在线教育用户规模将达 2.96 亿人[10]。

iiMediaResearch（艾媒咨询）分析师认为，近年来在线学习的方式已逐渐渗透于人们的日常生活，未来几年，在线教育技术的持续升级、个性化教育的普及都将推动在线教育市场规模进一步增长，预计 2020 中国在线教育市场规模将达 4330 亿元[10]。

随着网络基础设施性能的不断提升、上网用户规模的不断扩大、在线教育用户数量的急剧增加就要求提供更好的智慧学习平台、智慧服务应用，这些都是智慧校园研究和建设的重点。

1.1.3　教育迈向 4.0 时代

2015 年 6 月 14 日，在 2015 中国“互联网 +”创新大会河北峰会上，业界权威专家学者围绕“互联网 + 教育”进行研讨，认为：“互联网 +”不会取代传统教育，而且会让传统教育焕发出新的活力。第一代教育以书本为核心，第二代教育以教材为核心，第三代教育以辅导和案例方式出现，如今的第四代教育，才是真正以学生为核心。中国工程院院士李京文表示，中国教育正在迈向 4.0 时代[11]。

曾受聘于华东师范大学现代教育技术研究所思维可视化教学实验中心主任刘濯源提出，教育 4.0 就是在信息智能文明时代，以满足学习者心智发展为主要教育目标，以互联网和智能终端为信息载体和传递方式，以教学组织结合自主学习社群为组织形式的教育新形态。[12]

刘濯源认为教育发展阶段经历了 4 个阶段[13]。

（1）教育 1.0 时代。人类文明处于“采摘与渔猎文明”时代；教育以发展学习者的生存技能（狩猎、采集、捕鱼、缝制衣服、战斗）为主要目标，教学方式主要是言传身教，教学的组织形式以群体活动为主。

（2）教育 2.0 时代。人类已经进入“农牧和养殖文明”时代；教育的主要目标是教人“如何做人”和“如何做官”（学而优则仕）；知识（信息）的主要载体与传播工具是书籍；在这个时代，造纸术与印刷术的发展对知识的传播起到巨大推动作用，同时也推动了教育事业的大发展。教学方式主要是“面授”和“自主阅读”活动，其组织形式主要是官办机构（如太学等）和民办学馆（私塾）。

（3）教育 3.0 时代。人类进入“机器工业文明”时代；社会化大工业生产需要大批量的专业技术人才，因此教育的主要目标不再是培养“好人”和“好官”，而是要教授现代科学知识及发展专业技能；知识（信息）的载体仍然以书籍为主，但是也出现了广播和电视等载体及传播渠道；教学方式除面授和阅读活动外，还有收听广播、观看视频等多种方式；其组织形式上以国家设立的现代学校为主体，以民办学校及教育辅导机构作为补充。

（4）教育 4.0 时代。随着互联网及智能终端设备的迅猛发展，人类文明从“机器工业文明”时代跨入“信息智能文明”时代，教育也即将从 3.0 时代迈进 4.0 时代；由于知识与技术的更新速度不断加快，“智本”将代替“知本”，“学力”将重于“学历”，教育目标正从“传递知识”走向“发展心智”；信息的主要载体及传播工具由书籍让渡给互联网及智能终端或移动智能终端；教学方式正从“纯线下”转向“线上”或“线上与线下相结合”，其组织形式也从单一的“他组织”（如传统学校）向“他组织”与“自组织”（如学习社群）相结合转变。

在教育 4.0 情景下，教育目标、信息载体、教育组织形式发生了很大的变革，必须依赖互联网及新兴技术才能实现教育理想和智慧教育。刘濯源认为教育 4.0 的内涵有：一是教育目标的变革——从向学习者传授知识和技术转变为发展学习者的心智能力（即心理能力和思维能力）；二是信息存在及传载形式的变革——信息数字化，传载主体由传统媒介（纸媒、广播、电视）让渡给互联网；三是教育组织形式的变革——从他组织向自组织转变，二者将长期共存。[14]

1.1.4　工业 4.0 开始勃兴

工业 4.0 与“互联网 + 工业”“工业互联网”等内涵基本是基本一致的，也就是传统制造行业的企业采用云计算、物联网、移动互联网、大数据等信息通信技术，改造原有的研发及产品生产方式。工业 4.0 的出现代表人类已经步入智慧时代，创新进入了 3.0 时代。

工业 4.0，是基于工业发展的不同阶段而作出的划分。现在比较认可的划分是：

工业 1.0 是蒸汽机时代（18 世纪的 60 年代到 19 世纪的中期，以蒸汽机驱动的机械制造设备的出现为代表）；工业 2.0 是电气化时代（19 世纪的下半叶到 20 世纪的初期，以劳动分工的细化、电力驱动的大规模生产为代表）；工业 3.0 是信息化时代（20 世纪的 70 年代到 21 世纪的初期，以电子和 IT 技术实现制造流程的自动化为代表）；工业 4.0（以物联网、大数据、人工智能等技术提升制造业制造水平，变革工业生产、管理、物流与创新模式）是利用信息化技术促进产业变革的时代，也就是智能化时代。工业 4.0 的概念最早出现在德国，2013 年 4 月的汉诺威工业博览会上正式推出，其核心目的是为了提高德国工业的竞争力，在新一轮工业革命中占领先机。[15]

工业 4.0 是由德国政府《德国 2020 高技术战略》中所提出的十大未来项目之一，旨在提升制造业的智能化水平，建立具有适应性、资源效率及基因工程学的智慧工厂，在商业流程及价值流程中整合客户及商业伙伴，其技术基础是网络实体系统及物联网；德国所谓的工业四代（Industry 4.0）是指利用物联信息系统（Cyber Physical System，CPS）将生产中的供应、制造、销售信息数据化和智慧化，最后达到快速、有效、个人化的产品供应。“中国制造 2025”与德国“工业 4.0”的合作对接渊源已久，2013 年 4 月德国政府正式推出“工业 4.0”战略，2015 年 5 月国务院正式印发《中国制造 2025》，部署全面推进实施制造强国战略[16]。

工业 4.0 发展也预示创新进入 3.0 时代，当前正处于新科技革命与产业变革的历史性交汇时期，创新已成为全球发展与竞争的主旋律，深刻地改变着世界发展格局和人们的生产生活方式；与此同时，创新本身也出现了许多重要的新特征，正加速进化迭代，如果说创新 1.0 是以技术研发线性模式为特征的封闭式创新，创新 2.0 是以产学研合作为特征的开放式创新，创新 3.0 则是以应用为本、以用户为中心、以生态软环境为基础的自组织创新。具体而言，创新 3.0 的新特征可以概括为“加减乘除”：“加”，就是“互联网 +”，通过信息通信技术的加载应用，为各行各业创造无限的可能性；“减”，就是创新周期缩减，从前沿科技突破到形成产品进入市场再到最终影响社会，整个周期越来越短；“乘”，就是科技创新与业态变革相结合，科技和金融有效对接，产生乘积效应，创造巨大价值；“除”，就是发展的旧模式和旧经验加速破除，很多传统的竞争优势在新时代失灵了，不少百年老店被新生者和后发者颠覆淘汰。在教育领域，要针对不同创新主体、创新要素、创新环节的个性化需求，提升创新政策的针对性和科学性，从引导、示范、调控、配置、激励、制约等不同方面制定实施创新政策；研究探索创新政策的全生命周期管理，增强对标意识，坚持需求导向、问题导向、效果导向，充分利用大数据和信息技术，统筹结合推演比较和情景模拟，科学高效地开展政策的制定、执行、评估、监控和退出等环节[17]。

工业 4.0、中国制造 2025 很重要的一个方面就是推动信息化与工业化的融合，用技术变革推动产业革新，在教育领域就是用信息技术有效地推动智慧教育、智慧校园的发展；创新 3.0 更要求教育与互联网深度融合。

1.1.5 互联网技术进入 Web 4.0

Web 4.0 是以“智慧化”为核心的新一代互联网信息技术，它倡导智慧互联网服务人们的生活，是具备共生网络（Symbiotic Web）、大规模网络（Massive Web）、同步网络（Simultaneously Web）和智慧网络（Intelligent Web）等特征的下一代互联网络[18]；它是海量的、同步的、共生的、智慧的网络，是全面向下兼容的互联网形式，具有比以往任何网络技术时代更高的智慧化程度，它是一个连接一切的、无处不在的、智慧的网络操作系统。[19]

Web 4.0 是 Web 的演进和发展历程中的第四阶段，Web 的发展历程如下：

（1）Web 1.0（1993—2004 年）。互联网 Web 1.0 的诞生，使信息交流的方式发生了颠覆性变化与创新。各类信息门户、网站、静态网页和 Web 文件呈现出爆发式增长，网络应用拉开 Web 1.0 时代的序幕。Web 1.0 时代倡导以“门户”为核心的网络精英文化，用户可以浏览大量的网络信息，信息交互单向传播，网络结构呈现集中式，技术特点呈现机械化和 HTML 数据孤岛。数据库、HTML 网页、P2P 文件共享、连接协议、精英文化、门户网站、Web 搜索引擎等，成为这个时代的关键词标识，其主要的网络应用代表有新浪、搜狐、雅虎等，Web 1.0 是信息技术的重要革命。[20]

（2）Web 2.0（2004—2010 年）。进入 Web 2.0 时代，网络倡导以“用户”为核心的网络交互模式，倡导信息共享和交流，注重网络的及时互动与信息互联，社会知识参与能力大大增强，网络呈现分布式的网络结构，以及半智能化的技术特点，信息来源多元化，信息高度共享[21]。电子商务、互联网社区、社交网络、RSS 等技术不断涌现，信息分享、信息交流、即时互动、移动互联等，成为 Web 2.0 时代的关键词和主旋律，其主要的网络应用代表为谷歌、BLOG 和开心网等。

（3）Web 3.0（2010—2015 年）。随着大数据、云计算、语义网络、语音识别、视觉搜索、人工智能网络应用技术的应用与普及，互联网进入了知识语义网络的 Web 3.0 时代[22]。在这个时期，网络应用强调"个性化"和网络个性文化，人人参与网络社会互动，网络呈现智能化的特征，语义理解、语义搜索、内容聚合，网络呈现语义网络和数据 Web 的网络环境。语义搜索、个人代理、智能代理、本体、语义网络等，成为了这个时代的关键词和代表，其主要的网络应用代表为微信、Facebook、Twitter 等。

（4）Web 4.0（2015 年至今）。随着虚拟现实技术、尖端显示技术、智能网络身份代理、情境感知应用等，代表智慧生活的下一代网络信息技术不断出现，互联网进入了一个全新的智慧互联网时代。一个以智慧虚拟感知、智慧电子代理、智慧身份认证、智慧网络生活等为互联网发展趋势的 Web 4.0 时代（或智慧生活网络时代）正在逐渐成形。

Web 4.0 与其他 Web 互联网信息技术间的比较见表 1-1。[19]

表 1-1 Web 发展历程对比

项目	Web 1.0	Web 2.0	Web 3.0	Web 4.0
核心理念	以"门户"为核心，倡导网络精英文化	以"用户"为核心，倡导网络草根文化	以"个性化"为核心，倡导网络个性文化	以"智慧化"为核心，倡导网络智慧生活
用户参与	被动接受信息，网站与用户缺乏交流	主动参与信息交流，用户与用户双向交流	主动参与社会创新，人人参与网络社会互动	主动融入网络生活，分享网络的智慧生活
信息交互	单向传播，网页、文件等只读信息，信息共享，用户联合	双向互动，主动参与，信息共建，用户交互	多向交流，语义理解、人人参与，知识传承，用户参与创新	智慧交流，认知计算、人人创新，知识生活，用户享受智慧生活
网络环境	集中式的网络结构，信息网络，文件 Web，静态门户	分布式的网络结构，社交网络，人的 Web，搜索+用户空间+门户	集中规则下的分布，语义网络，数据的 Web，标签+个性空间+智能门户	无处不在的网络，共生网络，生活的 Web，智慧网络+生活+情境感知
技术特点	动态 HTML、静态 HTML，机械化，目录、数据孤岛，主体信息来源、拥有内容	XML、RSS、AJAX 等，半智能化，Blog、SNS、TAG，多信息来源、分享内容	OWL、RDFS、RDF 等，智能化，SPARKL、语义搜索，语义理解、内容聚合	AR、HTML5、Hadoop 等，智慧化，自然语言搜索、视觉感知，兴趣理解、智能电子代理
应用案例	新浪门户、搜狐门户、雅虎门户等	Blog、土豆网、GOOGLE 等	新浪微博、Facebook、Twitter 等	谷歌眼镜、Amazon 私有云、城市镜头等

Web 4.0 的主要特征如下：

1）共生网络（Symbiotic Web）。在未来 Web 4.0 互联网的世界里，人、网络、信息和生活更像一个不可分割的有机整体，彼此共存共生[23]。人们利用互联网能方便、快捷、舒适的生活；网络能够根据使用者的身份信息和思维意图，通过智能化的人机界面做出判断、做出决定，并正确地执行人们的想法。智慧化的、极其复杂的用户界面技术（UI），使得人与网络之间能进行虚拟现实与情境感知的合作与交流。共生网络使人与网络之间，彼此联系、相互依存、不可分割、浑然一体[24]。

2）大规模网络（Massive Web）。未来的大规模网络，犹如人类的大脑和超复杂的网络操作系统，能负责大规模的网络运行、计算和应用[25]。大规模网络在网络的数据体量、表现形式、用户对象、交互方式等方面，呈现出大规模性；其中，网络的数据体量呈现出 PB 级别甚至更高，并且数据的增长更加迅速、类型更为复杂多样，表现形式不再局限于传统各类 PC 浏览器、移动终端和智能手机，还有包括诸如可穿戴设备、三维全息投影、无人驾驶汽车等新的智能互联网设备呈现；除此以外，网络用户和网络信息的双向交互，也呈现出大规模的趋势。

3）同步网络（Simultaneously Web）。未来 Web 4.0 时代，也将是一个实时网络同步的时代。用户一旦接入互联网并完成身份认证和权限识别，便立即开始网络同步，这种信息同步涉及学习、娱乐、工作和社交等各个层面，也涵盖政治、经济、生活等各个领域；网络的大规模承载力和共生能力将极大限度地面向用户的参与，为用户提供参与、合作、交流和使用的一切生产、生活和消费等资源，并同时建立现实设备、虚拟空间及人之间的互联网通信和信息的桥梁；而且，这种信息的同步网络是读、写、运行三者同时，可以并行运算的同步网络[26]。

4）智慧网络（Intelligent Web）。Fowler 和 Rodd 等认为，Web 4.0 更像是超智能的电子代理人，能根据人们讨论的兴趣分析信息，并创造新的思维和理论，即使人们身处千里、万里之遥的异地，也能通过身边合适的未来情境感知和虚拟现实设备，进行交流和互动[27]。未来 Web 4.0 时代是智慧的网络空间，它将不断模糊人、虚拟世界、现实社会三者间的界限，在身边无处不在、无时不在、共生共处；Web 4.0 从链接信息转向连通一切，从封闭单向浏览转向开放多维交互，从 PC 互联到所有设备互联，从网络服务转向智慧网络生活[28]。

当前 Web 4.0 时代，主要的技术应用见表 1–2。[19]

表 1–2 Web 4.0 主要技术应用

名称	内容	解释	Web 4.0 特征			
			共生网络	大规模网络	同步网络	智慧网络
Project Glass	谷歌眼镜（可穿戴智能设备）	微型投影仪 + 摄像头 + 传感器 + 存储传输 + 操控设备的结合体通过电脑化的镜片，将信息以智能手机的格式实时展现在用户眼前	√	√	√	√
无人驾驶汽车	轮式移动机器人	利用传感器，感知道路、位置和障碍物等信息，控制车辆，使之安全、可靠地行驶	√	√	√	√
VR 博物馆	虚拟现实博物馆	通过网络大范围的利用虚拟技术，更加全面、生动、逼真地展示文物	√	√	√	√
谷歌气球	谷歌无线覆盖	谷歌 X 实验室推出“热气球网络计划”计划让全世界都能连接无线网络	√	√	√	√
RoBoHoN	机器人型手机	通话、短信，还可以行走、舞蹈，也可以人语对话	√	√	√	√
电子代理人	网上自动交易系统	无需审查或操作，独立地发出、回应电子记录，履行基于身份认证合同的互联网应用	√	√	√	√

Web 技术的发展，尤其是 Web 4.0 的发展为智慧校园应用建设提供了技术支持。

1.1.6 大数据时代来临

最早提出“大数据”时代到来的是全球知名咨询公司麦肯锡。麦肯锡称，“数据，已经渗透到当今每一个行业和业务职能领域，成为重要的生产因素，人们对于海量数据的挖掘和运用，预示着新一波生产率增长和消费者盈余浪潮的到来”。《纽约时报》2012 年 2 月的一篇专栏中所称，“大数据”时代已经降临，在商业、经济及其他领域中，决策将日益基于数据和分析而作出，而并非基于经验和直觉[29]。哈佛大学社会学教授加里·金说：“这是一场革命，庞大的数据资源使得各个领域开始了量化进程，无论学术界、商界还是政府，所有领域都将开始这种进程”[30]。大数据的应用越来越彰显其优势，它占领的领域也越来越大，电子商务、O2O、物流配送等，各种利用大数据进行发展的领域正在协助企业不断地发展新业务，创新运营模式，有了大数据这个概念，对于消费者行为的判断、产品销售量的预测、营销范围的确定以及存货的补给已经得到全面的改善与优化。[31]

大数据到底有多大？一组名为“互联网上一天”的数据告诉我们，一天之中，互联网产生的全部内容可以刻满 1.68 亿张 DVD，发出的邮件有 2940 亿封之多（相当于美国两年的纸质信件数量），发出的社区帖子达 200 万个（相当于《时代》杂志 770 年的文字量），卖出的手机为 37.8 万台，高于全球每天出生的婴儿数量 37.1 万……[32] 截止到 2012 年，数据量已经从 TB（1024GB=1TB）级别跃升到 PB（1024TB=1PB）、EB（1024PB=1EB）乃至 ZB（1024EB=1ZB）级别，国际数据公司（IDC）的研究结果表明，……2011 年的数据量更是高达 1.82ZB，相当于全球每人产生 200GB 以上的数据，而到 2012 年为止，人类生产的所有印刷材料的数据量是 200PB，全人类历史上说过的所有话的数据量大约是 5EB，IBM 的研究称，整个人类文明所获得的全部数据中，有 90% 是过去两年内产生的，而到了 2020 年，全世界所产生的数据规模将达到今天的 44 倍[33]。

大数据带给我们的三个颠覆性观念转变：是全部数据，而不是随机采样；是大体方向，而不是精确制导；是相关关系，而不是因果关系[34]。

当数据的处理技术发生翻天覆地的变化时，大数据时代的思维也要发生三个变革，第一个思维变革：利用所有的数据，而不再仅仅依靠部分数据，即不是随机样本，而是全体数据。在大数据时代，我们可以分析更多的数据，有时候甚至可以处理和某个特别现象相关的所有数据，而不再依赖于随机采样（随机采样，以前通常把这看成是理所应当的限制，但高性能的数字技术让我们意识到，这其实是一种人为限制）。第二个思维变革：唯有接受不精确性，才有机会打开一扇新的世界之窗，即不是精确性，而是混杂性。研究数据如此之多，以至于我们不再热衷于追求精确度；之前需要分析的数据很少，所以必须尽可能精确地量化我们的记录，随着规模的扩大，对精确度的痴迷将减弱；拥有了大数据，我们不再需要对一个现象刨根问底，只要掌握了大体的发展方向即可，适当忽略微观层面上的精确度，会在宏观层面拥有更好的洞察力。第三个思维变革：不是所有的事情都必须知道现象背后的原因，而是要让数据自己“发声”，即不是因果关系，而是相关关系。我们不再热衷于找因果关系，寻找因果关系是人类长久以来的习惯，在大数据时代，我们无须再紧盯事物之间的因果关系，而应该寻找事物之间的相关关系；相关关系也许不能准确地告诉我们某件事情为何会发生，但是它会提醒我们这件事情正在发生[35]。

大数据的 5V 特点（IBM 提出）：Volume（大量）、Velocity（高速）、Variety（多样）、Value（低价值密度）、Veracity（真实性）。Volume：数据量大，包括采集、存储和计算的量都非常大。大数据的起始计量单位至少是 P（1000 个 T）、E（100 万个 T）或 Z（10 亿个 T）。Velocity：数据增长速度快，处理速度也快，时效性要求高。比如搜索引擎要求几分钟前的新闻能够被用户查询到，个性化推荐算法尽可能要求实时完成推荐。这是大数据区别于传统数据挖掘的显著特征。Variety：种类和来源多样化，包括结构化、半结构化和非结构化数据，具体表现为网络日志、音频、视频、图片、地理位置信息等，多类型的数据对数据的处理能力提出了更高的要求。Value：数据价值密度相对较低，或者说是浪里淘沙却又弥足珍贵，随着互联网以及物联网的广泛应用，信息感知无处不在，信息海量，但价值密度较低，如何结合业务逻辑并通过强大的机器算法来挖掘数据价值，是大数据时代最需要解决的问题。Veracity：数据的准确性和可信赖度，即数据的质量[36]。

大数据时代，利用物联网技术、互联网技术、有线无线融合技术、视频分析技术等，将在伦理和授权允许范围内尽最大限度收集学习者行为的结构化、半结构化、非结构化数据，同时结合智慧校园平台中的各种信息系统数据，进行如学业预警、精准资助等大数据分析，进而有效地促进教与学。

1.1.7 智慧教育兴起

智慧教育和智慧校园是智慧时代的产物，智慧时代是人类从农业时代到工业时代，再到信息化时代的第四个时期，2018 年 11 月，IBM 首先提出了智慧地球的概念，几年来，智慧国家、智慧社区、智慧城市、智慧医疗、智慧服务、智慧管理等具有智慧时代特征的词汇，逐渐进入人们的视野，智慧教育、智慧校园也日益引起了人们的关注，在人类教育发展史上先后出现了体态教育、语言教育、文字教育、电子教育和信息化教育五次教育革命[37]。随着信息技术的飞速发展，教育媒体和技术的变迁推动了人类教育发展史上出现一次又一次的教育变革，逐步改善和提高人类传播教育信息的质量和效率。目前，随着大数据技术、物联网技术、数据挖掘技术、人工智能技术、学习分析技术、云计算技术、移动通信技术和互联网技术的迅速发展，大量具有智慧属性的教育媒体的技术正引发着人类教育史上的第六次教育革命——智慧教育。

智慧教育的概念最早出现于20世纪90年代末，祝智庭认为，信息时代智慧教育的基本内涵是通过构建智慧学习环境，运用智慧教学法，促进学习者进行智慧学习，从而提升成才期望，培养具有高智能和创造力的人，即利用适当的技术，实现对学习环境、生活环境和工作环境灵巧机敏的适应、塑造和选择[38]。陈晓娟认为，智慧教育是指以物联网、云计算、大数据处理、无线宽带网络为代表的一批新兴信息技术为基础，以智能设备和互联网等为依托，以教育资源建设为中心，以各项配套保障措施为基础，以深入实施教育体制改革为主导，全面构建网络化、数字化、个性化、智能化的现代教育体系[39]。杨现民认为智慧教育是整合物联网、云计算、大数据、移动通信、增强现实等先进信息技术的增强型数字教育，是对数字教育的进一步发展[40]。

从上述观点可以看出来，进行智慧教育的前提就是要有智慧学习环境，而智慧学习环境的构建是靠智慧校园的建设来实现。

1.1.8 国家力促智慧校园建设

2010年7月，国务院发布《国家中长期教育改革和发展规划纲要（2010—2020年）》，第十九章五十九条："加快教育信息基础设施建设。信息技术对教育发展具有革命性影响，必须予以高度重视。把教育信息化纳入国家信息化发展整体战略，超前部署教育信息网络。到2020年，基本建成覆盖城乡各级各类学校的教育信息化体系，促进教育内容、教学手段和方法现代化。充分利用优质资源和先进技术，创新运行机制和管理模式，整合现有资源，构建先进、高效、实用的数字化教育基础设施。加快终端设施普及，推进数字化校园建设，实现多种方式接入互联网。重点加强农村学校信息基础建设，缩小城乡数字化差距。加快中国教育和科研计算机网、中国教育卫星宽带传输网升级换代。制定教育信息化基本标准，促进信息系统互联互通"[41]。

2010年，浙江大学开始建设智慧校园。在国家《"十二五"信息化发展规划》中明确提出了"智慧校园"概念，指的是以数字校园的建设思路为基础，利用云计算、物联网、虚拟化等新的信息技术来改变学校的管理者、教师、学生及家长和校园资源相互交互的方式，将学校的各类教学活动、科研项目、系统管理与校园资源和应用系统进行整合，以提高应用交互的明确性、灵活性和响应速度，从而实现智慧化服务和管理的校园模式。智慧校园的建设可以帮助师生利用计算机、手机等工具通过校园网络进行科研、教学、管理、学习、服务等活动，为师生带来了很多便利，大大提高了管理效率，对于丰富校园生活、推进校园的全面信息化具有积极的意义。

2012 年 3 月，教育部发布教育信息化十年规划（2011—2020 年）提出，我国教育信息化总体发展目标是：到 2020 年，全面完成《国家中长期教育改革和发展规划纲要》所提出的教育信息化目标任务，形成与国家教育现代化发展目标相适应的教育信息化体系，基本建成人人可享有优质教育资源的信息化学习环境，基本形成学习型社会的信息化支撑服务体系，基本实现所有地区和各级各类学校宽带网络的全面覆盖，教育管理信息化水平显著提高，信息技术与教育融合发展的水平显著提升。教育信息化整体上接近国际先进水平，对教育改革和发展的支撑与引领作用充分显现；第六章指出：加强高校数字校园建设与应用。利用先进网络和信息技术，整合资源，构建先进、高效、实用的高等教育信息基础设施，开发整合各类优质教育教学资源，建立高等教育资源共建共享机制，推进高等教育精品课程、图书文献共享、教学实验平台等信息化建设；提升高校教师教育技术应用能力，推进信息技术在教学中的普遍应用 [42]。

2012 年 3 月，《教育管理信息数据标准（20120315）》发布，为全国“智慧校园”的建设提供了标准和应用规范。2012 年 9 月，刘延东在全国教育信息化工作电视电话会议上提出，“十二五”期间，要建设宽带网络校校通、优质资源班班通、网络学习空间人人通和教育资源公共服务平台、学校管理公共服务平台，力争实现教育信息化基础设施建设新突破、优质数字教育资源共建共享新突破、信息技术与教育教学深度融合新突破和教育信息化科学发展机制新突破 [43]。随着智慧校园的建设以及物联网、云计算、移动智能设备的发展和普及，共享数据库平台得以构建，实现了信息流通，校园一卡通等使个人的信息门户得以建立并被存储和区分。伴随着移动智能终端的普及和使用，学生和教职员工成为实时数据的贡献者，且这些数据得以被存储和分析。我国的大规模在线开放课程的数据汇聚也已初具规模，这也为学校管理大数据应用平台的建设与运用奠定了坚实的基石。智慧校园信息化服务平台生成的学校管理大数据可以分为：学生数据，包括学生基本信息数据（人口学信息、档案信息、原生家庭信息等）、学习状态数据、学习行为数据、生活行为数据、学生评价数据（学生成绩数据、各类奖励数据、心理测评数据、综合评价数据）等；教师数据，包括教师基本信息数据（人口学信息、档案信息等）、教学状态数据（教学准备数据、课堂教学过程数据、课后辅导评价数据、使用信息技术数据等）、品德评价数据等；综合数据，包括学校办学条件数据（办学场所数据、仪器设备数据、办学经费数据、师资队伍数据、管理制度数据、办学环境数据等）、学校状态数据、学校定位和声誉数据等；第三方应用类数据，包括网上教学资源、远程课堂、共享公共教育信息、共享安全资源、共享社会资源等。通过智慧校园采集和沉淀的大数据经过数据存储、数据预处理、数据转换、数据建模、数据分析和可视化，形成学校管理者可以使用的数据。依据一定的规则对采集到的结构化和非结构化的脏数据、垃圾数据进行必要的清洗后，再将来源不一、格式不一的数据按照给定的算法格式进行统一的运算和转换，以满足数据建模的要求；将各种不同的主题分析模型、数据挖掘模型的需求进行对应数据模型的搭建，在数据模型的基础上进行的各类统计分析、报表分析、图形分析、智能 BI 应用和深度数据挖掘服务等，通过趋势分析、行为预测形成供管理者使用的决策信息，实现科学决策、精准服务[44]。

2016 年 2 月 2 日，教育部办公厅印发《2016 年教育信息化工作要点》中明确提出建设智慧校园，该《要点》分工作思路、核心目标、重点任务 3 部分。其中工作要点六和重点任务十二有智慧校园的论述。工作要点六：示范推广教育信息化典型案例和经验模式，在基础教育领域形成 30 个区域和 60 个学校示范案例，出版案例集，引导各级各类学校开展利用信息技术转变教学模式、改进教学管理的数字校园 / 智慧校园应用。重点任务十二：推动各级各类学校数字校园建设与应用，充分发挥地方与学校积极性与主动性，引导学校围绕教育教学和班级、教师、学生、教务、后勤组织管理及家校互动等方面，开展利用信息技术转变教学模式、改进教学管理的数字校园 / 智慧校园应用[45]。

2017 年 3 月 18—20 日，“第二届中美智慧教育大会：高等教育智慧学习展望”在北京师范大学召开，大会立足“双一流”和教育信息化建设，探讨与分析中美两国智慧教育的发展现状，对智慧教育未来的发展趋势进行预测，最终确立了中国高等教育中推动技术应用的九大关键趋势，影响技术应用的九项重大挑战和十二项教育技术的重要发展。九大关键趋势：短期（更多应用混合式学习设计、开放教育资源快速增加、STEAM 学习的兴起）；中期（重设学习空间、跨机构协同日益增加、反思高校运作模式）；长期（程序编码素养的兴起、推进变革和创新文化、转向深度学习方法）。九项重大挑战：可应对的（将技术融入师资培训、混合采用正式与非正式学习、提升数字素养）；有难度的（个性化学习、教育大数据的管理问题、推广教学创新）；严峻的（培养复合思维能力、平衡互联生活和非互联生活、重塑教师角色）。十二项教育技术的重要发展：一年之内（翻转课堂、移动学习、创客空间、大规模开放在线课程）；二至三年（学习分析及适应性学习、增强现实及虚拟现实技术、虚拟和远程实验室、量化自我）；四至五年（情感计算、立体显示和全息显示、机器人技术、机器学习）。[46]

2017 年 4 月 25 日教育部科技发展中心李志民在“WE+2017 智绘互联校园新生态峰会”中说：“我们要以‘智慧校园’建设为基础，以信息治理为龙头，切实做好高校信息化的发展和创新，为高校的人才培养、科技创新做好环境和应用支撑，为我国‘双一流’建设目标的实现和高等教育的长远发展做出更大的贡献”。[47]

2017 年 12 月 11 日教育部高教司司长吴岩在“‘双一流’怎么建？教育部高教司司长有话说”中说：“高校校园网络发展迅速，但网络学习资源相对不足，信息化水平落后，不能有效支撑教育教学改革，面对个性化学习需求对大班上课提出的挑战，面对信息化技术变革对传统教学模式的挑战，面对‘以学生为中心’对传统教学方法的挑战，我国高校传统课堂教学短板依然明显。”[48]

2016 年 4 月教育部发布《高等学校智慧校园技术参考模型》（CELTS-201604）教育行业标准，使得高校智慧校园建设有章可循。

2018 年 6 月《智慧校园总体框架》国家标准（GB/T36342—2018）发布，于 2019 年 1 月 1 日起实施。至此，智慧校园建设更加规范。本书部分内容也根据此标准做了调整。

国家非常重视智慧校园的建设，近几年的教育部教育信息化工作要点都有提及。智慧校园研究从制定数据标准、建立模型、发展到国家标准；智慧校园的建设也经历了从无序到有序到优化到智慧化的过程。

1.2 教育信息化推进教育现代化

1.2.1 教育信息化2.0描绘蓝图

教育信息化2.0由中华人民共和国教育部印发的《教育信息化2.0行动计划》于2018年4月13日正式提出，是教育信息化的升级。指出：将教育信息化作为教育系统性变革的内生变量，支撑引领教育现代化发展，推动教育理念更新、模式变革、体系重构，使我国教育信息化发展水平走在世界前列，发挥全球引领作用，为国际教育信息化发展提供中国智慧和中国方案。新时代赋予了教育信息化新的使命，也必然带动教育信息化从1.0时代进入2.0时代。为引领推动教育信息化转段升级，提出教育信息化2.0行动计划[49]。与智慧校园相关的主要内容如下：

教育信息化2.0行动计划是顺应智能环境下教育发展的必然选择。教育信息化2.0行动计划是推进“互联网+教育”的具体实施计划。人工智能、大数据、区块链等技术迅猛发展，将深刻改变人才需求和教育形态。智能环境不仅改变了教与学的方式，而且已经开始深入影响到教育的理念、文化和生态。主要发达国家均已意识到新形势下教育变革势在必行，从国家层面发布教育创新战略，设计教育改革发展蓝图，积极探索新模式、开发新产品、推进新技术支持下的教育教学创新。

教育信息化2.0行动计划是充分激发信息技术革命性影响的关键举措。经过多年来的探索实践，信息技术对教育的革命性影响已初步显现，但与新时代的要求仍存在较大差距。数字教育资源开发与服务能力不强，信息化学习环境建设与应用水平不高，教师信息技术应用能力基本具备但信息化教学创新能力尚显不足，信息技术与学科教学深度融合不够，高端研究和实践人才依然短缺。充分激发信息技术对教育的革命性影响，推动教育观念更新、模式变革、体系重构，需要针对问题举起新旗帜、提出新目标、运用新手段、制定新举措。

教育信息化2.0行动计划是加快实现教育现代化的有效途径。没有信息化就没有现代化，教育信息化是教育现代化的基本内涵和显著特征，是“教育现代化 2035”的重点内容和重要标志。教育信息化具有突破时空限制、快速复制传播、呈现手段丰富的独特优势，必将成为促进教育公平、提高教育质量的有效手段，必将成为构建泛在学习环境、实现全民终身学习的有力支撑，必将带来教育科学决策和综合治理能力的大幅提高。以教育信息化支撑引领教育现代化，是新时代我国教育改革发展的战略选择，对于构建教育强国和人力资源强国具有重要意义。

数字校园规范建设行动。通过试点探索利用宽带卫星实现边远地区学校互联网接入、利用信息化手段扩大优质教育资源覆盖面的有效途径。全面推进各级各类学校数字校园建设与应用。推进宽带卫星联校试点行动，实现全部学校 100% 接入互联网探索路径。促进数字校园建设全面普及。落实《职业院校数字校园建设规范》，发布中小学、高等学校数字校园建设规范，推动实现各级各类学校数字校园全覆盖。将网络教学环境纳入学校办学条件建设标准，数字教育资源列入中小学教材配备要求范围。加强职业院校、高等学校虚拟仿真实训教学环境建设，服务信息化教学需要。推动各地以区域为单位统筹建立数字校园专门保障队伍，彻底解决学校运维保障力量薄弱问题。

构建智慧学习支持环境。加强智慧学习的理论研究与顶层设计，推进技术开发与实践应用，提高人才培养质量。大力推进智能教育，开展以学习者为中心的智能化教学支持环境建设，推动人工智能在教学、管理等方面的全流程应用，利用智能技术加快推动人才培养模式、教学方法改革，探索泛在、灵活、智能的教育教学新环境建设与应用模式。

加快面向下一代网络的高校智能学习体系建设。适应 5G 网络技术发展，服务全时域、全空域、全受众的智能学习新要求，以增强知识传授、能力培养和素质提升的效率和效果为重点，以国家精品在线开放课程、示范性虚拟仿真实验教学项目等建设为载体，加强大容量智能教学资源建设，加快建设在线智能教室、智能实验室、虚拟工厂（医院）等智能学习空间，积极探索基于区块链、大数据等新技术的智能学习效果记录、转移、交换、认证等有效方式，形成泛在化、智能化学习体系，推进信息技术和智能技术深度融入教育教学全过程，打造教育发展国际竞争新增长极。

教育信息化 2.0 提出要到 2022 年基本实现“三全两高一大”的发展目标。其中，“三全”指教学应用覆盖全体教师、学习应用覆盖全体适龄学生、数字校园建设覆盖全体学校;“两高”指信息化应用水平和师生信息素养普遍提高;一大指建成“互联网+教育”大平台。

教育信息化2.0要实现从专用资源向大资源转变;从提升学生信息技术应用能力、向提升信息技术素养转变;从应用融合发展,向创新融合发展转变。[49]教育信息化2.0要求大力建设智慧校园。

2018年1月,西安电子科技大学校长杨宗凯撰文《教育信息化十年发展规划(2011—2020年)》对我国教育信息化十年发展提出两个阶段的构想:2012—2015年,初步解决教育信息化发展中的重大问题,基本形成与国家教育现代化发展目标相适应的教育信息化体系2016—2020年,根据行动计划建设进展、教育改革发展实际需求和教育信息化自身发展状况,确定新的建设重点与阶段目标。[50]他的观点为智慧校园的发展指明了方向。

1.2.2 美国地平线报告的启示

美国地平线报告对智慧校园未来发展,尤其是新媒体在教育领域的应用前景进行了预测,对智慧校园的建设不仅有启示作用,同时也是一种引领。与智慧校园相关的有学习测量、学习空间、数字素养、学习体验、学习技术等。

美国新媒体联盟(NMC)发布的《地平线报告》是由地平线项目顾问委员会,通过Delphi迭代研究方法,最终确定出未来一到五年之间,可能在教育中普及应用并成为主流的六项新兴技术,探讨了其在教育领域的潜在影响和在教学、学习和创造性探究中的应用,以及在该时间段内可能会改变现有教育的挑战和趋势,并按照今后五年里可能会对教育产生影响的意义程度对这些趋势进行了排序。2018年8月《地平线报告》(2018高教版)在美国EDUCAUSE官网正式发布。该报告采用新的德尔菲法,由来自六大洲19个国家的71名教育专家与技术专家遴选出2018—2022年间最有可能影响高等教育变革的关键趋势、重大挑战和重要进展[51],具体内容如下。

1. 6个关键趋势

《地平线报告》(2018高教版)显示,促进高等教育技术应用的关键趋势包括更加注重学习测量、重设学习空间、开放教育资源扩散、新型跨学科研究兴起、推进创新文化以及跨机构跨部门合作 6 个方面。其中，新型跨学科研究兴起是往年报告未曾提及的新趋势；开放教育资源扩散和跨机构跨部门合作趋势在 2015 年报告中曾提及，时隔三年再次出现；重新设计学习空间和推进创新文化连续四年出现在报告中；更加注重学习测量日益关注学习测量趋势连续六年出现在报告中。

（1）更加注重学习测量。主要体现在学习评估方面，即教育工作者基于多种方法和工具评估、衡量和记录学生在混合学习过程中的学习准备、学习进度、技能获取和其他任务中的学习数据，以此辅助评估学生的能力和表现。数据挖掘软件的发展以及在线教育、移动学习、学习管理系统的进步正在变革学习环境，教师如果能利用学习分析技术和可视化软件多维度地描绘学生的混合学习表现，通过数据揭示学生行为如何促进他们学习进步和取得特定学习成果，可以基于证据更好地服务于学生的正式与非正式学习。

（2）重设学习空间。为支持大学生在校园环境中基于数字技术开展主动学习，国际上很多高校正在重构其物理学习空间，促进教学变革。如今的混合教学环境设计已越来越多地用于支持基于项目的学习与协作交互活动，同时也注重移动性、灵活性和多设备的使用。一些高校正在探索如何通过混合现实技术将 3D 全息内容融入物理空间，方便学生更真实地体验模拟实验或通过详细的视觉效果实现与物体的交互。随着越来越多的高校课堂从传统讲座为主的形式转向强调体验、探究或实践活动，高校学习空间也开始更多地模拟真实世界的工作和社会环境，推动师生和学习环境以及学习内容进行深层次互动，最终促进深度学习的发生。学习空间对学习过程和结果有重要影响，会影响学生学习的主动性，因此支持主动学习的空间越来越受到关注。

（3）开放教育资源扩散。开放教育资源（OER）提供了高质量教、学和研究材料。目前开放教育资源利用主要为降低高等教育成本，例如减低教科书成本，但其更多潜在价值值得进一步挖掘，比如开放许可提供教师对材料保存、重新使用、修改、重新整合和重新发布五项合法权利，可方便教师自由灵活地根据特定需求调整教学内容，故高校应在课程开发和资源基础建设方面开展更广泛的投入和合作。

（4）推进创新文化。高等教育技术应用本身就是创新采纳的过程，因此，推动创新文化作为关键趋势是高等教育技术应用的重要保证。如今的高校不再是传授旧知识、培养传统人才的场所，更是创造新知识、创新研究发现和培养创新人才的宝贵园地，高等教育已逐渐成为知识创新驱动的重要源泉之一。

（5）跨机构跨部门合作。跨机构跨部门合作是继 2015 年后再度出现并成为促进高等教育技术应用的长期趋势。通过建立伙伴关系，高校可就某一学科领域整合国际优质教育教学资源，方便学习者访问本地可能无法获得的数字课程材料、数据和技术。

（6）新型跨学科研究兴起。新型跨学科研究是首次出现在《地平线报告》中的关键趋势。正在兴起的跨学科交叉学习和研究将成为下一代学习的挑战，学习者需要突破惯性学习圈，在看似不同的多个领域同时进行探索、研究等学习活动，甚至开拓尚未存在的新领域。

2. 6 项重大挑战

《地平线报告》（2018 高教版）显示，有 6 项重大挑战会对高等教育领域技术应用产生影响，其中，真实学习体验、提升数字素养是可以解决的挑战；适应未来的组织设计、促进数字公平被视为艰难的挑战；经济和政策的压力、重新思考教育者角色则是最为严峻的挑战。

（1）提升数字素养。提升数字素养每年都会出现在《地平线报告》（高教版）中，这足以说明它对高等教育技术应用的持久挑战。技术的创新使用在 21 世纪会成为工作场所及其他地方成功的重要因素。不同于以往的定义，今后的数字素养不只是获得单一技术技能，而是要深入地了解数字环境，实现对新环境的直观适应和内容的共同创造。这种新的能力要求正在影响高校的课程设计、专业发展和学生服务资源。高校要支持所有利益相关者发展这些能力，定期评估教职员工能力，确定发展领域，从而制定实施数字扫盲实践的精准战略。数字素养复杂且不断变化，与所有学科相关。它影响信息的传授、学习和分享方式，并影响个人成功所需的技术和社交技能。《2017 高等教育数字素养教育》报告显示，数字素养将成为高等教育重中之重，到 2020 年，35% 被认为对工作场所成功至关重要的技能将被改变，从事机器人技术、自主运输、生物技术和基因组学等领域将需要技术娴熟、创造力和复杂思维融合的组合技能（NMC，2017）。但数字素养仍是个复杂主题，因其难以确定，对此范德比尔特大学成立数字素养定义工作委员会并制作白皮书，建议如何实施数字素养，推进大学使命（Furlong，2018）；英国布莱顿大学创建了面向高校学术工作人员的数字素养框架（Newland&Handley，2016）。另一挑战在于，高校课程尚未完全为学生进入数字化工作场所而设计，技术支持学习的全部优势尚未实现，通常主要用于方便而不是支持更有效的教学法（Newman&Beetham，2017）。对此，高校图书馆被认为扮演着越来越重要的角色。弗吉尼亚理工大学图书馆启动数字素养框架，确保学生驾驭复杂的数字世界，实现个人、学术和职业目标（Brown，2018）；澳大利亚昆士兰大学图书馆制定信息和数字素养战略框架，让图书馆员成为数字促进者、连接者和合作者（Hallametal，2018）；南非西开普大学图书馆基于信息素养框架创建在线教程，促进图书馆员和教师合作开发课程，帮助学生更好地利用数字资源（Fullard，2016）。

（2）真实学习体验。真实学习体验是 2014 年起每隔一年出现的重大挑战。随着新时代提出的能够解决真实问题的能力要求，下一代学习需要在真实世界体验中为未来生活准备而学习。然而，那些让学生接触现实问题和工作环境的经验，在今天的大学里尚未普遍存在。“真正的学习”将会成为高校教学的重要教学策略，高校需要采取措施让学习者沉浸在可以获得终身学习技能的环境中。越来越多的高校将通过与广泛的社区建立关系，缩小学术知识与应用之间的差距，使学生可以体验到学校外正在等待他们的未来。真实学习的方式有多种，包括实地考察、服务学习和社区参与、出国留学、研学旅行、基于当地的学习等，同时还需配备常用的课外技术、现场经验评估手段、体验学习研究相关资源等（Claiborne，2018）。真实的学习是积极的、体验式的，它可以为学生提供进入工作场所所需的许多技能，并向学生展示学术工作可能产生的现实影响。例如，布宜诺斯艾利斯大学提供将学术研究与社区联系的项目，帮助学生培养批判性思维和反思能力，了解自身的决策和后续行动的直接影响（Hallu&Garcia，2017）。对学生而言，真实的学习可以深化理论认识，使他们能更好地了解工作场所以及如何适应工作需求。因高校在增强学生未来竞争力方面受到的压力越来越大，将真实的学习经历纳入学位课程的趋势在全球范围持续增长，例如，Lumina 基金会开设的学位资格项目（Lumina Foundation，2014）和美国大学协会开设的 LEAP 项目（AAC&U，2015）。这些课程项目可以帮助教育领导者评估新课程或重组课程及其为所有学生提供高质量学习的能力（Schneider，2018）。真实的学习可以在学生的学术生涯早期进行，以补充课堂教学。通过实习、工作或其他工作影射的场景，学生接受培训或辅导，从而获得津贴或学分；同时，他们可以灵活地探索跨学科领域，或尝试特定角色而不必全职参与。总之，边做边学是真实学习的关键原则，在高等教育框架中将占据突出地位。

（3）适应未来的组织设计。适应未来的组织设计 2018 年首次成为制约高等教育技术应用的重大挑战。人们越来越关注高校组织结构的重设，以更好地将其与 21 世纪工作场所实践相结合。技术、信息需求和教师角色不断发展，迫使高校重新思考传统的功能层次结构，采用更灵活的团队结构，以保持创新和及时响应校园和利益相关者的需求。

（4）促进数字公平。促进数字公平从 2017 年开始成为制约高等教育技术应用的重大挑战。数字公平指获得技术的机会，尤其是访问互联网带宽的平等。社会经济地位、性别和地区不成比例的互联网接入和高速网络的缺乏，正阻碍全球的可持续发展。努力改善数字公平对促进社会各群体充分参与、交流和学习至关重要。

（5）重新思考教育者角色。重新思考教育者角色从去年开始出现并成为严峻挑战。如今，高校教育者越来越被希望使用各种技术开展教学，如创建数字资源、参与在线讨论等，同时被要求采用基于项目或问题的主动学习法。这种以学生为中心的学习转变要求教师充当指导者和促进者。教师还要能够基于学生的能力现状、学习发展水平和需求，为其定制学习计划。随着工作世界的变化，教师和高等教育的角色必须不断发展。对大学生而言，高等教育是重塑自身的开始；对高校教师而言，他们虽然可以传递具体的学科专业知识，但未能掌握有效教育当前大学生所需的知识广度和教学法。互动世界中新的教、学和评估形式是高等教育机构开展核心变革的重要原因，在线学习、泛在学习、移动学习、开放教育资源和 MOOC、支持点对点学习的协作平台以及学习分析支持的知识共同创造已成为这个时代的有趣发展（Raman，2016）。因此在为教和学服务的过程中，教师越来越被要求成为教学建造师、学习辅导员以及学业评估专家，他们需要在交互式教室中理解和使用最新技术进行教、学和评估，以及使用各种课程模式（包括面对面、混合、翻转和在线学习）培养学生的技能（包括对不断发展的职业生涯的批判性思考）。高等教育者应具备将当前的信息结构化为课程并使所有学生都感兴趣的更高水平的教学技术、专业知识和吸引、教导和留住学生的能力。除了改变课程的教学方式，技术还为师生关系增添了变化，高校开始强调师生建立个性化联系。在短信、网站、电子邮件、即时消息和社交媒体形成的通讯新格局中，教师始终可以访问并可见，这对教师的注意力和可及性提出了更高要求（Chory&Offstein，2017）。

（6）经济和政治压力。经济和政治压力是首次成为制约高等教育技术应用的严峻挑战。高等教育身处可持续发展的十字路口，在过去两年，营利性和非营利性机构的崩溃令传统经济模式受到质疑，一些高校无法提供足够的经济援助，而这对提高入学率和为服务欠缺的社区提供教育至关重要。

3. 6 项重要进展

《地平线报告》（2018 高教版）显示，有 6 项技术在未来 5 年最有可能推动高等教育技术规划和决策，其中，学习分析、创客空间有望在 1 ~ 2 年被广泛应用；自适应学习技术、人工智能有望在 2 ~ 3 年获得普遍应用；混合现实、机器人可能在未来 4 ~ 5 年成为主流。

（1）学习分析。学习分析从 2012 年起间断出现 5 次，2018 年成为高等教育在 1 ~ 2 年应用的重要技术。越来越关注学习测量是教育环境中的显著趋势，其基石便是分析技术。这类技术包含各种将数据转化为信息的工具和应用程序。基于各种方法收集、连接、组合和解释数据，可以更清楚地了解学习者的能力和进步，从而促进个性化和适应性学习体验。过去 20 年来，衡量学生学习的方法已从被动潜在的指标（包括学期成绩、年级排名和毕业率等）演变为互动实时指标，教师可根据这些指标随时调整教学和决策以满足学习者需求（NMC，2015）。了解如何使用新的数据工具并发展分析技能（包括数据素养、计算思维和编码能力）对促进师生对教育大数据的理解和使用至关重要。学习分析工具包括数据库管理系统、数据仓库结构化数据或数据湖（非结构化数据）、商业智能报告工具、可视化软件、建模和预测分析工具以及文本分析工具等。分析技术通常并非由教师实现，而是在相关技术企业实现，学生信息系统和学习管理系统采用实时分析仪表盘，目的是为教师、学生、顾问和行政人员提供特制的通俗易懂的视图（Long&Mott，2017）。学习分析联盟（Learning Analytics Collaborative）等组织正通过汇集全球教育家、研究者和数据科学家促进学习分析的教育应用，以解决分析驱动的深层学习、数据隐私、机器学习和人工智能人性化等问题（Learning Analytics Collaborative，2018）；领英（Linkedln，2018）和可汗学院

（KhanA-cademy，2018）等机构正使用学习分析为用户提供定制的大学和职业选择建议，同时其分析服务可帮助学生了解各种在线课程的选择如何加速或减缓他们在特定学位课程的进度；英国教育研究数字解决机构正带领50所高校合作开发国家层面统一的学习分析服务（Sclater et al.，2016）。

（2）创客空间。创客空间继2015、2016年后第三次出现在报告中，发展为高等教育中1 ~ 2年采用的重要技术。随着知识老化的加快，高校需要提供条件培养学生在快速发展的世界面对新问题、新挑战可以适用的技能，高校创客空间将是知识创新的摇篮。创客空间的教育价值在于它支持学习者通过动手设计、构建和迭代，全身心地参与创造性活动和高阶问题的解决等真实学习体验。

（3）自适应学习技术。自适应学习技术自2015年起成为高等教育2 ~ 3年采用的重要技术。自适应学习技术伴随个性化学习运动而兴起，与学习分析密切相关，可随时监控学生学习进度，根据个人能力或技能达成程度动态调整课程内容的难度或类型，以自动干预或教师干预的方式提高学习者表现，目标是让学生通过推荐的学习路径提升主动学习能力，干预有风险的学生群体，以及评估影响学业完成度和成功率的因素。如今，高校教师不能再简单地通过教学大纲在预定日期教授设计好的课程、完成测试和论文评分，高等教育越来越注重真正、具体和过程性的学习成果，最终成绩已越来越无法确保学生掌握成功所需的技能和知识，自适应学习根据学生的特定需求定制教育内容和活动，增加了所有学习者都取得进步的可能，有利于缩小成就差距。

（4）人工智能。人工智能从2017年起被视为高等教育中2 ~ 3年采用的重要技术。人工智能基于机器学习进行推理，通过海量数据集和自然语言处理，提供计算机决策和预测功能，推动了医疗保健、金融服务和教育等行业的发展。随着基础技术在教育领域的不断发展，人工智能将以更直观的方式吸引和陪伴学生学习，减轻教师烦琐任务，让其更专注于创造引人入胜的学习体验，优化在线学习、自适应学习和教学研究等过程。人工智能是实施集机器学习、个性化学习和开放教育资源为一体的先进教学模式的有效助手，例如卡内基的在线数学课程Mika（由机器学习和人工智能支持）与OpenStax的免费在线教科书合作，通过个性化辅导和实时反馈共同促进学生数学发展，同时降低高等教育成本（Carnegie Learning，2017）。随着人工智能的跨行业发展，熟悉人工智能并有相关工作经验的学生将在劳动力市场更具竞争优势。

（5）混合现实。混合现实在 2016 年和 2018 年的报告中都出现并成为高等教育未来 4 ~ 5 年采用的重要技术。虚拟现实（VR）和增强现实（AR）混合的新兴环境被称为混合现实（MR），由 3D 设备、全息设备和增强现实技术共同支持实现。虚拟体验的高刺激性和互动性以及人脑对其反应与对实际事件反应的类似性，使学习者可基于与虚拟对象的交互构建新的理解，产生的数据还可被利用和分析。但有效地将此类技术整合入课程还需仔细规划和众多资源，如教师发展、教学设计、学习空间整合、基础设施评估、管理、政策、道德伦理和获取权益等（Kelly，2017），且将此技术应用于更抽象的学习（如理论概念）也需谨慎。混合现实整合于教育的另一途径是支持学生跨学科研究，如把基于真实社会问题设计或创建混合现实环境作为课程作业的一部分，为学生提供共同创作的机会（Gaines，2018），这在高校的学术创新和社区影响方面极具潜力。虚拟现实可被用于高校招生，如未来的学生及其家人可通过虚拟现实了解学校的布局环境，从而使高校覆盖更广泛的受众而无需雇用额外招生人员，高校还能由此吸引并与年轻人产生共鸣，传达学校的创新特色（Bengfort，2017）。

（6）机器人。和混合现实一样，机器人在 2016 年和 2018 年的报告中都出现并成为高等教育未来 4 ~ 5 年采用的重要技术。机器人技术指可以自动化完成一系列任务的机器或机器人的设计和应用。第一代机器人主要被整合用于工厂装配线以简化和提高生产率，尤其是汽车制造业。如今，机器人与采矿、军队和交通运输整合，通过接管对人类不安全或乏味的任务来改善行业运营。到 2020 年，全球机器人预计将达到 400 万，这一转变有望重塑全球商业模式和经济格局（Miremadi，2015）。在高等教育，机器人项目致力于解决更广泛和新兴的社会问题，包括推进高级外科医学、缓解重大劳动力失衡、大规模个性化学习和扩大因残疾或地理因素被限制的亲身体验权限。值得重视的是，机器人行业会导致未来世界劳动力技能需求转变，这直接关系到毕业生培养，由此，高校必须重新评估教学方法和课程，依托创客空间等积极培养学生能够直接使用机器人技术甚至创造新的技术，从而将毕业生送入准备使用这些技术解决更大规模问题的劳动力队伍中（Bughinetal，2018）。

4. 技术应用于高等教育中的重要进展

近十年《地平线报告》（高教版）显示，十年间高等教育中教育技术的重要进展亦出现稳中有变的特征，具体见表 1–3。

表 1-3　十年间高等教育教育技术的重要进展（2009—2018）

技术进展	2009	2010	2011	2012	2013	2014	2015	2016	2017	2018
云计算	√									
地理定位	√									
个人网站	√									
语义感知应用软件	√									
智能对象	√									
移动工具	√	√	√	√					√	
开放资源		√								
电子书		√	√							
简单的增强现实		√	√							
基于手势的计算		√	√							
数据可视化分析		√								
游戏和游戏化			√	√	√	√				
学习分析			√	√	√	√		√		√
平板电脑				√	√					
自然用户界面				√					√	
物联网				√						
MOOC					√					
3D 打印					√	√				
可穿戴技术					√		√			
量化自我						√				
虚拟助手						√				
翻转课堂						√	√			
自带设备							√	√		
创客空间							√	√		√
自适应学习技术							√	√	√	√
情感计算								√		
混合现实								√		√
机器人								√		√
下一代学习管理系统									√	
人工智能									√	√

地平线报告昭示着信息化技术在教育领域的应用前景，同时也指出智慧校园建设的主要应用。

1.3 “互联网 +”推进教育变革

2015年的5月23日，在中国青岛召开了以“信息技术与未来教育变革”为主题的“国际教育信息化”大会，“互联网 +”迅速发展，标志着教育正在走向大数据时代，充分发挥大数据对教育的引领作用，建构“互联网 + 教育”的深度融合平台，“互联网 +”已成为教育研究的一个热点问题 [52]。

“互联网 +”提供云网端一体的数字化基础设施，可以使学习无处不在。“互联网 +”提供的数据和信息资源将成为最核心的资产，可以精确了解学生个性化的学习需求。“互联网 +”提供的实时协同通信网络、大规模的社会化协同，可以为学习者提供更好的知识和及时的评价反馈。“互联网 +”提供的虚实融合的生成空间，线上线下的融合业态可以为师生提供多样化的教育服务供给。“互联网 + 教育”既可以实现传统教育所关注的规模，又可以实现优质教育所关注的个性化；既能够实现每个人都应该有的公平，又能够实现跟每个人能力相匹配的高质量的服务。“互联网 +”可以助力破解教育中的一对永恒矛盾，即规模和质量，可以同时兼顾大规模和个性化。

1.3.1 “互联网 +”推进教育的变革

余胜泉（2016）指出，“互联网 +”推进了智慧环境、课程形态、教学范式、学习方式、评价模式、教育管理、教师发展、学习组织 8 个方面的变革 [53]，这些变革都与智慧校园相关。

1. “互联网 +”推进智慧环境变革

“互联网 +”时代的数字校园是以云计算、普适计算、语义网和物联网等智能信息技术为基础，对校园的基础设施、教育内容、教育活动、教育信息资源等进行的以人为本的数字化改造，并通过网络互联而构建的虚实融合、信息无缝流通、智能适应的均衡化生态系统；是通过技术与教育的深度融合，来最优化地实现学生的学习和教师的教学、生活质量，促进师生全面发展的智慧化成长环境。大数据和学习分析技术为构建智慧学习环境提供了重要的技术支持，是实现个性化、差异化教学的关键。推进未来智慧学习环境变革的关键要点如下：

（1）智慧学习环境实现学习全过程的数字化与互联化，从环境（包括设备、教室等）、资源（如图书、讲义、课件等）到活动（包括教、学、管理、服务、办公等），教育教学业务信息能够实时生成与采集。

（2）智慧学习环境将促进各种数字化技术与系统互联互通，实现横向互联、垂直贯通，要将基于网络的信息服务融入学校的各个业务领域，实现各种信息系统贯通融合、互联和协作，使信息能在不同业务系统中无缝流转。

（3）智慧学习环境将形成虚实融合的信息生态环境，技术与教育服务的融合、人与技术的融合、实体空间与虚拟空间的融合，产生基于数据的智能服务新形态，虚拟空间的育人功能与实体空间的功能同等重要。

（4）智慧学习环境能够理解用户的行为与意图，将提供主动适应的服务，能够感知学习者所处的时间、空间、学习状态、学习需求等学习情境，智能推送与学习者所处环境相关的学习资源，用户认知资源聚焦于任务，而非底层技术，技术适应人的工作行为，而不是人适应技术规则。

（5）智慧学习环境将形成一个全新的智能感知环境和综合信息服务平台，能利用传感器技术监控空气、温度、光线、声音、气味等物理环境因素，实现自动监控与智能调节，为学习者提供健康舒适的物理环境。

（6）未来教室将具有开放性、交互性、灵活性、人性化、舒适等特点，将变成虚拟 + 现实课堂。虚拟空间的每个化身对应一个实际的学习者，可以在网络空间中参与在线课程、实现互动交流、开展学习活动等。

（7）在智慧学习环境中，计算机将无缝地集成到环境中，人们可以在移动中和计算机更加自然地交互，设备感知环境的变化自动适应，按照人们的需求和喜好响应，技术消失在我们的教育活动中，师生们无意识地使用。

2.“互联网 +”推进课程形态变革

“互联网 +”时代是信息与知识爆炸的时代，知识越来越具有社会性、微创新性、碎片化的特征，知识的增长速度与折旧率比以往任何社会都要迅速，与此同时知识传播媒介与获取方式均发生了重大的变化。教育则承担着生产知识、改造知识、传播知识的重任。随着知识的转型，教育也必须不断进行改革来适应社会需求。教育要使得学生适应和驾驭海量的信息与知识，课程作为教育活动的核心载体，必须要从“传授知识为主”向“培养学习与应用能力为主”转变。信息时代赋予人类“信息型的认识结构”，使得培养学生的信息能力成为课程的重要社会与文化基础，而信息技术为课程的设计与实施提供了前所未有的便利，在线课程将成为常态，将使课程结构、课程表现形态、课程实施、课程评价等发生巨大的变革。推进未来课程变革的关键要点如下:

（1）课程的表现形态越来越数字化、越来越立体化，课程越来越多的体现线上、线下融合，大规模在线开放课程（Massive Open Online Course，MOOC）将融入学校教育，成为学校常态课程的有机组成部分。

（2）课程中的教育内容，越来越强调学术性内容与生活性内容的相互融合与转化。未来的课程将通过互联网，更多连接实际生活，通过项目设计与实施作为载体，将学术性的学科知识转化为可解决实际问题的生活性知识，从而促进学生的全面发展。

（3）课程实施从班级形态集体授导向尊重学习者自我的活动转型，如翻转课堂、在线个性化课堂等新的课程实施形式。课程实施的空间将从班级、学校扩展到网络空间、网络社区，跨越学校边界的课程协同将是常态。

（4）互联网时代的学生的分布式认知方式，借助信息技术进行认知加工的思维方式，会改变课程的基础性目标结构，信息、媒介与技术不仅仅是课程实施的手段，还应该成为课程设置的基本目标。

（5）课程的整体结构从分散走向整合，以技术为中介，促进学生 21 世纪核心素养培养的、跨学科的、多学科整合的课程将成为课程发展的重要趋势（如 STEM 教育、创客教育等）。

（6）课程内容的组织、课程的实施逐步模块化、碎片化，动态可重组成为课程设计的重要特征，课程将越来越移动化与泛在化，随着移动设备的普及，微型课程将嵌入到日常生活，基于情境问题动态配置课程将成为现实。

（7）大规模开放课程的普及为教育提供了更多的选择性，教育大数据分析能精确地反应学习者的知识结构、能力结构、个性倾向、思维特征，使实施个性化的课程成为可能。课程将越来越智能化、越来越具有选择性，适应学生个性特征是未来课程发展的重要方向。

（8）课程建设将会出现更为精细的社会化分工，以团队形式建设和运行一门课程将成为一种趋势，不同教师将扮演知识规划、教学设计、技术开发、在线辅导、学习服务等不同角色。

3.“互联网 +”推进教学范式变革

在互联网时代，任何学习者都可以凭借网络获得丰富的信息资源和广泛的人际互动交流机会，将对教师自身所承担的角色进行新的定位，教学活动要从“教”向促进“学”转变。教师的角色需要从知识传授者转变为依据学生个人特质做知识提供及辅助者，教师要成为学生主动建构意义的帮助者、促进者，课堂教学的组织者、帮助者，而不是知识灌输者。通过将信息技术有效地融合于各学科的教学过程来营造一种信息化教学环境，实现一种既能发挥教师主导作用又能充分体现学生主体地位的以“自主、探究、合作”为特征的教与学方式，从而把学生的主动性、积极性、创造性较充分地发挥出来，使传统的以教师为中心的课堂教学结构发生根本性变革——由教师为中心的教学结构转变为“主导—主体相结合”的教学结构。推进教学范式变革的关键要点如下：

（1）教学范式从知识传递到认知建构转型，从“老师教什么”转变成“学生学什么”为主的观念。从注重资源设计、重视讲解转变成重视活动设计，重视引导学生进行自主、探究、合作学习；从机械评价学习结果转变成适应性评价学习结果；从以观察学习行为为主转变成学习活动干预；实现从知识传递到认知建构的转型。

（2）从面向内容设计到面向学习过程设计，学习活动组织将是教学过程的核心。在信息化社会中，学生的认知方式正在发生根本性的改变，传统的教学方式、教学时空的安排、教学内容的设计、教学过程的组织方式已不能满足学生的学习需求，教学重点需要从面向内容设计转变到面向学习过程设计，既要关注课堂内的学习活动设计，又要倾心设计好课堂外的学习活动，将课堂内外的学习活动按照学生的认知特点、能力培养需要有序地衔接起来。

（3）教学要从关注“双基”到关注“四基”“四能”，乃至学生核心素养方面转变，不仅要使学生掌握基础知识与基本技能，还需要让学生了解学科基本思想、获得基本的学习活动体验，更要培养学生发现、提出、分析、解决问题的能力。

（4）信息化教学将从“Learn from IT”（从技术中学习）转型为“Learn with IT”（用技术学习），技术要从扮演教师教学的工具转变为学生学习的认知工具以培养学生的高阶能力，富有挑战性、培养学习智慧的智慧教学将成为课堂教学新的重点。

（5）不同的知识内容，将采用不同的教学模式，多种模式优势互补的混合式教学将成为主流。固定的学科、固定的课堂时间、固定的考查方式已经无法适应这个多变的时代，未来的教学将采用不同的教学模式（如自定步调的学习、网上研讨、移动教学、仿真教学等），让学生自如自主地从一个学习活动转向另一个学习活动将成为趋势。

（6）教室将全面智能化，日常教学工作形态将全面智慧化，课堂将会出现促进深度学习的交互形态，如课堂即时评价反馈系统、情境感知、增强现实、人工智能等学科交互性的认知工具与技术，智能备课、智能分析、智能批阅、智能推荐以及个性化指导等将成为新的教学工作。

（7）在线教学（如直播、答疑、远程授课等）将成为新的教学形态，教师的在线教育服务将实现跨学校、跨区域的流转，将成为促进教育均衡发展的重要手段，掌握整合技术的学科教学法将成为今后教师的基本要求。

4."互联网 +"推进学习方式变革

生于互联网时代的人们，是信息时代的原住民，使用计算机、利用快捷的网络都是理所当然的，他们在适应信息环境的过程中自然地适应技术及其规则。在这种适应过程中，人们获得了一种技术化的思维方式，这种基本的思维方式是"人机结合"（人与计算机结合），人机结合的思维会导致学生的学习行为变化、导致学习方式的革新。推进学习方式变革的关键要点如下：

（1）正式学习与非正式学习正在互补与融合，通过无处不在的移动网络与智能终端，支持学习活动由课堂内向课堂外延伸，与学习和教育相关的许多活动都发生在学校围墙之外，课堂外的学习对学生全面发展将越来越重要。

（2）兼容真实生活体验的情境学习将成为学习的重要形态，通过位置感知、二维码、RFID、NFC 等各种情境感知技术，可以实现知识与学习者的真实生活、真实环境的无缝融合，促进知识的情境化、社会化迁移运用。

（3）基于互联网将会出现一批创新的学习方式，如自定步调的自主学习、协作的学习、社会化的学习、游戏化的学习、仿真探究学习、泛在学习等，学习不仅发生在学校里、教室里，还发生在网络上、智能移动终端里。

（4）学习分析技术和大数据技术可以全程跟踪记录学习者的学习路径和学习交互过程。学习者可以根据对这些过程性数据的分析，结合自身的学习需求，选择最好的学习方式和学习路径。数据分析技术使得为学习者提供及时的个性化反馈成为可能，尊重个体特征的个性化学习将是主要的发展方向。

（5）学生带电脑上学（BYOD）日益成为一种事实，人手一台智能学习终端将是必然趋势，学校开始经营网络学习空间，并制定网络开放政策，实现线上线下（OTO）融合的校园育人环境。

（6）学习将越来越具有选择性，信息获得越来越容易，但知识的获得将更具有挑战性。对海量信息进行加工、分析、处理、表达等方面的信息素养，将成为学习能力的核心要素，将决定学习者能否适应未来的社会。

（7）培养学生全球意识、沟通与合作能力、创造性与问题解决、信息素养、自我认识与自我调控、批判性思维、学会学习与终身学习、公民责任与社会参与等21世纪核心素养的学习方式将成为主流。

5.“互联网＋”推进评价模式变革

以往的教育评价主要建立在教育价值唯一的基础上，现代教育价值趋于多元，教育评价方式面临全面转换的现实需要。在这一转换过程中，以互联网为代表的新一代的信息技术发挥着重大作用，为教育评价带来了前所未有的可能，互联网使教育评价在评价依据、评价主体参与、评价内容、评价发挥的作用等多个角度实现了转变。推进评价模式变革的关键要点如下：

（1）评价依据从“经验主义”走向了“数据主义”，用大数据为基础的评价，可以反映学生的真实情况，可以洞察纷繁表象背后的教育问题所在，可以摆脱经验主义的束缚，提供更为科学的指针和方向。

（2）互联网使得嵌入学习过程的伴随式评价成为可能，在评价方式上从总结性评价发展为过程性评价，更加重视评价的诊断、激励与改进功能，更加关注学生的个体差异，尊重每个学生的特点，促进学生个性化、全面发展。

（3）互联网是开放的体系，用户参与建构是其核心特征之一。互联网使得评价的主体从单一的教师变为师生共同参与，乃至学生的家长、学校管理层都可以加入，使评价更客观、更全面，学生的积极性更高。

（4）通过数据分析，可以改变我们看待分数的方式，可以通过数据分析探查分数背后的能力与素养。评价内容将由单一的成绩转变为强调以学生为核心、建立以核心素养为导向的教育测量与评价体系。

（5）评价手段由人工到智能化，口语题、作文题、论述题、计算题等传统需要人工批阅的内容，都可以通过网络自动批阅，智能化的评价技术层出不穷，智能评价技术将超越教师批阅水平，达到实用程度，可节省人力物力财力，提高了评价的科学性、针对性。

（6）评价工具将不仅仅限于试题、试卷，评价的内容也不仅仅限于知识掌握，评价领域将从知识领域向技能领域、情感、态度与价值观扩展，随着技术的发展，将能够测评学生认知结构、知识结构、情感结构、能力倾向和个性特征。

（7）评价从关注筛选到关注促进发展，基于互联网可以实现因人而异的适应性评价，评价后即时提供个性化的、可视化的反馈将是重要的发展方向。

6.“互联网 +”推进教育管理变革

基于互联网的教育管理将逐步走向“智慧管理”模式。物联网技术能够提升教育环境与教学活动的感知性，大数据技术能够提高教育管理、决策与评价的智慧性，泛在网络技术能够增强跨组织边界的大规模社会化协同，云计算技术能够拓展教育资源与教育服务的共享性。在“数据驱动学校，技术变革教育”的时代，利用技术进行教育管理显得尤为重要。推进未来智慧管理变革的关键要点如下：

（1）业务全面数字化、可视化与自动化，所有管理业务数据全部数字化，而且可以随业务流程无缝流转，通过可视化界面进行智能化交互，通过智能系统自动响应，将降低信息管理系统的技术门槛，使管理工作更加轻松、高效。

（2）将实现教育业务关键流程的实时监控，动态监测与分析能够随时诊断和发现教育运行异常状况，实现教育危机预警[10]，进而提出更具针对性的改进措施，从事后补救到事前洞察并干预，提升教育管理质量和效率，提升教育安全管理水平。

（3）管理与服务过程是利用数据的过程，也是产生数据的过程，通过深度的数据挖掘，为管理人员和决策者提供及时、全面、精准的数据支持，从经验决策转型到数据驱动的决策模式，提高决策的科学性。

（4）面向过程、基于数据开展督导与评价，互联网可以为教育领域实现全方位、随时的远程监督与指导，从运动式、检查式的督导评估到面向过程、基于常态运行数据的动态、实时评估。

（5）互联网支持大规模的实时沟通与协作，会促进教育组织内部重构管理业务流程，会促进组织之间进一步社会化分工，学校内部组织管理会越来越扁平化，社会教育服务组织会越来越专业化。

（6）工作与学习情境感知，实现信息、资源与服务的智能推荐，提供个性化、精准的智能服务，从传统的被动服务模式转变为以用户为中心的主动服务模式，从“人找资源”变成“资源找人”。

（7）互联网拓宽了家长和社会人士参与学校教学、管理的渠道，家庭、学校、社区、社会的协同育人体系将衔接更为紧密，教育要从单一的政府管理向利益相关者共同参与的现代学校治理转变。

7.“互联网 +”推进教师发展变革

互联网将改变教师的整个工作形态，无论是教师的能力结构还是其专业发展方式，都会发生巨大的变化。教师专业的发展出现了新特点、新动向：一方面对教师的能力素质提出了新的要求，即在教师的不同发展阶段中，教师需要形成相应的能力素质来适应新课程改革与教育信息化的相应要求，尤其是教师对于信息技术工具在教学中的角色认识与在教学中的合理应用能力成为教师能力素养中必要的组成部分；另一方面，和传统意义上相比较，教育信息化大背景下的教师专业发展的方式不再受制于时间与空间，各种通信技术与多媒体手段为教师迅速完成自身的发展提供了可能。推进教师专业发展变革的关键要点如下：

（1）教师专业发展能力结构的构成因素更加丰富，信息技术知识教学迁移能力、信息技术与学科整合能力、数字化交往能力、数字化教学评价能力、数字化协作能力、促进学生数字化发展的能力等将成为互联网时代数字教师的核心能力。

（2）教师专业发展的内在要求、外在环境与信息技术的结合更加紧密。越来越多的教师正在开始使用各种网络新工具，包括信息检索工具、表达展示工具、实践反思工具、探究教学工具、教学评价工具、思维汇聚工具、网络教学工具、资源管理工具等，这些新技术工具的使用正在改变着教师的行为。

（3）学科的知识、教学法的知识与技术的知识正在走向融合，整合技术的学科教学法（TPACK）知识将形成共识，能否将信息技术知识、学科内容知识、教学法知识很好的融合，并能在多变的教育情境中恰如其分的迁移运用，将成为教师的核心教学技能。

（4）面向实际教学问题、情境化、网络化、融合线上与线下优势的精准教研将成为教师专业发展的最主要的形式，基于教师作品（如课件、教学设计方案、教学录像、公开课）的诊断与分析，将为教师能力发展提供及时、精准的定向支持。

（5）教师专业发展越来越强调体验、参与，要从被动适应到主动参与，从个体工作到群体协作，从显性过程到隐性过程，从知识接受到知识建构，从了解信息到培育智慧。教师要能够适应新的教学理念，如教师主体向学生主体转变、科学本位向科学与人文结合本位转变、知识技能接受学习向知识意义主动建构转变。

（6）合作在整个教育系统的重要性日益提升，教师主要工作形态将从个体转变为群体协作，它将缩短教师的个体劳动时间，提升工作效率。教师要能利用数字化网络资源与同事、专家合作，形成基于数字技术的集体教学知识和多元化的学习共同体。

（7）数字化教师不仅仅是知识的传授者，更要设计多样化的教学活动，开发数字学习资源和相关的评估工具，创设多样化，适合不同学生学习能力发展的数据化的学习环境。给予学生学习方法的指导，实施真正意义上的因材施教，要鼓励学生使用互联网工具，开展以探究和问题解决为主的学习，要全面发展不同学生的信息化学习能力和创新思维能力。

8.“互联网 +”推进学校组织变革

互联网将使学校的组织结构和管理体制发生巨大的变化，冲击着学校内部的组织结构向扁平化、网络化的方向发展。互联网通过降低信息获取成本、减少信息处理时间和加快信息流动等各种方式强化了学校的管理和组织效率，又进一步对学校组织的结构产生影响。这种改变从大学、中学、小学逐渐明显，并成为今后学校组织结构的发展趋势。我们只有充分认识互联网对学校组织结构变化所带来的契机，才能随着外部大环境的变化，合理调整内部结构和资源分配，确保整个学校组织的活力。推进学校组织变革的关键要点如下：

（1）互联网将打破学校的围墙，基于互联网的教育服务将成为学校教育服务的有机组成部分，学校的开放是大势所趋，越来越多的教育服务将由其他社会机构提供，基于互联网的教育服务将会替代学校教育中部分知识传授的功能。

（2）“互联网＋教育”的跨界融合将促进整个教育体系的核心要素的重组与重构，学习的消费者、内容的提供者、教学服务者、资金的提供者、考试的提供者和证书的提供者等都有可能来自于社会机构，专业化的公益组织、专门的科研院所、互联网教育企业等社会机构将成为优质教育供给的重要来源。

（3）学校教育与互联网教育不是相互替代的关系，而是相互支持、优势互补的关系。互联网不可能替代学校，但可以改变学校的基本的业务流程，改变学习运行运转的“基因”，“互联网＋教育”就是教育的“转基因”工程。

（4）互联网将推动出现一些从根本上进行重新设计的学校，学校会根据学生的能力而非年龄、学习时间或者是其他因素来组织学习。学校将为学生提供更为灵活的课程安排、更适合学生的个体需求，而不是按照传统的学期或者固定的课程结构来组织。学校将会把互联网教育融入其中，为学生提供更多的选择性、更多的适应性以及更精准的教育。

（5）互联网推动了学校组织结构向网络化、扁平化的方向发展，管理结构将是横向的虚拟团队与纵向的科层体系并行。现有的教学体系与学校管理制度将被重构，构建更加开放、灵活的教学体系与管理制度将成为未来学校组织变革的趋势。

（6）数据与信息将成为一个学校最重要的资产，数据的利用能力将成为学校最核心的竞争力。学校将成为教育大数据生态系统的基石，班级、实验室、课本和课程是最重要的数据平台，要连接各种孤岛式的系统，在教育业务流程中形成无缝的数据流，既使用数据又生成数据，是未来学校组织变革的重点。

（7）学校会像现在重视校园文化建设一样，建设网络学习空间，推动学生带着自己的电子设备上学，这将成为一种流行的趋势。学校也会开始重新设计并制定网络开放政策，建设网络校园文化和网络学习空间，提供虚实结合的跨界教育服务，实现线上线下融合的校园育人环境。

1.3.2 “互联网 +”教育应用案例

1. 慕课（MOOC）创新了一种优质教育的开放服务模式 [54]

陈丽（2016）认为，MOOC 自诞生以来，已引起各领域大量的关注，Daniel 在 MOOC 迅猛发展的初期，便结合各种新技术的发展，将其归结为基于互联网的低成本教育材料分发和共享的工具。王永固等学者则从“资源 + 社区”的课程形态、在线学习的教育模式以及 MOOC 的平台性质、促进知识创新三个维度，充分诠释 MOOC 的内涵。关于 MOOC 对于传统教育的冲击与影响引起了社会的高度关注，教育决策者、管理者、研究者、一线教师等都纷纷在各种媒体上发出声音，高度关注 MOOC 的变革作用。但对其创新内涵的认识差异很大，上述两位学者的观点代表了多数人对 MOOC 变革作用的一些认识。事实上，如果仅仅囿于网络优质资源的低成本共享，国际 OER 运动、我国高校现代远程教育试点工程和我国高等学校网络精品课程，则早于 MOOC 十年就已经实现了；如果仅仅囿于在线学习平台、以讨论区为代表的线上交流方式，20 世纪已经成立的广播电视大学系统、网络教育学院和传统大学的在线学习平台，早已经具备这些特征。而 MOOC 对教育的变革作用，并不在于资源共享渠道和教学交互方式。正如韩锡斌等学者所总结的，cMOOC 提出了数字时代基于网络的分布式认知过程的学习理论—联通主义学习；xMOOC 借助于互联网，引入了商业模式，突破了百年来高等教育坚固的“知识产业链”。MOOC 为高等院校探索新的经费运作、质量保证和学分认证模式，提供了新的机遇。为高等教育的组织机构和政策制定者们思考开放教育领域的这些变化，提供了一个有用的视角。精英教育是大学普遍遵循和倡导教育理念，但 MOOC 作为信息时代的一种新型传播方式，它变革了教育的社会属性，拓展和强化了高等学校人才培养的社会化服务职能。

通过对所有中国 MOOC 课程的深入研究发现，多数 MOOC 课程的教学方法，都是基于行为主义和认知主义的 xMOOC。迄今为止，仅有一门真正意义上基于联通主义学习理论的 cMOOC 课程，不是 MOOC 的主流。尽管联通主义学习理论揭示了互联网时代基于群体智慧汇聚的知识创新过程和学习过程，但尚未成为 MOOC 课程的主要学习方法，也不是社会对 MOOC 的关注点，MOOC 在教学方法上并没有创新。但 MOOC 打破了近千年来人们认为是理所当然的一种优质高等教育服务模式，即以专业为单位，以校园为场所，只面向少数精英的服务模式，生动地展示了一种以课程为单位，基于网络的、灵活的、开放的优质高等教育的服务模式，这种服务模式让所有人都可以自由选择和享受优质高等教育。MOOC 的创新本质在于实现了一种跨越围墙的优质课程服务模式，破除了优质高等教育的国界门槛和考试门槛，缩小了优质高等教育的服务单元。试想，如果有学分积累和转换制度做支撑，如果有足够多的 MOOC 课程，每一个人都可以面向全球所有的顶尖大学、自由选择适合自己的优质课程，通过灵活的学习，随时提高自己的能力和学历水平，就可以打造一个全新的优质高等教育资源与全球开放的服务体系。与传统顶尖大学原有体系相比，这种服务体系能够更好地满足学习者个性化、优质、终身、灵活的学习需要，扩大了优质高等资源的服务范围，实现了优质高等教育的大众化。当然，这种开放体系不仅依赖网络技术的支持，更需要开放的教育制度做支撑。我们从对 MOOC 学习者的调查中发现，多数辍学者是因为 MOOC 学分不被认可，可持续动机难以保持。传统的教育制度正在制约着 MOOC 潜力的发挥，但“互联网 + 教育”实践的开放性，时刻敲打着传统教育制度的封闭围栏，就像每一次新时代到来之前的新事物和旧传统之间的对恃一样。

2. 可汗学院（Khan Academy）证明了草根也可以提供教学服务[54]

产生于草根的可汗学院是另一个典型的“互联网 + 教育”案例。毕业于麻省理工学院，后来又修读了哈佛 MBA 的萨尔曼 · 可汗，于 2005 年开始创建可汗学院，其初衷只是通过网络的方式指导远在家乡的家人学习。但不经意间，可汗学院已发展成为一家世界知名的教育非营利性组织，其课程被翻译成 25 种语言，在全球拥有超过四千万注册学习者。从最初不出现教师影像，而只是在写字板上呈现演算和推导过程的教学视频开发，发展到如今集微视频资源、学习与教学的组织、支持、管理和服务的整套较为完整的系统，可汗学院成为全球开放教育发展中最具影响力的产品之一。

但是，多数人对可汗学院的创新本质仅仅理解为网上免费的微视频，以至于演变成微课程建设潮流，与之相关的大赛和各种会议如火如荼、愈演愈烈。但事实上，免费在线微视频不是可汗的首创，视频公开课早在 OER 运动开始就已经出现，可汗的微视频只是衣帽间的一些作品，不足以产生如此大的影响。深究其因，更值得我们关注的是，可汗学院不同于与高等教育机构合作紧密的 MOOC，它并不限制课程提供者的身份，仅需一个邮箱账号便可以无障碍地注册为可汗学院的教师账户，进而开始分享自己的课程。也就是说，可汗学院的独创价值，在于开创了草根提供教学内容的一种教育实践模式，它从根本上颠覆了传统学校体系中教师的资格和身份。与“淘宝网”上草根开店类似，可汗学院证明了在互联网时代，社会中蕴含着大量具有价值的教育、教学资源，教师不是唯一能够为学生提供服务的师资力量。

可汗学院的成功，为我们满足十四亿国人终身学习需要提供了一个全新的思路与途径，如同“淘宝”对传统实体零售业所产生的巨大影响一样。不难想象，如果有更多的可汗学院出现，“互联网 + 教育”将可能在极大范围内实现“草根满足草根”的教育新格局，学校和传统意义上的教师，不再是学生终身学习的唯一渠道。这种变化及影响，将会改变教育体系的要素和结构，它是一种生态体系的变革。

1.4 数字校园向智慧校园迈进

1.4.1 学校信息化发展过程

纵观我国学校教育信息化的发展历程，尽管不同时期、不同类型学校的信息化发展具有各自的特点，但有一个共同点，就是校园信息化的发展与信息技术的发展和实践应用呈正相关，学校信息化水平随着信息技术水准的提升而不断上升，总体来说，校园信息化的发展可分为以下四个阶段。[55]

1. 校园信息化 1.0 阶段：校园网建设

校园信息化 1.0 为校园网基础设施及初级应用系统建设阶段。校园网最开始的建设主要以网络设施建设为主，建设的投入主要在基本的信息化软硬件设备的投资上，在此基础上开展初级网络应用软件的开发。

在网络设施建设上，主要关注如何保证网络的连通、技术性能水平，以及各种不同网络技术的兼容和融合。校园网一般采用局域网技术，早期主要有以太网技术、FDDI、ATM 等技术，网络部分比较主流的是内网千兆主干、百兆到桌面，与教育网和互联网各有一个百兆或千兆的出口，应用服务器一般包括 DNS、邮件、文件传输等。

同时开始建立一些信息化教学场所，如多媒体教室、数字备课室、数字实验室等。

在校园网应用上，由于学校数字化环境建设刚刚起步，校园网上所运行的应用大多是网页浏览、文件上传下载、远程登录和电子邮件等初级网络应用。同时，学校根据业务需要，建设一些对业务电子数据进行处理的单项应用系统和用于教育教学的数字化教育资源库，如计算机辅助教学软件、学科资料库、数字图书馆、选课系统、学籍管理系统、工资系统等。通过校园网及单项业务系统的建设与应用，提升教学和管理工作的效率。

2. 校园信息化 2.0 阶段：校园综合应用系统建设

校园信息化 2.0 为校园综合应用系统建设阶段。此阶段以平台的概念来对信息资源和业务应用进行整合，建设和应用网络化、综合化业务信息系统，有利于部门内部的数据共享，有效配合学校教学和管理方式的改革。

在技术平台建设上，以网络版应用软件平台建设为重点，技术选型上多以 B/S 三层结构为主，为整合信息和业务构建了业务中间层，同时建立学校综合数据库，将身份信息等核心数据后置以便于共享和管理。这期间，随着网络技术的发展，各种网络应用也开始出现并迅速发展，如 BBS、QQ、视音频业务等，这些应用对带宽和公共服务提出了新的要求，高速以太网等新的网络技术开始步入校园和使用。

在信息系统应用上，基于网络的综合系统应用已深入人心，各类业务系统的整合成为发展潮流。校园网为系统和数据的有效整合提供了平台，基于网络的大型教学辅助系统、在线学习系统等，实现了课件点播、远程课堂、网络在线答疑和考试等复杂功能，网络教学的内容和形式逐步得以完善。在管理服务上，基于网络的综合管理系统、综合办公系统、综合服务系统为师生和管理人员提供了方便快捷的信息服务，促进了管理和服务模式的变革。

3. 校园信息化 3.0 阶段：数字校园建设

校园信息化 3.0 是数字校园建设阶段。随着各类综合应用系统的全面投入使用，需求不断深入，对系统互通互连、资源集成共享等提出了更高的要求，需要站在全局的角度来考察校园的信息化建设，即数字校园的规划与建设。

在数字环境建设上，以一种动态化、层次化、整体化的观点来规划和实施学校信息化的集成建设，注重数字校园的整体规划，提出清晰的长远发展目标和分步实施计划。集成化建设依赖于先进的信息技术，如基于统一身份认证、统一数据管理、统一信息门户的基础支撑平台和数据集成、数据交换共享的学校数据中心，为数字校园集成建设提供了重要的技术支撑；Web 2.0 实现的新一代互联网模式，如 Blog、Tag、SNS、RSS、Wiki 等社会性软件，满足了用户的交互需求。

在数字校园应用上，按照新的目标和标准，将已有的各类应用系统都集成在统一的数字化平台之下，并考虑与校外资源的互连互通，实现信息的流通和资源的共享，其教学方式是基于网络信息资源的数字化学习（E-learning）。基于 Web 2.0 建设网络学习空间、班级空间、网络教研平台等，通过多种先进信息技术的一体化开发应用，实现“资源整合”和“系统集成”，形成数字化、集成化的校园环境，为教学、科研和管理等提供了更加方便高效的信息化服务。

4. 校园信息化 4.0 阶段：智慧校园建设

校园信息化 4.0 是智慧校园建设阶段。当今社会进入“互联网 +”时代，物联网、云计算、大数据、移动互联等新一代信息技术的发展及应用，对校园信息化发展产生了深刻影响，校园信息化从“数字化”向“智能化”迈进。

在智能化环境建设上，基于传感器、RFID、二维码、视频采集等感知技术和设备构建全面感知的新型校园环境。在网络互联上，以无线网络为基础，与现有的有线网络融为一体，实现了传感网、有线网、无线网的无缝融合，形成了一体化、智能化的校园网络和应用环境。基于大数据分析、智能推送等新兴信息技术，利用最新发展的智能网络，亦称为“语义网”或 Web 3.0，使校园网络更加个性化、精确化、智能化，打造泛在、智慧的学习环境。

在智慧校园的应用上，应用系统的开发将从传统的数字化向数据化、智能化方向转变。比如，建设云资源平台、动态评价系统、智能教学系统、移动学习系统、家校通系统、智慧文化系统等智慧校园应用系统，建立智慧教室、智慧实验室等智能化教学场所，资源建设从传统的静态、封闭的文本、图像等素材资源转向动态、开放、共享的移动学习资源，构建富有智慧的教育环境，实施智慧课堂教学模式，有利于培养学习者的创新思维和创新能力，促进学习者的智慧发展[56]。

我国高校信息化发展四个阶段特点如下：[57]

不同的发展阶段，高校信息化呈现出不同的特点，从IT与业务的关系、信息化程度、IT绩效重点、相关信息化技术关注点、建设与运维模式以及IT支撑机构等方面，归纳对比了各个发展阶段我国高校信息化的不同特点，见表1-4。

表1-4　高校信息化发展阶级及特点

阶段＼观察点	校园网	数字校园		智慧校园
主体时间段	1994—2000	2001—2007	2008—2015	2016至今
IT与业务关系	组合	整合	初步融合	融合创新
信息化程度	电算化	自动化	流程优化	流程与业务模式再造
IT绩效重点	基础设施建设	信息系统与数据	业务流程支撑	学校事业发展师生个人成就
IT集成度	系统集成	应用集成	信息集成	业务集成
IT关注点	网络服务	业务应用系统	信息门户	服务框架
基础设施	网络	服务器	数据中心	云服务
建设模式	自建或外包	建设外包为主	建设外包为主	外包与众筹
运维模式	自主运维	自主运维	自主运维为主	混合运维
IT支撑机构	网络中心	网络信息中心	信息化办公室	CIO体系

1.4.2　数字校园迈向智慧校园

1. 数字校园

数字校园概念最早起源于20世纪70年代美国麻省理工学院提出的E-jampus计划。1990年，美国克莱蒙特大学教授凯尼期·格林（Kenneth Green）发起了“数字校园计划（The Campus Computing Project）”大型科研项目[58]。1998年，美国前副总统戈尔发表了题为“数字地球：21世纪认识地球的方式”的演讲，提出“数字地球”的概念，此后全世界普遍接受了数字化概念，并引出了“数字城市”、数字校园等概念。随着国际互联网的广泛应用，各种与之相关的概念不断涌现，数字校园逐步成为一个单独的研究领域，利用各种计算机技术创建一个基于互联网的与现实校园并行的“虚拟化电子校园”，并依托各种技术工具和手段来推动高校的全方位改革，成为世界各国高等教育改革的重要趋势[59]。数字校园是一个伴随技术应用变化而不断发展的概念，人们理解的层次和内涵不尽相同，黄荣怀（2012）经过分析，认为目前存在四种有代表性的观点。[60]

（1）“平台”观。万新恒较早阐述了数字化校园的概念，他认为数字化校园以高速发达的计算机网络为核心技术支撑，以信息和知识资源的充分共享为手段，以培养善于获取、加工、处理和利用信息与知识的学生为主要目标，以校园为整个社会知识、信息的基本创新与传播中枢。陈丽认为数字化校园是一个网络化、数字化、智能化有机结合的新型教育、学习和研究的校园平台。

（2）“空间”观。沈培华等认为数字化校园是以网络为基础，利用先进的信息化手段和工具，实现从环境（包括设备、教室等）、资源（如图书、讲义、课件等）到活动（包括教学、管理、服务、办公等）的全部数字化，在传统校园的基础上构建一个数字空间，拓展现实校园的时间和空间维度，提升传统校园的效率，拓展传统校园的功能，最终实现教育过程的全面信息化，从而达到提高教学质量、科研和管理水平的目的。蒋笃运认为，中小学数字校园是借助信息技术手段，对学校的教育、教学管理等主要业务以及资源和数据进行优化、整合和融通，拓展现实校园的时间和空间维度，在传统校园的基础上构建一个数字空间，实现从环境、资源到活动的数字化，从而达到提升教育教学质量和管理水平的目的。

（3）“环境”观。黄荣怀（2009）认为，数字校园是为了有效支持学生学习，创新和转变教学方式，以面向服务为基本理念，而构建的数字化资源丰富的、多种应用系统集成的、相关业务高度整合的校园信息化环境；其宗旨是拓展学校的校园时空维度，丰富校园文化，并优化教学、教研、管理和服务等过程。

（4）“过程”观。蔡苏等（2009）认为中小学数字校园是一种依托现实校园而存在的以网络为基础平台，通过数字化环境的支撑，实现从环境、资源到活动的数字化，辅助完成校园活动的全部过程。赵国栋（2012）认为在当今信息技术广泛应用的背景下，以提高运行效率、推动管理改革为出发点，高等教育机构在管理、教学、科研、社会服务等方面规划、建设与应用各种现代通信技术工具的过程，可以称之为“数字化校园”。数字化校园的建设目的是充分利用信息技术来改变校内各部门之间的信息传递流程，推动高校组织模式、管理模式与运行方式的变革，从而最终实现优化管理流程、提高工作效率和促进教学科研之目标。

上述学者的观点从不同的侧面描述了数字校园的特征。数字校园是学校教育信息化发展到一定阶段的产物，是通过技术手段改造和提升传统校园的必然结果，其具备五方面的特征：重点关注学生的有效学习以及创新和转变教学方式；以服务教育教学作为数字校园的建设的基本理念；支持学与教的资源比较丰富；多种应用系统有机集成、相关业务高度整合；能拓展学校的时空维度并丰富校园文化。

数字校园建设强调信息技术应与教育教学深度融合，这与教育信息化的目标是一致的，也是与社会信息化的步伐相匹配的。但要应对社会信息化进程中学习方式变革的诉求，单纯的网络基础设施装备、学与教数字化资源建设、应用软件系统的开发难以有效支撑学与教方式的变革和拓展相对封闭的时空维度。只有跟上甚至引领社会信息化的进程，积极构建“智慧型”校园环境才能真正提升校园信息化水平。

2. 智慧校园

2008年，美国IBM总裁兼首席执行官彭明盛在题为“智慧地球：下一代领导议程”的演讲中首次提出了“智慧地球”的理念。2009年，奥巴马就任美国总统后对这一理念给予积极回应，“智慧地球”的概念一经提出，得到美国各界的高度关注，甚至有分析认为IBM公司的这一构想极有可能上升至美国的国家战略，并在世界范围内引起轰动。[61]

在“智慧地球”的概念提出后，国内不少学者提出了“智慧校园”的概念和建设思路，一些高校正在筹划、实施智慧校园的建设，智慧校园不再停留在理念层面（鲁东明，2011）。例如，浙江大学信息化“十二五”规划，提出建设一个“令人激动”的智慧校园，这种智慧校园支持无处不在的网络学习、融合创新的网络科研、透明高效的校务治理、丰富多彩的校园文化、方便周到的校园生活（吴颖骏，2010）。南京邮电大学完成了一个相对完整的智慧校园规划（朱洪波，2011），且认为智慧校园的核心特征主要反映在三个层面：一是为广大师生提供一个全面的智能感知环境和综合信息服务平台，提供基于角色的个性化定制服务；二是将基于计算机网络的信息服务融入学校的各个应用与服务领域，实现互联和协作；三是通过智能感知环境和综合信息服务平台，为学校与外部世界提供一个相互交流和相互感知的接口。

3. 数字校园迈向智慧校园

数字校园、智慧校园是随着信息技术的发展及其在学校教育领域中广泛应用，与教育教学不断融合与发展的产物，是当前校园信息化正在发展的，既有区别又有联系的两个阶段。

数字校园起源于“数字地球”“数字教育”在学校中的推广应用，属于早期的教育信息化实践活动、但又不等同于一般的教育信息化，是校园信息化发展到一定阶段和较高水平而出现的产物。具体来说，数字校园是指以校园网络建设为基础，利用先进的信息技术手段，将教学环境、教学资源到教育活动全部数字化，构建一个数字化的校园环境，拓展现实校园的时空维度和功能，有效支持学生学习和教师教学，改进学校管理和服务手段，促进传统教育改革与创新，最终实现学校教育的信息化。

智慧校园的提出起源于“智慧地球”“智慧城市”“智慧教育”概念的应用与推广，是随着新一代信息技术的发展和运用而提出的校园信息化建设新理念、新模式，是校园信息化发展的高级阶段和形态[62]。具体来说，智慧校园是指运用“互联网+”的思维方式和物联网、大数据、云计算等新一代信息技术手段，把学校里分散的、各自为政的信息化系统和资源整合为一个有机整体，构建的具有高度感知能力、协同能力和服务能力的新型信息化校园环境，以实现对学校教学、科研、管理和服务提供强有力的智能化支撑，促进教育教学的结构性变革和创新型人才培养。

可见，智慧校园与数字校园是校园信息化发展的两个阶段、两种形态，它们既相互区别、各有特点，又相互联系、密不可分。数字校园的典型特征是网络化、数字化、集成化、平台化，利用系统集成技术解决了“信息孤岛”问题，实现单点登录、数据和应用系统的统一管理，搭建的数字化平台增进了师生间的交流，改变了教学和管理方式，提升了学校的办学水平。智慧校园的典型特征是感知化、数据化、泛在化、智能化，利用物联网、大数据、移动互联网、人工智能等新兴智能信息技术，构建富有智慧的教育教学环境[63]，实现智慧教学、智慧科研、智慧管理、智慧服务，促进学生、教师和学校的智慧发展。

4. 在数字校园基础上构建智慧校园

数字校园是互联网时代的产物，智慧校园是物联网、大数据时代的产物。互联网是物联网、大数据的基础，物联网、大数据是互联网的延伸发展，没有互联网的基础，物联网、大数据无从产生，因此智慧校园是建立在数字校园基础上的，是数字校园升级到一定阶段的表现，是数字校园的高级发展阶段，智慧校园的构建应该以数字校园的建设为基础[60]，比如学校首先要具有较先进的互联网基础设施，具备统一的身份认证和单点登录功能，实现统一的数据管理和业务应用系统的集成，建有各类数字化教育教学场所和设备。在这些数字校园基础条件之上进一步延伸发展和提升，构建富有智慧的校园信息化环境。

智慧校园是校园信息化发展的高级阶段，是“互联网+”时代数字校园升级发展的新形态。我国已有部分高校开始进行这一阶段的探索，校园信息化正在由初步应用融合阶段向全面融合创新阶段过渡。目前智慧校园的建设刚刚起步，所存在的问题也逐渐凸显。未来的发展重点是：着力推进新一代信息技术在学校的广泛应用，加快构建全面感知的智慧教育环境，推动信息技术与教育教学的深度融合，重新设计教育教学系统的工作流程和体系结构，变革传统的教育教学模式，促进技术支持的重大结构性变革，实现信息技术对学校教育的“革命性”影响。

教育信息化是一个长期的发展过程，有其客观路径及规律，具有阶段性的特征，诺兰模型认为，信息化发展必须经过初始、推广、控制、集成、数据管理和成熟六个阶段[64]。联合国教科文组织把信息技术应用于教育的过程分为起步、应用、融合、创新四个阶段[65]。上述理论揭示了教育信息化发展的客观规律，表明发展阶段间存在相互联系、依次递进的关系，由于实际应用需求和外部环境变化使信息化不断向更高阶段推进，阶段之间是不能隔断或超越的。经过一个周期的教育信息化建设，当前教育信息化又衍生和积累了一些新现象和新问题，信息化外部环境发展演进活跃，新理念与新技术不断涌现。在此背景下，教育信息化发展已清晰地呈现出智能化、开放化、个性化与社交化等特征。“智慧校园”逐渐取代“数字校园”，成为当前信息化发展的主题与潮流。回顾、总结、重新审视数字校园的建设过程与应用效果，我们发现，数字校园还远非学校信息化发展的终极目标，甚至还没有达到信息化发展的高级阶段。数字校园在一段时期确实对学校的传统业务流程及教与学模式产生了一些变革，但这种变革仍然是被动、缓慢的，没有产生显著、可持续的影响。究其原因，江苏师范大学的王运武以系统思维的视角论述了数字校园建设过程中的存在：数字校园内涵理解的因人而异、数字校园的功能结构偏离核心业务、数字校园规划与设计中的顾此失彼、对数字校园认识的简单化等系统思维缺失现象[66]，北京师范大学黄荣怀等从学习环境的变革趋势视角分析了由数字校园向智慧校园演进的必然性[67]。当前数字校园的建设与应用主要存在以下问题：[68]

（1）数字校园建设主要聚焦信息门户平台与部门管理系统的业务整合和数据集成，在最根本的教与学方面融合度不够，难以推动教学模式的变革。

（2）大集中式、并发式的建设牺牲了业务部门管理信息系统的专业性、复杂性和可扩展性，导致许多管理系统的应用效果不如预期。

（3）数字校园整体上体现的仍是管理思维，服务模式单一，主要依赖被动处理，对最终用户的服务支撑能力依然偏弱。

（4）访问方式在时空特性上存在局限，校园内外信息化环境相互“割裂”，交互性不强，难以形成覆盖学校内外各项活动的整体联动的信息化应用环境。

技术并非是产生上述问题的主要原因，其原因可以归为两个层面。第一个层面出现在数字校园建设理念与整体规划上。数字校园建设初期，大部分学校都建成并应用了基本覆盖学校工作的办公自动化系统与业务管理系统。学校的数字校园规划基本上都围绕着实现系统间的数据整合、交换以及业务流程贯通展开，但这些系统是为了方便业务部门的日常管理建设的，并没有很好地体现向最终用户的服务理念，在使用上往往以用户的不便来换取管理的便利。在这种建设理念下，即便是数字校园建设与应用效果较好的学校，信息化应用与最终用户的紧密度和亲和度仍存在很大距离。第二个层面出现在数字校园建设实践过程中。数字校园建设是一个庞大的系统工程，涉及学校工作的方方面面，因此，协调与合作成为数字校园建设实践中遇到的一个最大的难题。多数情况下，参与数字校园建设的学校各部门，由于角色、视角、能力的不同，容易产生校内群体的利益博弈。在平衡与协调校内利益过程中，学校很难形成一股保证数字校园正向进化与协同发展的合力。

因此，学校信息化迫切需要从数字校园向智慧校园转型。而云计算、物联网、移动技术和社交网络等新技术的迅速发展与广泛应用，也为这种转型创造了良好的外部环境与实现手段。

引用及参考文献

[1] 凤凰网．习近平：人类已进入互联网时代 这是一个世界潮流 [EB/OL].http://news.ifeng.com/mainland/special/xijinpingshenzhen/content-3/detail_2012_12/13/20121354_0.shtml.2012-12-13.

[2] 人民网．习近平主持召开中央网络安全和信息化领导小组第一次会议 [EB/OL].http://cpc.people.com.cn/n/2014/0227/c64094-24486402.html.2014-02-27.

[3] 物联网世界．新华网评：中国有了“互联网 +”计划 [EB/OL].http://www.netofthings.cn/GuoNei/2015-03/5505.html.2015-03-07.

[4] 物联网世界．“互联网 +”激活更多信息能源 [EB/OL].http://www.netofthings.cn/GuoNei/2015-07/5705.html.2015-07-09.

[5] 中央政府门户网站．商务部负责人解读《“互联网 + 流通”行动计划》[EB/OL].http://www.gov.cn/zhengce/2015-05/16/content_2863165.htm.2015-05-16.

[6] 安徽省人民政府发展研究中心．“互联网 +”行动路线图 [EB/OL].http://www.dss.gov.cn/News_wenzhang.asp?ArticleID=363241.2015-03-27.

[7] 央广网．科技大佬们谈论“互联网 +”时，他们在谈些什么？[EB/OL].http://news.cnr.cn/native/gd/20150427/t20150427_518401844.shtml.2015-04-27.

[8] 物联网世界．“互联网 +”到底是什么？怎样影响我们的生活？[EB/OL].http://www.netofthings.cn/GuoNei/2016-03/7562.html.2016-03-15.

[9] 中国互联网发展中心．第 42 次《中国互联网络发展状况统计报告》[EB/OL].http://www.cnnic.cn/hlwfzyj/hlwxzbg/hlwtjbg/201808/t20180820_70488.htm.2018-08-20.

[10]艾媒网．艾媒报告 |2018 中国在线教育行业白皮书 [EB/OL]. http://www.iimedia.cn/63080.html.2018-12-03.

[11]石家庄新闻网．互联网 + 教育推动中国教育迈向 4.0 时代 [EB/OL].http://www.sjzdaily.com.cn/newscenter/2015-06/19/content_2432427.htm?COLL

CC=1710802498&.2015-06-19.

[12]新华网 . 教育 4.0：在“互联网 +”的风口上飞 [EB/OL].http://www.xinhuanet.com//politics/2016-01/22/c_128655831.htm.2016-01-22.

[13]刘濯源 . 教育 4.0 时代，教育技术的新变革 [J]. 中国信息技术教育，2015（Z2）：143-144.

[14]网易 . 思维可视化将成为教育 4.0 时代的主要教学方式 [EB/OL].http://edu.163.com/15/0610/11/AROCLAAC00294IPE.html.2015-06-10.

[15]中国政府网 . 李克强为什么要提工业 4.0[EB/OL].http://www.gov.cn/xinwen/2014-10/11/content_2763019.htm.2014-10-11.

[16]中国政府网 . 当“中国制造 2025”遇上德国“工业 4.0”[EB/OL].http://www.gov.cn/xinwen/2016-06/15/content_5082309.htm.2016-06-15.

[17]搜狐 . 拥抱创新 3.0 时代，“有形之手”准备好了吗 [EB/OL].https://www.sohu.com/a/217278004_466843.2018-01-17.

[18]Noh Y.Imagining library 4.0:creating a model for future libraries[J].Journal of Academic Librarianship,2015,41（11）:786-797.

[19]张庆普，陈茫 .Web 4.0 时代的情报学创新探究 [J]. 情报学报，2016，35（10）:1048-1061.

[20]Phillip Ingram.The World Wide Web[J].Computers & Geosciences,1995,21（6）:799-816.

[21]MarkN.Web2.0/Lib2.0—What is it?（If it's Anything at All）[J].Serials Review,2007,33（3）:202-203.

[22]Sean B,Andreas H.The Semantic Web Challenge 2014[J].Web Semantics:Science,Services and Agents on the World Wide Web,2015,35（12）:141.

[23]Bernal P A.Web 2.5:The Symbiotic Web[J].International Review of Law,Computers & Technology,2010,24（3）:25-37.

[24]Paul B.Symbiotic Web[EB/OL]. http://www.paulbernal.co.uk/symbiotic-web.html.2018-09-10.

[25]Callari R.Web 4.0,Trip Down the Rabbit Hole or Brave New World?[EB/OL]. http://

www.levidepoches.fr/contagiousideas/2009/06/web-40trip-down-the-rabbit-hole-or-brave-new-world.html. 2018-09-10.

[26]Ponce A.Spontaneous transient synchronization networks emerge from large-scale interactions[J].Clinical Neurophysiology,2016,127（3）:48.

[27]Phillip Ingram.The World Wide Web[J].Computers & Geosciences,1995,21（6）:799-816.

[28]Sajeev G P,Sebastian M P.Building semi-intelligent web cache systems with lightweight machine learning techniques[J].Computers & Electrical Engineering,2013,39（5）:1174-1191.

[29]百度百科 . 大数据时代 [EB/OL].https://baike.baidu.com/item/%E5%A4%A7%E6%95%B0%E6%8D%AE%E6%97%B6%E4%BB%A3/4644597?fr=aladdin.2018-09-10.

[30]大数据世界 . 带您了解大数据 [EB/OL].http://www.thebigdata.cn/YeJieDongTai/8470.html.2014-02-06.

[31]大数据世界 . 大数据时代——价值与漏洞并存的时代 [EB/OL].http://www.thebigdata.cn/YeJieDongTai/28934.html.2016-01-18.

[32]大数据世界 . 大数据时代下的大数据到底有多大？ [EB/OL].http://www.thebigdata.cn/QiTa/8608.html.2014-03-06.

[33]大数据世界 . 大数据：抓住机遇保存价值 [EB/OL].http://www.thebigdata.cn/YeJieDongTai/11104.html.2014-07-19.

[34]大数据世界 .3000 字概括《大数据时代》[EB/OL].http://www.thebigdata.cn/YeJieDongTai/28851.html.2016-01-07

[35]迈尔 - 舍恩伯格 . 大数据时代 [M]. 盛杨燕，周涛，译. 杭州：浙江人民出版社，2013.

[36]CSDN. 大数据 5V 特点——5Vs of Big Data[EB/OL].https://blog.csdn.net/arsaycode/article/details/70847184.2017-04-27.

[37]王运武，陈琳 . 中外教育信息化比较研究 [M]. 北京：电子工业出版社，2008.

[38]祝智庭，贺斌 . 智慧教育——教育信息化的新境界 [J]. 电化教育研究，2012，33（12）：5-13.

[39]陈晓娟 . 国内外智慧教育建设成功经验及对南京的启示 [J]. 改革与开放，2013（8）:14-15.

[40]杨现民，刘雍潜，钟晓毓，等 . 我国智慧教育发展战略与路径选择 [J]. 现代教育技术，2014（1）:12-19.

[41]教育部网站 . 国家中长期教育改革和发展规划纲要（2010—2020 年）[EB/OL].http://old.moe.gov.cn/publicfiles/business/htmlfiles/moe/info_list/201407/xxgk_171904.html.2010-07-29.

[42]教育部网站 . 教育部关于印发《教育信息化十年发展规划（2011—2020 年）》的通知 [EB/OL]. http://old.moe.gov.cn/publicfiles/business/htmlfiles/moe/s5892/201203/133322.html.2012-03-13.

[43]中央网信办 . 教育部关于印发刘延东副总理在第二次全国教育信息化工作电视电话会议上讲话的通知 [EB/OL].http://www.cac.gov.cn/2016-01/25/c_1117878426.htm.2015-12-28.

[44]刘凤权，施长君，施洪闯 . 大数据时代的学校管理变革 [J]. 教育教学论坛，2018（20）：7-9.

[45]教育部网站 . 教育部办公厅关于印发《2016 年教育信息化工作要点》的通知 [EB/OL].http://www.moe.edu.cn/srcsite/A16/s3342/201602/t20160219_229804.html.2016-02-04.

[46]高媛，张琰，蔡沁知，等 . 发展教育信息化推进“双一流”建设——“第二届中美智慧教育大会”综述 [J]. 电化教育研究，2017，38（10）：12-17+29.

[47]中国教育和科研计算机网 . 教育部科技发展中心主任李志民：高校信息化发展与“双一流”建设 [EB/OL].http://www.edu.cn/info/media/zyyy/szxy/201705/t20170512_1515493.shtml.2017-05-12.

[48]中国农业大学新闻网 . 荐读 | “双一流”怎么建？教育部高教司司长有话说 [EB/OL].http://news.cau.edu.cn/art/2017/12/11/art_8769_548363.html.2017-12-11.

[49]教育部网站 . 教育部关于印发《教育信息化 2.0 行动计划》的通知 [EB/OL].http://www.moe.gov.cn/srcsite/A16/s3342/201804/t20180425_334188.html.2018-04-13.

[50]杨宗凯 . 中国教育信息化十年：2011-2020[J]. 中国教育信息化，2016（01）：3-4+28.

[51]李艳，姚佳佳．高等教育技术应用的热点与趋势——《地平线报告》（2018 高教版）及十年回顾 [J]. 开放教育研究，2018，24（06）：12–28.

[52]张忠华，周萍．“互联网 +”背景下的教育变革 [J]. 教育学术月刊，2015（12）：39–43.

[53]余胜泉，王阿习．“互联网 + 教育”的变革路径 [J]. 中国电化教育，2016（10）：1–9.

[54]陈丽．“互联网 + 教育”的创新本质与变革趋势 [J]. 远程教育杂志，2016，34（04）：3–8.

[55]刘邦奇．从数字校园到智慧校园我国推进校园——信息化发展的现状、策略及趋势 [J]. 教育信息技术，2016（11）：34–37.

[56]刘邦奇．“互联网 +”时代智慧课堂教学设计与实施策略研究 [J]. 中国电化教育，2016（10）.

[57]蒋东兴，付小龙，袁芳，等．高校智慧校园技术参考模型设计 [J]. 中国电化教育，2016（09）：108–114.

[58]黄荣怀．中小学数字校园的建设内容及战略重点 [J]. 北京教育（普教版），2009（08）.

[59]赵国栋．大学数字化校园与数字化学习纪实研究 [M]. 北京：北京大学出版社，2012.

[60]黄荣怀，张进宝，胡永斌，等．智慧校园：数字校园发展的必然趋势 [J]. 开放教育研究，2012，18（04）：12–17.

[61]张永民．解读智慧地球与智慧城市 [J]. 中国信息界，2010（10）.

[62]于长虹，王运武，马武．智慧校园建设的现状、问题与对策 [J]. 教学与管理（理论版），2015（2）.

[63]祝智庭，贺斌．智慧教育：教育信息化的新境界 [J]. 电化教育研究，2012，（12）.

[64]郑凯，聂瑞华．基于诺兰模型的高校信息化发展现状及趋势分析 [J]. 中国教育信息化，2009（11）：13–15.

[65]汪基德．从教育信息化到信息化教育——学习《国家中长期教育改革和发展规划纲要（2010—2020 年）》之体会 [J]. 电化教育研究，2011（9）：5–10.

[66]王运武 . “数字校园” 向 “智慧校园” 的转型发展研究——基于系统思维的分析思辩视角 [J]. 远程教育杂志，2013，31（02）：21–28.

[67]黄荣怀 . 从数字学习环境到智慧学习环境——学习环境的变革与趋势 [J]. 开放教育研究，2012，18（1）：75–84.

[68]胡钦太，郑凯，林南晖 . 教育信息化的发展转型：从“数字校园”到“智慧校园”[J]. 中国电化教育，2014（01）：35–39.

第 2 章 智慧校园发展现状

2.1 智慧校园发展历程

智慧校园是教育信息化发展的最新阶段[1]。教育信息化的发展历程也就是智慧校园的发展历程。

1. 发展历程：从教育信息化从 1.0 到 2.0[2][3]

杨宗凯认为教育信息化发展一般会经历起步、应用、融合、创新四个典型阶段。在《教育信息化十年规划（2011—2020 年）》（以下简称《十年规划》）确立的我国教育信息化发展“两步走”战略中，以信息技术在教育中的广泛深入应用为特征的第一步包括“起步”与“应用”两个阶段，现已基本完成，并取得了显著成绩。我们开始进入融合、创新的第二个阶段，即教育信息化 2.0。

（1）教育信息化 1.0 历史成就。《十年规划》发布以来，教育信息化在 1.0 阶段取得了“五大进展”，实现了“三大突破”，“三通两平台”（宽带网络校校通、优质资源班班通、网络学习空间人人通和教育资源公共服务平台、教育管理公共服务平台）建设与应用取得重大进展，教师信息技术应用能力大幅提升，信息化技术水平大幅提高，信息化对教育改革的推动作用大幅提升，教育信息化的国际影响力显著增强；教育信息化应用模式取得重大突破，全社会参与的推进机制取得重大突破，在探索中国特色教育信息化道路上取得重大突破。[4]

在教育信息化 1.0 阶段，不但基本形成了较为完善的信息技术与教育融合发展关键技术体系和基础设施体系，而且还形成了一系列具有中国特色、国际视野的信息技术与教育融合发展的实践模式。五年间，我国教育信息化的主要指标普遍实现了翻倍增长，全国中小学互联网接入率从 25% 提高到 90%，多媒体教室的比例从不足 40% 增加到 83%，教师和学生网络学习空间数量从 60 万个激增到 6300 多万个 [3]。在应用模式上，我国教育信息化先后经历了“信息技术教学应用”和“信息技术与教育教学融合”两个阶段，凝炼形成了“信息技术与教育教学深度融合”的核心发展理念，以及“应用驱动”和“机制创新”两大基本发展方针，并在实践中不断得到印证与发展，走出了一条符合国情具有中国特色的道路。

（2）教育信息化 2.0 重大转折阶段。尽管我国教育信息化发展迅速，取得了显著成绩，但总体来看，信息技术对教育而言主要还停留于工具层面的简单应用，信息技术支撑下的教育教学模式变革、学校管理体系重构，以及信息技术对教育发展的革命性影响还没有得到充分彰显。进一步推进信息技术与教育教学的深度融合，充分体现信息化的发展成效还面临很大挑战 [6]。比如，数字教育资源开发与服务能力不强，信息化学习环境 / 平台建设与应用水平不高，中小学一线教师信息技术应用能力较强但信息化教学创新能力不足，信息技术与学科教学深度融合、特别是信息技术支撑跨学科教学融合的能力尚显不足，教育信息化的高端研究和应用人才还非常稀缺。

总体来看，教育信息化 2.0 表现出以下五大显著特征，基本都与智慧校园相关。

1）从专用资源到通用资源：教育资源的拓展。教育资源作为教育的生产资料，始终是决定教育发展水平，塑造教育发展形态的基础性因素。工业时代，以教科书为代表的印刷型教育资源塑造了以学校为代表的现代教育。进入信息时代，以网络资源为代表的数字教育资源开启了教育变革新征程。在教育信息化 1.0 阶段，数字教育资源具有鲜明的专用化色彩，绝大多数数字教育资源都是基于教科书为教育的目的专门开发的。资源围绕教科书这个中心不断拓展，与教科书具有强大而密切的关联性甚至是依附性。在强调信息技术应用的教育信息化 1.0 阶段，关注焦点在很大程度上是把整个教育的业务流程在线化，即用信息技术把传统教育以数字化的形式在线上重新呈现出来。显然，专用资源在这一过程中的确发挥了重要作用，但同样也带来了课堂搬家、书本搬家等问题，用“电灌”“机灌”代替“人灌”的现象屡见不鲜。

教育信息化进入 2.0 阶段后，教育资源发生了极大改变，从专用向通用迈进，为全新教育形态的塑造提供了可能。一是资源极大丰富。互联网时代，终身学习也开始从理想走进现实，封闭的教育资源走向开放，专用的数字教育资源成为通用的“大资源”是大势所趋。二是组织方式全面改变。跨学科、自组织的数字资源彻底摆脱了对教科书的依附性，成为学校教学内容的重要载体和课堂教学活动的主要依托，促使分科教学体系不断瓦解。三是资源形态彻底重塑。虚拟现实等新兴技术的广泛应用，使以视频和图文为主，缺乏交互能力的静态资源被三维立体和具有智能交互功能的动态资源取代。四是供给方式全面升级。大数据分析和人工智能技术的深度应用，不但让整个互联网都成为提供优质教育资源的宝藏，而且大大提升了其有效供给、精准供给的水平。

2）从应用技能到信息素养：师生能力的提升。教育信息化 1.0 阶段强调的是信息技术在教育中的普遍应用，对教师的要求更多关注的是信息技术应用能力，旨在让教师把信息技术熟练应用于教育。教育信息化进入 2.0 阶段后，历史任务从信息技术在教育教学的应用转向信息技术支持下的教育教学创新，需要教师尽快实现从信息技术应用能力发展向信息素养养成的方向转变。信息素养的养成包括具备基本的计算思维和编程能力，掌握人工智能等新技术，把信息技术与教学法进行整合并创造性地应用于对学科内容的教学，利用信息技术进行教学模式与方法创新，以及具有良好的信息伦理意识等，唯有如此，才能把自身打造成为适应信息化教育教学需要的新一代教师——“数字教师”。[7]

从更为广阔的历史和时代背景看，人在信息社会的数字化生存让人才培养的目标从“3R”向“4C”转变，即从传统的读、写、算转向批判性思考与问题解决、有效沟通、团队共创、创造与创新[8]。信息素养正是“4C”能力的关键和基础支撑，是新时代每个公民都应具备的基本素养。从这一意义上来说，信息素养已成为信息化社会对创新创业型人才提出的新的基本要求，成为 21 世纪各行业劳动者都必须在入职前就基本具备并在入职后不断提升的一项基本素养。教师自然也不能例外。联合国教科文组织很早就提出，信息素养是终身学习的一种基本人权，是个人投身于信息社会的一个先决条件[9]。教育信息化在 2.0 阶段面对的是被称为“数字原住民”的新一代学习者，更加关注的是如何构建教育的“网络空间命运共同体”，培养学生以正确且合法的方式使用信息技术，理解并尊重知识产权，恪守网络道德，保护个人隐私，维护网络安全，养成利用信息技术进行创造性学习与跨文化交流的能力，成为信息化社会合格的“数字公民”。[10]

3）从应用驱动到创新引领：教学方式的变革。教与学的变革是教育改革的“牛鼻子”。只有抓住这个“牛鼻子”，教育信息化才能不断向纵深发展。教育信息化在 1.0 阶段主要是应用驱动，促进和深化信息技术在教育教学各环节的应用。早期，应用驱动强调的是信息技术与学科教学的整合，即在教与学中使用信息技术手段；其后，焦点逐渐转向信息技术与教育教学的深度融合，开始更加关注信息技术对教与学的模式、策略与方法创新的支撑和引领。从“整合”到“融合”见证了教育信息化 1.0 在信息技术教育应用上不断走向深入。不管是基础设施与环境建设，还是各种技术工具的常态化应用，都大大提升了教育教学的技术水平，也提升了教育教学的效率。但现实却是信息技术应用得越广泛和普遍，传统教育就会越得到强化。教育信息化在实践中不但出现了“买得多，用得少”的现象[11]，而且信息技术对教育教学效果的改进一直无法摆脱“非显著性差异现象”这一历史魔咒[12]。一方面，人们对信息技术对教育发展具有的革命性影响深信不疑；另一方面，信息技术在教育教学中的应用，强化的正是人们努力要改变的传统教育。

信息技术作为一种工具，其应用意味着改变传统教育，生成新的教育。以新的世界观和方法论为指南，教育信息化在 2.0 阶段需要超越 1.0 阶段的“应用驱动”，致力于“创新引领”，即以信息技术支持教学与学习方式的创新来引领信息化时代教育生产方式的转型升级。如果说教育信息化 1.0 的关键在于“用”上，那么教育信息化 2.0 的灵魂则在于“化”上，即实现针对传统教育的价值重建、结构重组、流程再造、资源重配、文化重塑，改变教育发展的动力结构，促进教育研究和实践的范式更替[13]。历史的经验和国际的经验告诉我们，教育信息化可持续、有效果的关键不在信息技术设施与设备本身及其机械应用，而在于如何把信息技术“化”入教与学的实践中，使之浑然一体，从而创造出新教育教学生态。在教育信息化 2.0 阶段，信息技术作为新的工具引入教育，不但让教育的空间物理环境改变了，教育的内容改变了，还让教师的教学方式、学生的学习方式、课堂的深层结构与师生关系乃至更为宏观的学校发展方式和教育发展方式改变了。当这些改变与时代对人才培养需求的改变汇聚到一起时，教育发生革命性变化的“奇点”就到来了。

4）从注重速度到提高质量：关注焦点的转移。教育信息化 1.0 给人最直观的感受是高速度。“三通两平台”在短短五年时间内，几乎把触角伸到了中国大地上教育的每一个角落，创造了教育信息化的中国速度。有统计数据显示，自 2013 年以来，平均每天有 2.6 家互联网教育公司诞生[14]。从各种统计数据中，人们都能够感受到过去五年中国教育信息化的发展、特别是在基础设施与数字资源建设方面发生的变化。正是靠着这种高速度，我国的教育信息化事业才能在后发情况下弯道超车，实现对发达国家和地区的追赶。

中国教育信息化在 1.0 阶段通过大量资金投入支撑下的高速发展，初步形成了基本的教育信息化体系，为步入 2.0 的新阶段奠定了坚实的物质技术基础。那么在 2.0 阶段则是以高质量优先，即追求的是技术升级更集约，结构优化更合理，效率提升更显著，服务供给更有效。这意味着前期通过巨大资金投入建设起来的教育信息化技术体系不仅要充分发挥出应用效能，克服“买得多，用得少”的问题，更要实现发展动力的转换，把精力集中在支撑更优质教育的信息化教学模式与学习方式创新探索上来。教育信息化 1.0 主要靠资金投入和技术应用来驱动，教育信息化 2.0 则必须靠创新来驱动。这种创新，一方面是技术的原始创新和集成创新，但更重要的是教育理念、教学模式、学习方式、评价机制、管理体制的创新。只有这样，才能不断推动信息技术在与教育的融合中展现出变革教育、创造新教育的力量。

5）从经验管理到精准管理：治理水平的提升。从外部来看，进入 20 世纪以来，教育工作者在社会效能运动的驱动下，逐渐采纳了许多科层式管理体制的做法，教育系统因此变得流水线化、高效率和标准化，但同时也为采纳这些机械原则付出了沉重代价[15]。从内部来看，现代教育管理尽管在体系上已相对完备，但在实践中往往还是经验式的，即在教育管理中居于核心地位的决策在很大程度主要是基于经验和艺术，而不是基于科学与技术。经验式的教育管理比较粗放，存在着管理信息标准不完善，智能化程度较低，数据缺乏系统性，难以支持及时精准决策。监督不到位、存在难以进行动态监管等问题和局限，导致管理效能低下，难以激发活力。

教育信息化 2.0 在教育管理上的总目标是建立完善的教育治理体系，形成优良的教育治理能力，全面实现教育治理现代化。在 2.0 阶段，随着“三通两平台”特别是国家教育管理公共服务平台的建设与应用不断走向深入，通过充分利用大数据和人工智能等新的技术手段[16]，实现教育基础数据的“伴随式收集”和互通共享，基于对教育管理大数据的深度挖掘和深度应用，不断提升教育管理的信息化水平，在履行教育管理职能的过程中，更加凸显管理的精准性、智能性、及时性、前瞻性、区分性、整合性、权变性，不仅提升管理效率而且变革管理流程，彻底摆脱传统教育管理的经验范式，优化不同教育治理主体的关系，拓宽教育管理的社会参与，完善学校的内部治理结构，增强教育的宏观管理能力，让教育管理不断从经验走向科学，从粗放走向精准，持续提升教育治理水平，充分释放教育创新的活力[17]。

2. 制度保障：从技术引导到应用创新

从国际上看，我国的教育信息化紧跟美国等发达国家的教育信息化步伐，早在20世纪80年代中期就开始探索教学及管理领域的信息化应用。90年代中期以后，我国教育信息化发展速度加快，中国教育和科研计算机网（CERNET）速度之快、规模之大、应用之广，在国际上是十分少见的。在国内各个行业中，教育领域的信息化发展也一直处于领先地位，我国最早的国际互联网出口、最早的局域网应用（校园网）都是发生在教育领域，新一代互联网（IPv6技术）也是首先在学校教育等领域应用[18]。

1994年以来相关的政策文件及主要措施见表2-1。

表2-1　1994年以来教育信息化政策、措施及要求

时间	政策文件	措施及要求
1994年4月	国家教委“中国教育和科研计算机网（CERNET）示范工程”	覆盖全国八大区10个网点，作为联通全国大学的骨干网络
1998年12月	教育部《面向21世纪教育振兴行动计划（1998—2002）》	实施现代远程教育工程，扩大CERNET传输容量和联网规模，重点建设全国教育资源库。
2001年11月	教育部《关于中小学校园网建设的指导意见》	推进中小学校园网建设
2004年3月	国务院《2003—2007年教育振兴行动计划》	实施教育信息化建设工程，加快CERNET和CEBsat升级扩容，加强高等学校校园网建设
2010年7月	中共中央、国务院《国家中长期教育改革和发展规划纲要（2010—2020年）》	信息技术对教育发展具有革命性影响，必须予以高度重视。推进数字化校园建设
2012年3月	教育部《教育信息化十年发展规划（2011—2020年）》	加强高等学校、职业院校数字校园建设，全面提升院校信息化水平
2012年6月	教育部《国家教育事业发展第十二个五年规划》	加快实施教育信息化战略。探索数字校园、智能教室建设，到2015年数字化校园覆盖率达到50%以上
2016年2月	教育部《2016年教育信息化工作要点》	引导各级各类学校开展利用信息技术转变教学模式、改进教学管理的数字校园/智慧校园应用
2016年6月	《教育信息化“十三五规划”（2016—2020年）》	推进“无线校园”建设。推动落实《职业院校数字校园建设规范》，确保各级各类学校普遍具备信息化教学环境

续表

时间	政策文件	措施及要求
2017 年 1 月	教育部《2017 年教育信息化工作要点》	落实有关“一带一路”“互联网 +”、大数据、云计算、智慧城市、信息惠民、宽带中国、网络扶贫等重大战略的任务安排。推动数字校园和智慧校园建设完成“互联网 + 智慧教育”示范基地建设
2018 年 2 月	教育部《2018 年教育信息化和网络安全工作要点》	引导数字校园和智慧校园建设
2018 年 6 月	《智慧校园总体框架》国家标准（GB/T36342—2018）	2019 年 1 月 1 日执行，智慧校园建设更加规范

3. 技术演进：从单一到融合

前面介绍的 1.4.1 节表明，学校信息化建设的四个时期中，1.0 时期只是校园网建设，采用接入网技术，只是形成局域网并接入互联网能够进行邮件的收发、ftp 的登录，主要以单机应用为主；2.0 时期增加了软件开发技术，进行综合应用系统，有了网络化的应用，各类信息系统层出不穷，但大多局限在校园内部；3.0 时期，增加了数据交换技术，是数字化校园建设时代，也是智慧校园的开始，从建设单一的业务系统到建设数字化校园平台，将各类业务系统的数据打通，一定程度上消除了信息孤岛，实现了数据的集成和单点登录及统一身份认证；4.0 时期采用人工智能、大数据等技术，是智慧校园的建设时期，将实现动态感知用户行为，完成科学决策和基于大数据的各类应用。

2.2 智慧校园建设的理论基础

智慧校园既是一种新的管理模型，也是一种新的校园形态，智慧校园的建设涉及多个学科。智慧校园的设计、建设、管理、应用、评价等离不开理论的支撑，智慧校园建设的理论主要是教育信息化理论和联通主义学习理论等，这些理论将对智慧校园的设计、规划、建设实施等产生较大的影响。

2.2.1 教育信息化理论

教育信息化理论的基本内容包括“信息技术与课程整合理论”“信息化环境下的

教与学理论，以及教与学方式”“信息化环境下的教学设计理论”三个部分[19]，主要用于信息化环境提高教育教学效果。智慧校园所能提供的首先是信息化环境，这就要求智慧校园的建设要能直接和间接地促进教学效果，教育教学能从中获得最大效益。

对智慧校园的设计和实施影响最大的是信息化环境下的学习理论，主要有混合学习理论、分布式学习理论、情境认知与学习理论等。

（1）混合学习理论。混合学习（Blended Learning）理论的提出源于数字化学习的兴起，是数字学习和传统课堂学习的相互结合和互补，就是要把传统学习方式的优势和 e-Learning（即数字化或网络化学习）的优势结合起来。也就是说，既要发挥教师引导、启发、监控教学过程的主导作用，又要体现学生作为学习过程主体的主动性、积极性与创造性。只有将这二者结合起来，使二者优势互补，才能获得最佳的学习效果。[20]

分布式学习理论源于信息通信技术的发展带动的网络远程教育的勃兴，并逐渐应用于网络学习领域。分布式学习最显著的特征是学习资源的泛中心化，课堂、教师、学习同伴、图书馆、移动电话、网络信息等都作为资源分布在不同的地点。以学习者为中心，教师和教学内容等只作为一种资源而存在，这增强了学习者对学习的责任感，使他们不再被动地接受信息和知识，而是随时随地主动地利用各种资源，交互与协作活动来构建新的知识。这是学习模式强调信息时代对网络的系统的规划。[21]

情景认知与学习理论认为，有意义的学习是学习主体主动建构知识的过程，强调以学生主体为中心的学习方式。也就是说，知识不是外在与学习主体的客观存在，而是学习主体与外部环境相互作用所建构的意义。情景学习的主要特征是提供能反映知识在真实世界中运用方式的真实情景；提供真实的活动；提供接近专家作业和过程模拟化的通路，并提供多样化的角色和前景；支持知识的合作建构；在临界时刻提供指导和支撑；促进反思，以便形成抽象思维；促进清晰表达，以便使缄默知识成为清晰的知识；在完成任务时提供对学习的整体的评价等[22]。这种学习理论契合了智慧校园建设的重要内容之一即校园学习环境。

（2）数字化学习理论（李克东，2001）。数字化学习是指学习者在数字化的学习环境中，利用数字化学习资源、以数字化方式进行学习的过程。它包含三个基本要素：数字化学习环境、数字化学习资源和数字化学习方式。数字化学习环境也就是信息化学习环境（即以多媒体计算机和网络为核心的信息技术所支持的学习环境），这种学习环境具有信息显示多媒体化、信息传输网络化、信息处理智能化和教学环境虚拟化等特征。它包括设施（如多媒体计算机、网络教室、校园网等）、平台（网上的信息发布平台、互动教学平台、资源管理平台等）、通信（保障远程教学的实施）、工具（支持学习者进行自主建构和解决问题的学习工具）等几个基本组成部分；数字化学习资源的源包括数字视频、数字音频、多媒体课件、CD-ROM 光盘、学科专题网站、电子邮件、计算机仿真系统、在线讨论区、数据库等多种类型，它具有多媒体、超文本、友好交互、虚拟仿真、远程共享等特性；数字化学习内容的显著特征与数字化学习方式的鲜明特点，就数字化学习内容（含学习资源）的获取与利用而言，它具有随意性、实效性、多层次性、可操作性和可再生性等显著特征。就数字化学习方式的过程与结果而言，则具有以下鲜明特点——“学习是个性化的，且能满足个体需要”“学习是以问题或主题为中心”“学习过程要进行通信交流，学习者之间要进行协商与合作”“学习具有创造性与再生性”和“学习是随时随地的、终身的”。这种学习理论侧重智慧校园环境的建设，尤其是网络环境和信息资源的建设。[23][24]

（3）协同学习理论（祝智庭，2006）。协同学习（Synergistic Learning）是指通过对学习技术系统中各个组成要素（包括认知主体和认知客体以及二者交互所形成的学习场）之间的协同关系与整合，以使教学获得协同增效，可见其内涵主要涉及学习系统的结构与功能。因而基于协同学习概念可以形成一种全新的学习框架，以支持技术条件下的教与学活动。协同学习的多场作用空间，其作用域有 5 个，即信息场、知识场、情感场、行动场和价值场。前四种场是传统教学目标分类（即认知、情感和动作技能三类教学目标）的衍生，而价值场则作为一种系统导向和终极追求。5 个场既是学习的目标，又是实现目标的途径。各场域内的要素之间以及各场域之间相互联系、相互作用，表现出自组织与协同等特性。这种学习理论侧重智慧校园环境建设以及信息资源的构建。[25]

（4）移动学习理论与 TEL 五定律（黄荣怀，2009）。移动学习是在非固定的、非预先规划的时间和地点的非正式场所，利用移动设备与虚拟的和物理的世界交互发生的个人的、协作的或者混合方式的任何学习；也包括正规场景，利用移动设备促进个体探究和协作。移动学习活动设计模型（MLADM 模型）有需求分析、聚焦学习者、学习场景设计、提供必要的技术环境、约束条件分析和学习支持服务设计六个基本环节[26]。要想运用技术促进学习（Technology Enhanced Learning，TEL）并取得实效，必须满足数字化学习资源、虚拟学习社区、学习管理系统、设计者心理、学习者心理五个方面的相关条件——这就是他们提出的、利用技术促进学习需要满足的五定律，也称 TEL 五定律。定律 1（资源）：若要学习者主动浏览或"遍历"数字化学习资源，并使其获得优于 F2F（面对面）教学的效果，需要满足内容必需、难度适中、结构合理、媒体适当和导航清晰五个基本条件。定律 2（环境）：若要学习者在一个虚拟学习环境（VLE）中能像"教室"环境一样地交流，甚至能优于现实环境，需要满足群体归属感、个体成就感和情感认同感三个基本条件。定律 3（系统）：若要教师能通过学习管理系统（LMS）对学习过程进行有效管理，需要满足过程耦合、绩效提升、数据可信和习惯养成四个基本条件。定律 4（设计）：用户不一定能清晰理解课程资源、学习支撑平台、管理信息系统等的设计意图；不了解用户"心理"的设计通常是失败的。定律 5（用户）：无论是远程的还是现场的，学习者在遇到学习困难时不一定会去向教师求教；"守株待兔"式的辅导通常是失效的。这种学习理论侧重智慧校园环境、智慧校园应用[27]。

（5）学习方式观（桑新民，2005）。发展自身的人类学习能力同改造外部世界的人类生产能力（生产力）共同构成人类生存发展的基础、动力和源泉。把学习形式划分为三类：个体学习、协作学习和团队学习。三种学习形式紧密联系、不可分割。个体学习是协作学习和团队学习的基础，任何形式的学习最终都要由个体来完成；协作学习是个体学习的扩展和延伸，又成为团队学习的另一个基础（个体学习与协作学习是团队学习的两大基石）；而团队学习则是个体学习与协作学习之整合与升华——在个体学习和协作学习中，学习的主体都是个体（协作学习是个体之间的协作，立足点仍然是个体），而在团队学习中，学习的主体不是个体，而是团队或群体，并由此创造出一种全新的高效学习形式。之所以有这种可能，是因为团队学习并不等于个体学习的简单相加，只有当团队中的每一个成员都真正为一个共同的学习目标，心往一处想，劲往一处使，在有序化的分工和密切合作中，进入高效率的整体学习状态时，才能真正凝聚、创造出一个作为整体存在的团队学习主体，也才能获得个体学习与协作学习都无法比拟的学习成效。这种学习理论侧重智慧校园的系统建设。[28]

教育信息化理论产生于信息化建设发展过程之中，可以指导智慧校园从设计到实施全过程，指导智慧校园设计原则和目标、设计方法的确定等，这对智慧校园的建设前期规划设计是非常重要的。

2.2.2 联通主义学习理论

西蒙斯在《Connectivism: A Learning Theory for the Digital Age》一文中系统提出了联通主义的思想，指出学习不再是一个人的活动，学习是连接专门节点和信息源的过程。联通主义表述了一种适应当前社会结构变化的学习模式。学习不再是内化的个人活动。当新的学习工具被使用时，人们的学习方式与学习目的也发生了变化。这种知识发展的循环（个人对网络对组织）使得学习者通过他们所建立的连接在各自的领域保持不落伍。[29]

联通主义认为：网络时代的来临，使人们的交流方式发生了巨变，同时，网络也带来了知识爆炸的时代，知识不断增长，其更新周期与半衰期不断缩短，而每个人都可以在网络上分享自己的知识，这为联通提供了前提。学习工具、方式和学习资源的转变，使得人们的学习不再局限于课本或纸质书的学习，而是通过网络，或者是团队交流学习等获得知识。知识是一个动态变化的过程，它就如管道中的石油，不断流通，管道就是联通的各个结点；知识以片断的方式散布在网络中，每个人都拥有其中一部分，每个人都可以对其中的知识进行创造、完善、更新和批判等。学习是一个连续的、知识网络形成的过程，强调人与外部关系的建立和知识网络的建立；学习重心不再是知识内容本身，而是在创建个人学习网络的行为中，主张个人可以把部分对知识的理解、掌握、加工、运用等下放给网络中的结点，把更多的时间放在创建个人学习网络中。

联通主义表述了一种适应当前社会结构变化的学习，认为学习不是一个人的活动，而是优化学习者的内网网络，联通主义是一种适合于信息化时代要求和信息化时代特点的关于学习的观点，从某种程度上，智慧校园提供了智慧的管道，连接各种生活、学习和科研资源，自然可以有效促进学习的发生，但智慧校园又不仅仅关心管道，还要在很大程度上关心如何更好地服务于广大师生。

2.3 智慧校园的内涵

2.3.1 智慧校园的定义

智慧校园源于“智慧地球”。2008年11月IBM提出“智慧地球”概念，2009年1月，美国奥巴马总统公开肯定了IBM“智慧地球”思路，2009年8月，IBM又发布了《智慧地球赢在中国》计划书，正式揭开IBM“智慧地球”中国战略的序幕，为中国量身打造了六大智慧：“智慧电力”“智慧医疗”“智慧城市”“智慧交通”“智慧供应链”和“智慧银行”。智慧地球分成三个要素，即“3I”：物联化、互联化、智能化，是指把新一代的IT、互联网技术充分运用到各行各业，把感应器嵌入、装备到全球的医院、电网、铁路、桥梁、隧道、公路、建筑、供水系统、大坝、油气管道，通过互联网形成“物联网”；而后通过超级计算机和云计算，使得人类以更加精细、动态的方式和生活，从而在世界范围内提升“智慧水平”，最终就是“互联网+物联网=智慧地球”[30]。智慧地球一经提出，就在国际产生了巨大的反响，渗透到信息化相关的各个领域，催生了许多新的概念，智慧校园就是其中之一。

蒋东兴认为[31]：智慧校园是一个典型的中国词汇，国外文献中，无论是Smart Campus、Intelligent Campus还是Wisdom Campus都很鲜见。究其原因，一是国外研究者比较关注一项或几项信息技术在教育教学业务中发挥的作用，即IT in Education，比较典型的如美国新媒体联盟每年度的《地平线报告》；二是美国学校相对比较开放，通常没有封闭的实体校园概念，校园信息化建设较多地纳入智慧城市、智慧地球等建设范畴，比较典型的是IBM的Education for a Smarter Planet。可以说，智慧校园是我国教育信息化研究者为了顺应教育信息化发展趋势和我国教育行业特点而提出的一个具有中国特色的概念，是从信息化建设角度提出的支撑信息化条件下智慧教育的一套完整技术解决方案。

在理论研究方面，不同学者从多个角度对智慧校园进行了解读。

黄荣怀（2009）从数字校园的建设进程角度提出数字校园的“四代”建设观，他认为第四代数字校园（智慧校园）能够有效支持教与学，丰富学校的校园文化，真正拓展学校的时空维度，以面向服务为基本理念，基于新型通信网络技术构建业务流程、资源共享、智能灵活的教育教学环境[32]。黄荣怀等（2012）从智慧学习环境角度提出，智慧校园是一种教育教学环境和生活环境，这种环境的理念是面向师生的个性化服务，具备环境感知能力、个性及学习情境识别能力，通过无缝互通的网络通信，有效支持教学过程分析、评价和决策。智慧校园应该具备的特征（识别因素）包括环境（物理环境、学习者个体特征和学习情景）全面感知、（基于网络和通信技术的）网络无缝相通、（依据数据挖掘和建模技术的）海量数据支撑、开放学习环境（拓展资源环境、时间环境、空间环境）、师生个性服务（有效解决师生生活、学习、工作中的实际需求）[33]。

有研究者强调物联网技术在智慧校园建设中的作用，如沈洁等（2011）认为，智慧校园是一种将人、设备、环境、资源以及社会因素，在信息化背景下有机整合的一种独特的校园系统，它以物联网技术为基础，以信息的相关性为核心，通过多平台的信息传递手段提供及时的双向交流平台，简单说，就是更智能的学校[34]；周彤等（2011）认为，智慧校园是以物联网为基础的智慧化的校园工作、学习和生活一体化环境，这个一体化环境以各种应用服务系统为载体，将教学、科研、管理和校园生活进行充分融合[35]；李春若（2012）认为，智慧校园是物联网在学校教学管理、公共安全、后勤保障中的具体应用，为学校构建了智能化的学习和生活环境[36]。郭三强、郭燕锦（2013）认为智慧校园指的是以物联网和普适计算技术为基础的智慧化校园工作、学习、生活一体化环境，在这一环境中，各种应用服务系统作为载体，将校园环境中所涉及的教学、科研、管理和生活等各个方面进行了充分融合。

有研究者认为智慧校园是各种技术的综合应用，如陈翠珠等（2012）认为，智慧校园是充分利用信息化相关技术，通过监测、分析、融合、智能响应的方式，综合学校各职能部门，融合优化现有资源，提供质量更高的教学、更好的服务，构建绿色的环境、和谐的校园，以保证学校教育的持续发展[37]。宓咏（2011）认为智慧校园的建设不仅仅是物联网技术的应用，那只是感知部分，应更多考虑技术的特点，突出应用和服务[38]。

祝智庭（2012）在分析智慧教育特征基础上，构建了智慧教育的理解图式，认为智慧校园同智慧教室、智慧终端一样，是根据不同尺度范围对智慧教育划分的学习空间，是智慧教育的组成部分，是为智慧教育服务的。[39]

蒋东兴（2016）认为智慧校园是高校信息化的高级形态，是对数字校园的进一步深化与提升，它综合运用云计算、物联网、移动互联、大数据、人工智能、社交网络、知识管理、虚拟现实等新兴信息技术，全面感知校园物理环境，智能识别师生群体的学习、工作情景和个体的特征，在网络空间建立校园虚拟映像，将学校物理空间和数字空间有机衔接起来，通过在网络空间的计算掌握校园运行规律并反馈、控制物理空间，为师生建立智能开放的教育教学环境和便利舒适的生活环境，改变师生与学校资源、环境的交互方式，开展以人为本的个性化创新服务，实现学校智慧运行，支撑学校开展智慧教育。[40]

王运武（2016）认为，智慧校园是指以促进信息技术与教育教学融合、提高学与教的效果为目的，以物联网、云计算、大数据分析等新技术为核心，提供一种环境全面感知、智慧型、数据化、网络化、协作型一体化教学、科研、管理和社会服务，并能对教育教学、教育管理进行洞察和预测的智慧学习环境。[41]

2018 年国家标准（GB/T36342—2018）《智慧校园总体框架》中定义智慧校园是物理空间和信息空间有机衔接，使任何人、任何时间、任何地点都能便捷地获取资源和服务（智慧校园是数字校园的进一步发展和提升，是教育信息化的更高级形态）。[42]

2.3.2 智慧校园的特征

黄荣怀等（2012）提出“智慧学习环境”的概念，他们认为，智慧校园应具有以下特征：[33]

（1）环境全面感知。智慧校园中的全面感知包括两个方面，一是传感器可以随时随地感知、捕获和传递有关人、设备、资源的信息；二是对学习者个体特征（学习偏好、认知特征、注意状态、学习风格等）和学习情景（学习时间、学习空间、学习伙伴、学习活动等）的感知、捕获和传递。

（2）网络无缝互通。基于网络和通信技术，特别是移动互联网技术，智慧校园支持所有软件系统和硬件设备的连接，信息感知后可迅速、实时的传递，这是所有用户按照全新的方式协作学习、协同工作的基础。

（3）海量数据支撑。依据数据挖掘和建模技术，智慧校园可以在“海量”校园数据的基础上构建模型，建立预测方法，对新到的信息进行趋势分析、展望和预测；同时智慧校园可综合各方面的数据、信息、规则等内容，通过智能推理，做出快速反应、主动应对，更多地体现智能、聪慧的特点。

（4）开放学习环境。教育的核心理念是创新能力的培养，校园面临要从“封闭”走向“开放”的诉求。智慧校园支持拓展资源环境，让学生冲破教科书的限制；支持拓展时间环境，让学习从课上拓展到课下；支持拓展空间环境，让有效学习在真实情境和虚拟情境能得以发生。

（5）师生个性服务。智慧校园环境及其功能均以个性服务为理念，各种关键技术的应用均以有效解决师生在校园生活、学习、工作中的诸多实际需求为目的，并成为现实中不可或缺的组成部分。

宗平认为，智慧校园的核心特征主要反映在三个方面：[42]

（1）为广大师生提供一个全面感知环境和综合信息服务平台，提供基于角色的个性化定制服务。

（2）将基于计算机网络的信息服务引入学校的各个应用与服务领域，实现互联、共享和协作。

（3）通过智能感知环境和综合信息服务平台，为学校与外部世界，提供一个相互交流和相互感知的接口。

胡钦太（2014）认为：[44]智慧校园强调“以服务为核心，以管理为支撑”的理念，智能感知、资源组织、信息交换、管理逻辑与科学决策等。智慧校园环节最终目的都是向用户提供更好的服务。其次，智慧校园需要体现校园活动的“深度融合”。“深度融合”包括学校信息化工作与学校各项常规工作在机制与机构等层面的融合、信息化平台资源的融合与集约化利用、信息化业务流程与消息数据的融合、信息化基于所有校园活动以及与外部环境（如智慧城市）的融合等四个层面。简言之，智慧校园的内涵可以用“以人为本、深度融合”进行表述。

智慧校园的特征是其内涵的具体化与形象化，其基本特征包括：

（1）具备对现实中人、物、环境等因素特征、习惯的感知能力，并能依据建立的模型智能地预测一般规律与发展趋势。

（2）以高速多业务网络体系支持各类消息、数据、信息的实时传递，最大程度上消除时空限制。

（3）实现信息化平台的整合与集约化利用，体现资源的良好组织与优化存储。

（4）基于“大数据”理念的资源挖掘与资源推荐，实现智能化的决策、管理与控制。

（5）构建开放的、多维度的学习与科研空间，具备支持多模式、跨时空、跨情境的学习科研环境。

（6）信息化应用体现面向最终用户的个性化、综合化与社会化，信息化应用真正与社会整体信息化应用环境实现融合。

蒋东兴（2016）认为[31]：从信息化业务运行方面来看，与数字校园主要注重管理信息化相比，智慧校园更加重视信息技术与人才培养、科学研究和社会服务的深度融合，重视提供跨部门业务融合的一门式服务，重视利用大数据支持科学决策，即支持智慧教育业务的开展。在智慧校园建设阶段，高校信息化由管理信息化发为业务全面信息化，信息技术与业务的关系从组合、整合进入融合创新阶段，基于信息技术解构、优化、重组教育教学的新型教育模式——智慧教育形态已经开始显现。

从技术视角来看，随着云计算、物联网、移动互联、大数据、人工智能、社交网络、知识管理、虚拟现实等新兴信息技术在高校的广泛应用，改变了数字校园的技术形态，基于智能感知大数据和复杂对象建模构建校园虚拟映像，基于大数据分析的业务规律认知等成为智慧校园建设的关键技术。特别地，由于业务和技术的不断深化，由一家企业提供完整的校园信息化解决方案的模式已不太现实，构建开放共享的技术生态对于智慧校园建设来说就至为重要。因此，在智慧校园解决方案中，必须建立支持开放技术生态的服务框架，提供柔性的技术基础设施。

从建设模式来看，高校数字校园传统的统筹建设、分步实施的建设模式已经难以为继，在学校总体规划下多方参与、开放共享的建设模式和轻量级/碎片化、快速迭代、协同演进的发展模式将会成为智慧校园阶段的主流模式。从运维模式来看，由于智慧校园信息化设施复杂度的不断提高和社会信息系统的不断引入，当前高校的信息化队伍和自我运维模式已经难以支撑，与社会信息系统提供商、智慧校园专业服务商协同的混合运维模式将成为必然选择。

2.3.3 智慧校园的内涵

1. 智慧校园的内涵

从以上智慧校园的定义和特点可以看出各有侧重点。从功能来看，智慧校园首先是基于信息技术的，是数字校园的提升，是教育信息化的新境界。智慧校园提供智能感知的生活环境、校园生活服务平台；智慧校园提供了一个新的管理模式。

追溯校园信息化的历程，智慧校园的内涵应该包括以下几个方面。[41]

（1）智慧校园的目的是促进教育教学效果的提升和校园管理的转型。智慧校园作为智能感知环境，其意义体现在便捷的生活服务，因为校园即社会，教育即生活，师生是校园的主体，便捷的生活和工作环境是教学科研的基础；一体化的教育教学服务来自大数据收集、传输和存储，更重要的是大数据分析，在此基础上进行泛在学习和个性化教与学；智慧校园作为一种新的管理模式，灵活、便捷、安全、科学，广泛参与，涵盖校园管理的方方面面。

（2）智慧校园为教育教学提供新的研究视角：洞见和预测。从计算机单机到互联网，到物联网、云计算、移动计算，再到大数据，每一次技术的进步与更新，都能为我们提供学校教育新的认识视角和研究视角，我们也有机会深入了解、重新认识教育及其发展规律。从另外一个角度讲，我们的教育了解还不够深入，没有对数据的重要性进行重视，而忽略了对未来的洞见和预测。

（3）智慧校园成为校园文化最主要的内容。文化是一个宽泛的概念，而智慧校园因为承载校园文化而成为校园文化的主角。如现在建设的教育部思政教育平台易班网已经成为很多学校的思政交易和校园文化阵地。

2. 智慧校园与传统校园

传统校园数字化为数字校园，数字校园智慧化为智慧校园，智慧校园是智慧学习环境的组成部分。现实校园、数字校园、智慧校园之间是“耦合”的关系，耦合程度越高，越有利于数字校园的建设与发展。数字校园和智慧校园是传统校园的补充，不是取代传统校园，智慧校园是数字校园智慧化到一定程度的产物。

智慧校园与数字校园相比，在环境、管理、技术，服务提供、教学科研等方面都存在较大的区别[45]，见表 2–2。

表 2-2 智慧校园和数字校园的差异

类项	智慧校园	数字校园
校园环境	数据化；全面感知、实时处理；安全、开放、便捷、协作、节能	数字化，存在信息孤岛
管理与决策	统一、协同、预测；创新、科学决策	分散管理，各自为政
关键技术	物联网、虚拟化与云计算、大数据分析	互联网
服务提供	统一认证、统一数据库；可协作、自适应、友好的线上社区；基于定制的信息推送；泛在导航；按需提供	人工加数字化服务单独提供，信息单向传递，呆板
教学	智慧教学平台；个性化教学、个性化学习；教育资源分配预测；培养创新型人才	多媒体教学，数字化教学平台
科研	科研管理精细管理，用数据说话；避免重复，检索成果数据，成果评估；科学研究可用数据广泛、分析手段丰富	仅进行项目申报管理
信息化环境与资产运维	智慧运维，故障预警和智能处理、运行环境监控，基于虚拟化和云的资源调配和管理	设备、系统单独管理

智慧校园的“智慧”主要表现在智慧环境、智慧管理、智慧教学、智慧学习、智慧科研、智慧生活等方面，具体表现见表 2-3。[46]

表 2-3 智慧校园智慧性表现

智慧性	“智慧”表现
智慧环境	教室、图书馆、实验室等学习场所的温度、湿度自动感知、自动调整，灯光亮度自动调节；空气污染、噪声自动检测，自动通风，自动降低噪声；恶劣气候环境的智能提醒；细菌超标自动提醒
智慧管理	校园安全自动监控；师生心理问题动态化智能干预；智能考勤；智能门禁；水、电、暖气等能源的自动节能监控；办公文件的智能流转；重要事情智能提醒；图书智能借阅，仪器设备的智能借阅；财务智能转帐（如校园卡内低于 100 元时，自动从银行转账）；网络故障、服务器故障的自动报警（如有故障时，立即给管理员发信息）；网络流量智能管理；教室、体育场、会议室等智能管理
智慧教学	教学内容的智慧聚合；教学方法、模式的智能推荐；依据学生水平，智能组卷；网络协同备课；教师教学能力的智能训练
智慧学习	学习情景自动识别；学习资料的个性化推送；学习过程的自动分析；学习结果的自动分析；人生成长的数字化记录；职业生涯的智慧咨询；相同兴趣学习伙伴的智能聚合；无处不在的个性化移动学习；学习内容难度的自适应

续表

智慧性	"智慧"表现
智慧科研	科研资料，尤其是最新研究进展、学术会议信息的自动推送；科研团队的网络化聚合；科研数据资料的自动分析处理；科研论文的网络协同协作；科研创新的智能发现
智慧生活	旅游路线的智能设计；购物、就餐智能推荐；血压、血糖等自动监控；用药智能提醒；基于共同兴趣、个性化需求的智能交友；团体活动、娱乐信息智能推送

3. 智慧校园内涵、特征与主要技术的逻辑关系图

图 2-1 给出了智慧校园内涵、特征与主要技术载体之间的联系[47]。

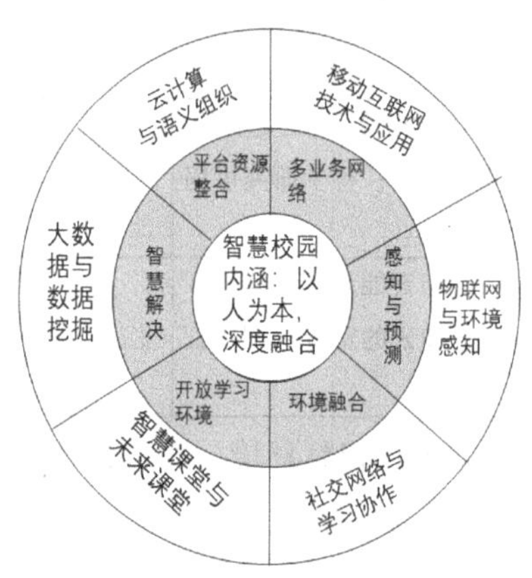

图 2-1　智慧校园内涵、特征与主要技术载体之间的联系

技术是教育信息化发展的支撑与载体，近年来信息化新技术呈现出井喷的态势。云计算、大数据、移动技术、物联网及社交网络等技术被深入研究与推广应用，为智慧校园的实施打下了坚实的基础。

（1）物联网与环境感知。物联网是一个泛在网络，如何高效、可靠、完全、智能地在泛在网络中进行信息传感、感知与处理是物联网的核心问题。物联网的信息传递平台仍然是网络（包括有线和无线），但物联网在网络终端增加了信息感知与处理功能，主要的感知技术包括射频识别（Radio Frequency Identification，RFID）、红外感应、视频监控、全球定位、激光扫描等，实现了人与物、物与物之间的智能识别、定位、跟踪、监控和管理，能够体现智慧校园的"智能化"特征。环境感知技术是与物联网类似的感知技术，主要应用在教学与科研场景。环境感知技术通过主动感知学习者、科研人员所处的学习科研环境的特征，建立和识别其所处的学习科研的模式和类型，

智能地适配并提供各类教学科研资源。

（2）移动互联与移动应用。移动互联技术包括 3G、4G、Wifi、自组织网等移动接入技术，移动互联突破了校园有线网络对网络接入的空间限制，体现了智慧校园的“开放化”特征。无线网络支撑智慧校园的校园移动互联环境必须兼具规模、高速、融合、扩展 4 个特点。智慧校园应从提高信息服务的便捷性、简易性和集成性着手，开发轻量级的移动应用，并引入社交化、可运营、自我发展等新的特点。

（3）基于云平台的教育资源整合与组织。为实现信息化新的发展时期信息资源共享、信息应用互通的目标，满足教育信息化的多样化、个性化、可持续发展的需求，《教育信息化十年发展规划（2011—2020 年）》提出了“搭建国家教育云服务平台。包括云基础平台、云资源平台和云管理服务平台”的建设目标。教育资源与云平台的融合，有利于资源的聚类、共享、升级、推送，解决教育资源分布不均，更新速度慢，共享程度低等问题，从而促进教育资源的均衡发展。基于云平台的资源组织将利用教育资源云在资源广度和深度方面的优势，感知并建模学习者在学习过程中的行为与兴趣，借助语义 Web 与本体技术根据学习者需求从多个维度形成教育资源的组织形态，充分体现教育与学习过程的个性化。

（4）社交网络与学习协作。社交网络（Social Network Service）可理解为社会性或社会化的网络服务，是为方便人际交往而形成的虚拟化的网络服务平台。社交网络已经成为当前信息技术发展的潮流，成为互联网向现实世界推进的关键力量。“社交网络以它开放式的联络方式、低成本的交际费用、迅速的信息更新等优势成为大学生们维系社会实体关系、展现自我个性、表达利益诉求的首选方式”。

（5）大数据与数据挖掘。用智慧的计算构建智慧的校园，是智慧校园的重要特征。智慧的计算，就是在大数据环境下利用数据库、智能计算与数据挖掘技术，实现信息化体系对用户的理解、对趋势的把握。大数据是数据分析的前沿技术，它具有从多样的数据库和海量数据中快速获取有价值信息的能力。对学校的数据资源进行深入挖掘与分析，将为学校的政策制定提供更有说服力的数据支持，同时可以在因材施教、生活服务、舆情监控等方面发挥巨大作用。

（6）智慧课堂与未来教室。智慧课堂是指以“共享、融合、交互”为特征的教学信息化环境。智慧课堂鼓励教师、学生在课堂内使用移动设备和 Wifi 接入校园网和互联网，方便地获取学习资源。未来教室在智慧课堂的基础上，增加了更多的虚拟情境、人工智能等技术因素，突出教室模拟现实世界的能力，从而创新教育模式和学习方式，提高教学效果和质量。

2.4 智慧校园研究现状

2.4.1 国内智慧校园研究现状

智慧校园研究是教育信息化研究的重点，同时也一直是教育技术学科和计算机学科的研究热点，通过 CNKI 学术趋势对智慧校园、校园网、数字校园、数字化校园、教育信息化进行学术关注度比较，可以看到多年来教育信息化研究的变化，如图 2–2 和图 2–3 所示。

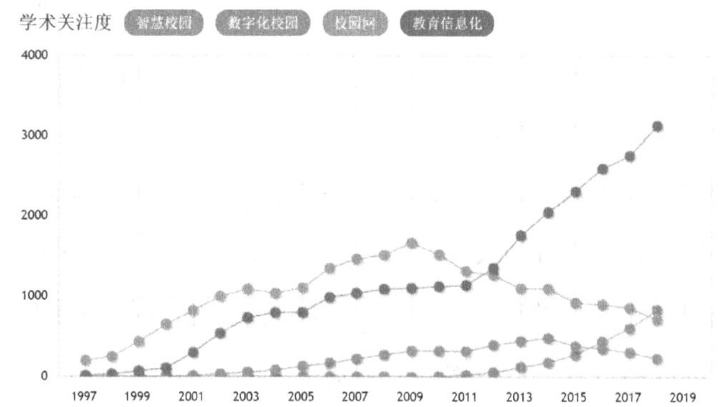

图 2–2　校园网、数字化校园、智慧校园、教育信息化学术关注度比较

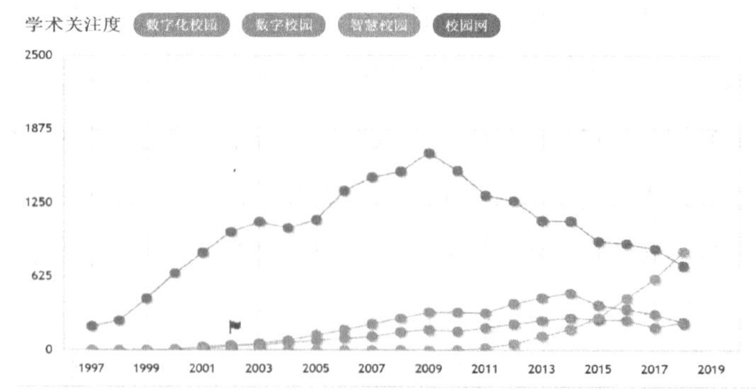

图 2–3　校园网、数字校园、数字化校园、智慧校园学术关注度比较

从图中可以看出，2009 年以来，校园网的研究急剧下降，而数字校园、数字化校园相关研究呈现上升趋势；而 2014 年开始，智慧校园研究快速上升并于 2017 年超过数字校园和数字化校园的总和，2018 年也超越了校园网；教育信息化一直呈现上升趋势。

这表明教育信息化无论从政策层面还是实践和研究层面，都很受重视；对校园的研究多着眼于技术属性，2009 年以前，校园网的技术属性远远高于其教学属性，也即着力于信息高速公路的建设，而应用较少；2009 年以后校园网的技术成熟度已经较高，校园网建设转向数字校园、数字化校园、智慧校园，信息技术与教育教学的融合发生了较大的改进；数字校园、数字化校园还在大多数地区发展之中，教育部近几年发布的教育信息化工作要点也证明了此项；智慧校园 2017 年超越数字校园和数字化校园的总和、2018 年超越校园网，说明智慧校园研究已经开始蓬勃兴起。

另外从智慧校园研究的内容看，主要体现在四个方面：智慧校园概念的界定和特征分析、智慧校园的设计与结构、智慧校园建设的关键技术、智慧校园的服务与应用。

2.4.2　国外智慧校园研究现状

欧洲、美国等国家和地区对信息技术的应用比较早，形成了许多先进案例。美国宾夕法尼亚大学在校园一卡通方面作出了贡献，通过校园卡集成校内几乎所有的服务，包括学生 ID 卡、楼宇门禁、借书服务等，同时还与手机卡、银行卡集成，毕业之后仍然可以作为打折卡使用。英国诺丁汉大学除了其优秀的教学品质外，还建起统一呼叫中心，为学生和教职工提供 24 小时服务，打造完善的灾备系统和人性化服务。美国加利福尼亚大学建立了科学的决策分析系统、校长仪表盘和应急指挥平台，整合校内所有实时和历史数据，可以监控校园运转情况、校园安全、财务情况等，通过实时感知学生信息，实现对学生的精细化管理和服务。[48]

亚洲，马来西亚早在 1997 年就针对中小学提出“智能学校执行计划”，该文件详细阐述了智能学校的特征，为其创办提供了方向和模型。新加坡则通过智慧教育计划，构建了延伸课堂以外的学习者为中心的交互式学习环境。[49]

1990 年，美国克莱蒙特大学教授凯尼斯 · 格林发起并主持了数字校园计划，该研究项目从 1994 年至今几乎每年都在发布研究报告，该报告对世界上其他国家了解和借鉴美国高校信息化建设产生了重要的影响。譬如，2006年就报告揭示无线网络覆盖了高校教室的一半；2014年提出有效的用户支持和IT培训。

2.5 智慧校园建设现状

2.5.1 国内智慧校园建设现状

国内有一些高校已经初步建成智慧校园，部分学校处于立项或建设阶段。由于在2018年6月之前尚未有《智慧校园总体框架》国家标准，存在认识不统一、建设内容庞杂、规划周期长等情况；虽然每个学校的侧重点各不相同，但基本都覆盖了网络环境、物联网感知、综合信息服务平台等。

2010年，江南大学主动整合优势学科资源，在全国率先成立了第一家实体型物联网工程学院，加快“感知校园”示范工程建设。综合集成网络、通信、信息、控制等前沿技术，提出了建设“高起点、数字化、节约型校园”的理念，系统开发了“数字化能源监管平台”，实现了对能源使用、给水管网、变电所、VRV中央空调、路灯、安防和交通等全方位、立体式的数字化实时管理，监控覆盖率达90%以上。[50]

浙江大学将智慧校园列入在2010年信息化“十二五”规划中，率先提出建设一个“令人激动”的“智慧校园”，其内涵是：无处不在的网络学习、融合创新的网络科研、透明高效的校务治理、丰富多彩的校园文化、方便周到的校园生活，并成立了智慧校园建设工作领导小组，规划建设内容包括无处不在的网络环境、节能监管体系、智能交通、平安校园等，已建成部分信息化应用支撑平台，如统一身份认证系统、数据共享平台、校园卡、个性化服务门户（可定制的、一站式信息化应用服务）等，校内事务均可以通过网络办理。[51]

2015年11月，华东师范大学提出“推进信息化建设，打造智慧校园”，学校将信息化建设作为提升学校办学实力的重要战略。未来5年，学校将强化顶层设计，加强融合创新，大力推进“智慧校园”建设，优化信息化应用与服务环境促进信息化与学校教学、科研、管理和服务的深度融合，深入推进“智慧图书馆建设，充分发挥信息化在学校改革发展过程中的驱动作用。[52]

2.5.2 国外智慧校园建设现状

1. 美国数字校园建设[53]

美国基础教育信息化发展水平处于世界领先地位，经历了一个从重视基础设施建设，到重视信息技术和设备的应用，再到重视推进信息技术应用的措施，促进有效应用的过程，美国先后出台了 5 个国家教育技术计划见表 2–4。

表 2–4 美国国家教育技术计划一览表

时间	国家教育技术规划
1996	让美国的孩子为 21 世纪做好准备，面向科技素养的挑战
2000	电子学习：在所有孩子的指尖上构建世界课
2004	边向美国教育的黄金时代：因特网，法律和当代学生变革展望
2010	变革美国教育—技术推动的学习
2016	为未来做准备的学习：重塑技术在教育中的角色

美国的《国家教育技术计划》（National Educational Technology Plan，NETP）重视技术（特别是现代信息技术）在教育教学领域的应用，强调要运用信息技术来促进教育的改革与发展。1996 年，克林顿政府鉴于薄弱的教育基础设施，发布 NETP 1996，强调美国应建立世界领先的教育信息化基础设施，并明确提出每个教室都需要拥有能连接互联网的计算机、优质的学习软件和接受过良好培训的教师。2000 年，克林顿政府发布了 NETP 2000，该计划强调基于已建成的教育信息化基础设施，推进教育技术的普及和应用，并提出所有的教师都要能有效地运用技术来促进学生的高水平学习，所有的学生都必须具备信息技术素养和技能。2004 年，布什政府发布了 NETP 2004，强调通过教师培训提高教学创新应用，并提出在实现系统性变革的前提下，提高信息技术应用效能。2009 年，面对全球金融风暴美国各州政府纷纷缩减教育投资，造成教师流失，教育质量停滞不前，奥巴马政府发布 NETP 2010，提出了“技术支持下的 21 世纪学习模型”，并实现美国教育的系统性变革。2016 年，奥巴马政府发布 NETP 2016，提出“为未来准备的学习”理念，并提出应积极应对数字应用鸿沟。NETP 是美国基础教育信息化发展的纲领性文件，五个连续发布的 NETP 文件对基础教育的基础设施、混合与在线教育、信息化教学应用等方面的前瞻性引领，让美国成为世界上基础教育信息化程度最高的国家之一。具体表现有：

（1）大力建设智慧校园信息基础设施，促进教育信息化发展。在互联网接入方面，

2000 年时美国已有 97% 的小学接入互联网，中学则是 100% 接入，2003 年时已实现了中小学校 100% 接入互联网。2008 年秋，经过 NETP 1996、NETP 2000、NETP 2004 三个国家教育技术计划的深入实施，美国基础教育的信息化建设取得较大进展，具体有如下：

1）在计算机设备购置方面，100% 的公立学校拥有接入互联网的计算机，学生和教学计算机的生机比为 3.1:1，97% 的学校拥有课堂教学用的计算机，58% 的学校为教室购置了笔记本电脑和充电车。

2）在课堂教学设备购置方面，使用 LCD 或 DLP 投影的公立学校占 97%，使用数码相机的公立学校占 93%，使用交互式电子白板的公立学校占 73%。

3）在无线网络接入方面，无线网络全覆盖的公立学校占 39%，部分覆盖的占 30%，没有覆盖的占 31%。

4）在技术支持方面，1/3 的公立学校专门安排了负责技术支持和技术整合教学的首席技术官（Chief Technology Officer，CTO）。

5）在与学区（District）的互动方面，87% 的学校能使用学区网络开展个性化教师培训，72% 的学校可以开展学生学习成绩的在线评测，65% 的学校可以获取高质量数字化学习内容。

2009 年，随着韩国、新加坡等国家的“智慧教育”发展计划得以实施，他们已实现 100% 的中小学校接入高速互联网。而此时，美国中小学接入高速宽带网络的比例仅为 30%，为改变美国高速宽带网络的落后现状，加强美国学生的全球竞争力，2013 年 6 月，奥巴马在北卡莱罗纳州穆尔斯维尔中学发起“连接教育”行动计划（Connect ED Initiative），即全国 99% 的学生能够使用最低网速为每秒 100M 的网络服务，并在 2018 年前实现每秒 1G 的网速，将美国基础教育信息化推向了一个新的发展阶段。在信息化硬件投入方面，2013 年至 2015 年信息化硬件投入出现了连续增长的局面，2015 年总投入高达 47 亿美元，主要用于购买高速网络设备和个人计算设备，54% 的中小学生已在校使用以 Chrome 笔记本为主的移动设备；高达 94% 的公立学校已经使用电子白板；中小学校园的高速网络正在普及，覆盖了高速无线网络的中小学校学校从 2013 年的 30% 升至 2015 年的 59%，53% 的学生已经享受高速网络；美国中小学校在信息化管理和服务的专业性上有了很大的加强，2015 年全美有 58% 的公立学校配备了首席技术官（CTO）用于学校的信息化发展规划和日常信息化管理服务，而 2008 年这一数字仅为 33%。

（2）利用智慧校园环境，进行教学应用创新。在学区层面，96% 的学区使用了学生管理系统（Student Information Systems），48% 的学区使用了学习管理系统（Learning Management Systems）。

在翻转课堂的学习中，学生的有效参与度可以增加 80% ~ 85%；伯格曼和萨姆的研究也发现，翻转课堂改变了课上学习，大大增加了学生的参与度和课堂交互，从而提高了学生的学习成绩，特别是班上的“优等生”和“后进生”的学习成绩。2012 年大约 73% 的中小学老师听说过“翻转课堂”，而到了 2014 年，这一数字增加到了 96%。由美国国家教育性非盈利组织——明日项目（Project Tomorrow）举办的大型在线调查中，25% 的中小学校长和教育管理工作者表示翻转课堂已经在其所在的学校发挥着至关重要的作用，有超过 40% 的教育管理工作者表明当年要在他们的学校中引入翻转课堂教学模式。

在移动学习方面，86% 的学校教育管理人员表示移动学习能有效地增强学生的参与度，76% 的教师表明移动学习能有效地满足学生多样化的学习需求，让学习变得更为生动有趣，62% 的学生表明比起台式机或笔记本电脑，他们更喜欢用平板电脑访问学习资源，47% 的中小学教师将移动学习引入自己的课堂中。

在虚拟 / 增强现实技术方面，2015 年，明日项目的一项调查表明，在参与调查的来自 7600 所中小学 2600 个学区的 38613 名教师中，23% 已经将虚拟 / 增强现实技术融入教学，另有 48% 表示计划将虚拟现实技术用于教学，实地考察（Field Trip）是虚拟 / 增强现实在中小学教育中应用的重要方面。在旧金山的一所高中将 Nearpod（一个将虚拟现实技术与 360 个城市合作产生全景摄像的软件公司）所开发的工具应用到实地考察中。

2. 法国数字校园建设 [54]

据法国政府网报道，2015 年 5 月 7 日，法国举办了数字化教育研讨会，并确立了“数字校园”教育战略规划，计划在三年内投资 10 亿欧元用于完善数字化教育资源与设备。自 2013 年起，法国教育相关部门逐步开展了“数字校园”战略相关部署与研究工作。2013 年，相关教育机构获得了比全法平均水平更高的优质基础设施、软件设备等。

2013 年 9 月，发起“互动课堂计划”，推动针对社区教育、学生和家长的数字化服务系统实现多样化发展。2014 年 9 月，发起“高速网络计划”，为每所中学接入了高质量网络。至此，9000 所未被接入光纤网络的学校也能够享受到高速网络。同年 9 月 2 日，法国总统奥朗德宣布推出“大型数字化计划”，旨在实现教育公平。2015 年 2 月 20 日，确立开展全法数字化技术研讨计划，3 月 9 日进行全国性研讨，研讨期间，公布了 5 万多份网上问卷，1 万余人参与了由多个学区举办的 150 余场座谈会。2015 年 9 月，500 所中小学如期被纳入教育数字化系统。

3. 新加坡实施“智慧国家 2025”计划 [55][56]

2006 年 6 月 20 日，新加坡公布了一项新的十年期信息化总体规划“智慧国家 2015”计划（Intelligence Nation 2015），简称 i2015。2014 年，新加坡“智慧国家 2025”计划发布，欲成为全球首个智慧国。

新加坡通信及新闻部长雅国 2014 年 6 月表示，为把新加坡打造成为“智慧国”，政府将构建“智慧国平台”，建设覆盖全岛数据收集、连接和分析的基础设施与操作系统，根据所获数据预测公民需求，提供更好的公共服务。“智慧”与“智能”虽一字之差，但内涵上却有实质差别。“智能”侧重以智能机器取代人，最大限度地降低人的作用，“智慧”则在强调信息技术广泛应用的同时，更加注重以数据共享的方式，尽力发挥人的主观能动性，以实现更为科学的决策。新加坡资讯通信发展管理局工作人员说，“智慧国理念的核心可以用三个 C 来概括：连接（Connect）、收集（Collect）和理解（Comprehend）”。

4. 马来西亚智慧校园 [57]

1990 年，马来西亚制定了国家教育改革计划智慧学校（Smart School）。马来西亚智慧学校研究小组对智慧学校提出了定义：“智慧学校是一个学习机构它能有系统地开创该机构各项的教学与学习的方法及各项管理方案，让学习能适应资讯新时代”。该计划预定在 1999 年在小学与中学试办实施，在 2010 年全国各地实施，并期待在 2020 年全面落实完成，让马来西亚进入先进行列。虽然马来西亚较早地提出了智慧学校的概念，但是由于 20 世纪 90 年代技术和媒体的限制，智慧学校的内涵并不等同于目前的智慧学校，其主要指校园数字化。

5. 美国密涅瓦（Minerva）大学的实践[58]

密涅瓦大学实现所谓“沉浸式的全球化体验（global immersion）”，也就是大学的校区分离，学生在大学四年的每个学期都会去到世界上不同的城市生活和学习；该校提供了现代化的课程（modern curriculum），包括理论分析、实证分析、综合系统分析、多元模式交流能力培养等，而将传统高校提供大学低年级课程改为学生自修，也就是大学的课程分离；该校还提供“终身的成就支持（future success）”，学校通过与世界顶尖合作机构的关系，为学生提供类似公关公司、人力资源公司和风险投资公司的种种服务，也即终身就业服务；该校还试图实现“真正无地域限制、歧视的招生（admission）”，对已经录取的 2014 年、2015 年两届学生，密涅瓦大学提供了全额奖学金，包括学费和所有住宿和书本费用，真正做到完全免费，也就是教育与收费分离。这种借助互联网和新技术的力量，将提升学生的能力与潜力、改善学生的生活状态作为目标，试图使大学成为学生能力获得的起点，而不是以取得本科教育学历为目标。显然密涅瓦大学的学业收获、时空形态和教育模式都发生了重大改变，其部分做法对我国高校信息化建设有很好的借鉴意义。分析密涅瓦大学的案例，可以发现“互联网 +”校园的融合与创新主要发生在以下几个方面。

（1）教与学的融合。可以使学生、教师、课程、课件、教室、实验室、教务、书刊等教学相关要素相互联系、相互沟通和相互操作，通过智能终端来实现各类资源库、智慧数字图书馆的共享使用，实现多渠道学习、课程自组织、知识推送、心得分享等功能。

（2）科研与学生实践融合。即通过开放实验室、计算机仿真实验室、共享实验平台等，实现教师、学生、实验器材、计算机辅助工具、实验室守则和实验大纲等要素相互联系、相互沟通和相互操作，通过无线传感网络、高性能计算平台和云存储设备，实现传输实验数据、分析历史数据、前推实验结果等功能。

（3）多业务网络融合。建立泛在的无线 Wifi 和移动网络环境、物联网网络环境、核心宽带网环境等基础设施之上，满足高接入、高并发、高带宽的移动教学、智慧课堂要求，最终构建成智慧校园网络体系。

（4）各级各类数据的融合。运用虚拟化技术、云桌面技术，构建云数据存储中心，实现数据中心的智能化管理，为师生提供教学、科研、生活等云服务，如虚拟桌面、云盘、云教学资源、云课堂等。

（5）校园生态环境融合。针对学生学习、教师教学科研及师生生活中的各类能源与资源、环境保护等情况而建设的深度融合的信息化综合服务。这种融合能够将能耗监控、节能坏保、水电系统和实时告警等建设为互联互通互操作的信息结点，系统可集成数据分析、智能监控、生态监控等深入智能化控制系统。

（6）校园办公系统融合。实现数据共享融合与应用协同，面向服务、面向师生打造基于流程管理的综合校园办公系统，为师生提供网上一站式服务。师生不需要分别登录各应用系统，只需要在统一门户平台上进行操作即可。

（7）校园决策支持系统融合。通过数据统计、指标展现、横向对比、趋势分析、数据挖掘等技术方法将教学、财务等数据转化为相应知识，向相关业务人员和学校各级领导提供主题数据分析以及决策支持。这可有效解决学校数据分析和利用的难题，为决策者、管理者提供最充分、详细和完整的决策依据，从而更科学、准确地为学校宏观发展做出决策。

2.6 智慧校园建设存在的问题

综合分析智慧校园研究和建设现状，可以看出，校园信息化建设处于新的阶段，新的形态，虽然取得了巨大的成就，比如数据标准的制定及数据的统一与融合，建设的系统与协作等，但对教育的革命性影响尚未发生，主要有[59]：

（1）理论层面表现在：

1）缺乏理论层面的指导和对理论的关注，设计很大程度上以技术和管理为中心，偏离了以用户服务为中心的正确方向。

2）对智慧校园的内涵认识不清晰，差别较大，导致对智慧校园的设计与构建在某种程度上有简单化、理所当然化的倾向，其应用还没有完全摆脱数字校园的思维。

3）同教育教学及科研结合还不密切，很多情况下只是提供了简单的信息查询和交互平台，其管理也是自上而下单向的信息传输，没有将这种信息化成果作为新的管理模型的意识。

4）停留在数字而非数据层面，没有体现出大数据时代数据作为基础资源重要地位。

5）信息化专职人员需要理论、技术和观念的提升，需要掌握更多的工程项目组织与施工过程，乃至概预算、招投标、验收等方面的知识和工具。

6）总体来说，智慧校园的智慧程度还有待提升，更多的停留在数字校园的内涵层面，与数字校园区别不大。

（2）实践层面表现在：

1）缺乏标准化、平台化的建设思路。“按需、逐个、独立”建设原则是传统的信息化建设的模式，部门在进行本单位信息化建设时，均是立足于解决本部门工作的需要，各个系统都是于不同的时间，采取不同的标准和数据库，系统间彼此独立，各自为政，从而形成了校园网上一个个“信息孤岛”，每一个应用系统都使用独立的数据库、独立的安全和管理平台、独立的服务器和独立的表现层，最终导致系统间互通性差、软硬件资源消耗高、成本高、资源效率低，后续维护改造困难。信息和资源无法实现高效共享，也造成了信息的重复管理，数据无法实时更新，同一个类别的数据在一个系统上也许已经更新，但是在另一个系统里却没有变化。源数据获取困难，各部门需要其他部门分管的数据时甚至还依赖于电话、Excel文档、人工拷盘、甚至是纸质介质等低效率的方式。

2）缺少统一性以及规划性。教育信息化建设缺乏整体规划，无统一标准架构，学校虽重视信息化建设，并且认同智慧校园建设能够推动学校教学模式的变革，但缺乏顶层设计与统一规划。校园内同时存在多个应用系统，应用系统之间没有关联性，缺少统一性，甚至各项应用的认证方式以及界面均不相同，导致师生陷入无数个用户名和密码堆中，没有统一的信息标准。无法实现数据共享与分析。

3）资源平台建设和深层应用推进困难。在数字化校园建设时，建设了很多基础设施、应用系统和网络平台，但是应用系统使用率低，资源平台点击率很低。对同一个数据，由于重复录入、录入时的差错和统计标准不统一，由不同的系统提供就可能产生不同的结果，各个系统提供的统计数据不完全一致，数据质量低下，使得学校无法通过现有的系统获取学校真实的全局统计数据，例如学生生源情况、学费缴纳情况、全校教职工比例情况、各部门科研经费情况等。

4）重资产管理、轻教学应用。缺乏以“人”为主线的个性化信息服务，导致教学的主体老师和学生信息化参与度少；缺乏教研、教学、师生互动的教学类应用的设计，大量教学过程中优质资源被浪费、缺乏积累和沉淀。

5）师生信息素养不高。很多师生认为数字校园建设只是能提高上网速度、可以使用 OA 系统、学工、教务系统等，但是会增加他们的工作量，因此他们对信息化热情不高，新进系统资源利用率很低。

6）信息化队伍薄弱。信息化建设以实用为主，在进行数字校园建设时，各个业务系统由使用部门的兼职人员管理，只限于会使用系统，对系统的架构、安全、代码基本一窍不通，出现问题时只能依靠开发公司；信息化管理部门更侧重于数据和安全的管理，对业务系统不了解。使用部门、管理部门的技术支持和服务支持不足会严重阻碍应用系统的推广和使用。

7）缺乏统一的数据分析。各种数据杂乱无章，有用及无用信息共存，即占存储空间，也无法做到数据的真正整合，无法为学校领导提供全局性的数据统计分析和决策支持。

8）多种网络接入方式各为其事，缺乏统一规划。学校有线无线网络有多家运营商投建，多个出口，很多学校没有实现多出口上网统一认证，不能采集用户上网行为，无法实现网络统一行为管理和网络监督，也不能实现落地查人。

9）基础设施及信息化运行支撑平台不全。校园基础建设不足，没有实现网络的完全覆盖，没有搭建无线网络，缺乏必要网络支撑，如运动场馆无法采集学生体育达标情况、无法通过无线网络实现学生活动轨迹的描述等。

引用及参考文献

[1] 李有增，周全，钊剑 . 关于高校智慧校园建设的若干思考 [J]. 中国电化教育，2018（01）：112–117.

[2] 杨宗凯，杨浩，吴砥 . 论信息技术与当代教育的深度融合 [J]. 教育研究，2014，35（03）：88–95.

[3] 杨宗凯，吴砥，郑旭东 . 教育信息化 2.0：新时代信息技术变革教育的关键历史跃迁 [J]. 教育研究，2018，39（04）：16–22.

[4] 杜占元 . 以教育信息化全面推动教育现代化［DB/OL］.http://edu.china.com.cn/2017–10/24/content_41782598.htm.2017–10–24.

[5] 杜占元 . 中国教育信息化取得突破性进展 [N]. 光明网，2017–11–29.

[6] 吴砥 . 发达国家教育信息化政策的推进路径及启示 [J]. 电化教育研究，2017（9）.

[7] 杨宗凯 . 变革时代的教育创新——先进教室、数字教师、未来教育 [J]. 人民教育，2014（12）.

[8] Partnership for 21st Century Skills. A State Leader's Action Guide to 21st Century Skills:A New Vision for Education[Z].Tucson,AZ:Partnership for 21st Century Skills,2006.

[9] UNESCO,NCLIS.The Prague Declaration Towards an Information Literacy Society,Information Literacy Meeting of Experts[Z].Prague,The Czech Republic,2003-09-20.

[10] 杨浩，徐娟，郑旭乐 . 信息时代的数字公民教育 [J]. 中国电化教育，2016（01）：9–16.

[11] Cuban,L. Oversold and underused. Cambridge[M].MA:Harvard University Press,2009.1-20.

[12] Nguyen,T. The Effectiveness of Online Learning：Beyond no Significant Difference and Future Horizons［J］.MERLOT Journal of Online Learning and Teaching，2015（2）.

[13] 杨宗凯 . 融合信息技术 重构教育生态 [N]. 人民日报，2017–04–27.

[14] 柴葳 . 教育信息化的“中国速度”——近年来我国大力发展教育信息化综述 [N].

中国教育报，2015-12-18.

[15] Snyder,K.,et al. Snyder Living on the Edge of Chaos:Leading Schools Into the Global Age[M].Milwaukee,WI:ASQ Quality Press,2008:38-39.

[16] 吴砥，余丽芹 . 大数据推进教育深度变革 [J]. 中国教育报，2017-09-21.

[17] 杨宗凯 . 以信息化全面推动教育现代化：教育技术学专业的历史担当［J］. 电化教育研究，2018（1）.

[18] 王运武，陈琳 . 中外教育信息化比较研究 [M]. 北京：电子工业出版社，2008.

[19] 何克抗 . 我国教育信息化理论研究新进展 [J]. 中国电化教育，2011（01）：1-19.

[20] 陈卫东，刘欣红，王海燕 . 混合学习的本质探析 [J]. 现代远距离教育，2010（05）：30-33.

[21] 刘冬雪 . 分布式学习理论浅谈 [J]. 现代教育技术，2004（01）：32-33+40.

[22] 王文静 . 情境认知与学习理论：对建构主义的发展 [J]. 全球教育展望，2005，34（04）：56-59+33.

[23] 李克东 . 数字化学习（上）——信息技术与课程整合的核心 [J]. 电化教育研究，2001（08）：46-49.

[24] 李克东 . 数字化学习（下）——信息技术与课程整合的核心 [J]. 电化教育研究，2001（09）：18-22.

[25] 祝智庭，王佑镁，顾小清 . 协同学习：面向知识时代的学习技术系统框架 [J]. 中国电化教育，2006（04）：5-9.

[26] 黄荣怀，王晓晨，李玉顺 . 面向移动学习的学习活动设计框架 [J]. 远程教育杂志，2009（01）.

[27] 黄荣怀，陈庚，张进宝，等 . 关于技术促进学习的五定律 [J]. 开放教育研究，2010（01）.

[28] 桑新民 . 学习究竟是什么？——多学科视野中的学习研究论纲 [J]. 开放教育研究，2005（01）.

[29] 百度百科 . 联通主义 [EB/OL].https://baike.baidu.com/item/%E8%81%94%E9%80%9A%E4%B8%BB%E4%B9%89/2701884?fr=Aladdin.2018-09-10.

[30] 王佑镁，祝智庭 . 从联结主义到联通主义：学习理论的新取向 [J]. 中国电化教

育，2006(03)：5–9.

[31] 百度百科 . 智慧地球 [EB/OL].https://baike.baidu.com/item/%E6%99%BA%E6%85%A7%E5%9C%B0%E7%90%83/1071533.2018–09–10.

[32] 蒋东兴，付小龙，袁芳，等 . 高校智慧校园技术参考模型设计 [J]. 中国电化教育，2016（09）：108–114.

[33] 黄荣怀 . 中小学数字校园的建设内容及战略重点 [J]. 北京教育（普教版），2009（08）.

[34] 黄荣怀，杨俊锋，胡永斌 . 从数字学习环境到智慧学习环境——学习环境的变革与趋势 [J]. 开放教育研究，2012（01）.

[35] 沈洁，黄宇星 . 智慧校园及其构建初探 [J]. 福建教育学院学报，2011（06）.

[36] 周彤，刘文 . 智慧校园建设的现状与思考 [J]. 信息与电脑（理论版），2011（10）.

[37] 李春若 . 基于物联网的智慧校园研究 [J]. 信息与电脑（理论版），2012（02）.

[38] 陈翠珠，黄宇星 . 基于网络的智慧校园及其系统构建探究 [J]. 福建教育学院学报，2012（01）.

[39] 宓咏 . 智慧校园离不开资源与应用 [J]. 中国教育网络，2011（11）.

[40] 祝智庭，贺斌 . 智慧教育：教育信息化的新境界 [J]. 电化教育研究，2012（12）.

[41] 蒋东兴，刘臻，沈富可，等 . 高校智慧校园建设呼唤 CIO 体系 [J]. 中国教育信息化，2016（07）：1–5.

[42] 王运武，于长虹 . 智慧校园：实现智慧教育的必由之路 [M]. 北京：电子工业出版社，2016.

[43] GB/T36342–2018，智慧校园总体框架 [S].http://www.gb688.cn/bzgk/gb/newGbInfo?hcno=EB82492C508C0A5148B86E2C5BEE8E30.2018–06–07.

[44] 宗平，朱洪波，黄刚，等 . 智慧校园设计方法的研究 [J]. 南京邮电大学学报（自然科学版），201030（04）：15–19+51.

[45] 胡钦太，郑凯，林南晖 . 教育信息化的发展转型：从“数字校园”到“智慧校园”[J]. 中国电化教育，2014（01）：35–39.

[46] 于长虹 . 智慧校园智慧服务和运维平台构建研究 [J]. 中国电化教育，2015（08）：16–20+28.

[47] 于长虹，王运武，马武 . 智慧校园的智慧性设计研究 [J]. 中国电化教育，2014（09）：7–12.

[48] 胡钦太，郑凯，林南晖 . 教育信息化的发展转型：从“数字校园”到“智慧校园”[J]. 中国电化教育，2014（01）：35–39.

[49] 孟芸，罗刘敏，徐音 . 智慧校园时代高校信息化的发展与研究 [J]. 电脑知识与技术，2015，11（22）：182–183.

[50] 黄嘉胜 . 马来西亚智能学校教育系统之分析研究 [J]. 湛江师范学院学报，2001（05）：13–23.

[51] 江南大学新闻网 . 江南大学践行绿色教育构建智慧校园 [EB/OL].http://tuanwei.jiangnan.edu.cn/info/1033/4649.htm.2013–11–08.

[52] 中国教育和科研计算机网 . 浙江大学陈文智：协力智慧校园，打造“网上浙大”[EB.OL].http://www.edu.cn/info/media/zyyy/szxy/201709/t20170927_1557258.shtml.2017–09–27.

[53] 人民网 . 华东师范大学：推进信息化建设，打造“智慧校园”[EB/OL].http://edu.people.com.cn/n/2015/1127/c1053–27865761.html.2015–11–27.

[54] 胡永斌，龙陶陶 . 美国基础教育信息化的现状和启示 [J]. 中国电化教育，2017(03)：36–43.

[55] 中国教育和科研计算机网 . 法国确立“数字化校园”教育战略规划 [EB/OL].http://www.edu.cn/xxh/xy/jj/201509/t20150918_1317466.shtml.2015–09–18.

[56] 人民网 . 新加坡推出“智慧国家 2025”计划 [EB/OL].http://world.people.com.cn/n/2014/0819/c1002–25490518.html.2014–08–19.

[57] 魏晓燕，罗晋华 . 新加坡的信息化发展及对我国教学管理的启示 [J]. 基础教育参考，2007（05）：21–23.

[58] 黄嘉胜 . 马来西亚智能学校教育系统之分析研究 [J]. 湛江师范学院学报，2001（05）：13–23.

[59] 陈林，廖恩红，曹杰 .“互联网 +”智慧校园技术与工程实施 [M]. 成都：电子科技大学出版社，2017.

[60] 于长虹，王运武，马武 . 智慧校园建设的现状、问题与对策 [J]. 教学与管理（理论版）2015，（2）.

第 3 章 智慧校园建设关键技术

从前两章得出，智慧校园的关键技术主要有物联网技术、云计算技术、虚拟化技术、大数据技术、移动互联网技术及信息推送技术等。

3.1 物联网技术

3.1.1 物联网技术概述

智慧校园的基础是物联网技术，以此为基点，涵盖了众多基础设备、各种应用服务系统、不同类型的应用人群等。因此，智慧校园不仅仅是物与物之间的联系，更是人与物、系统与系统之间的无缝交互。因此，进行资源的有效开发与应用，实现装备设施与数字资源的充分融合，成为“智慧校园”发展的重中之重。[1]

物联网（Internet of Things，IoT）是指通过各种信息传感设备，实时采集任何需要监控、连接、互动的物体或过程等各种需要的信息，与互联网结合形成的一个巨大网络，其目的是实现物与物、物与人，所有的物品与网络的连接，方便识别、管理和控制。[2]它是在当今社会互联网与计算机技术高速发展的基础之上发展而来，充分利用 RFID 技术、WSN 网络技术、传感技术、纳米科技、智能分析处理等技术，构建一个超级网络，可涵盖当今社会的方方面面。在这样的一个世界中，RFID 技术即电子身份识别技术，能够有效地识别、存储身份信息，通过 WSN 网络传输到中心系统中去，从而达到物体的识别与沟通目的。基于具有开放特点的计算机网络，进一步实现信息的发布和共享。

RFID（Radio Frequency Identification），即射频识别技术，是一种通过发射接收无

线电信号，近距离内分析判断目标身份特征和对应数据，达到识别特定目标的目的。当前阶段，射频识别技术发展成熟，应用广泛，且成本相对其它技术更为低廉，但是该技术一般没有数据获取功能，大多应用场合为物体的身份识别和属性的保存，多应用于 IoT 的物体身份甄别。[3]

传感技术利用不同类型的传感器，从环境、场合中获取相应的信息，进行相应的处理与识别后，通过网络传输至中心处理系统中。一般来说，根据环境与场合的不同，选取适合的传感器很有必要，可达到良好的效果。Wireless Sensor 即无线传感，目前发展迅速且应用的场合多，为 IoT 提供了无线感知的手段。[4]

WSN（Wireless Sensor Network），即无线传感器网络，该项技术的实现主要是通过部署在不同位置与场合的传感器，通过能够自行组网的无线网络实现互联，进而把各个传感器收集到的信息通过无线网络传输至中心处理系统中，从而达到对周边环境、场合、态势的监控的目的。通过中心系统的分析与处理，为相关的需求部门与单位提供高效的信息保障。该项技术运用了计算、通信传输以及传感三项技术，对 IoT 的产业发展与提升起到良好的推进作用，可从运用在环境监测、周边温湿度等环境信息实时探测，今后会在更广泛的领域发挥其作用[5]。

一般来说，IoT 分三层，即感知层、网络传输层和应用层。

（1）感知层。感知层通过对周边环境、特定场合的感知，获取相应的信息，从而为 IoT 的后期智能处理提供数据基础。全面精确的信息感知使得 IoT 的智能化成为可能，通过部署不同的网络，如 WSN、Internet 无线传输网络等，及时有效地将感知的信息发送到中央处理中心。感知层是 IoT 的核心，通过其实现信息的采集。这一层就像人的皮肤和五官一样，通过不同的感官和触觉来探索物体和环境，进而获取相应的信息。

通常这一层会根据应用场合不同而设置对应的传感器，如温湿度传感器来感知环境的湿度和温度，高速超重检查站设置的重量传感器用来感知车的重量、GPS 终端感知目前的位置信息、摄像头感知动态的视频信息等。一般来说，感知层由两部分组成：前端传感器和传感器传输网络。传感器获取相应的信息通过传输网络传输到中央处理单元。

（2）网络传输层。网络传输层主要功能是实现 IoT 的数据与信息的传输。当前阶段，较为常见且使用广泛的传输网络有 Internet、各种无线通信网（微波网络、卫星网络、无线集群等）、有线通信网（光纤网络、有线电视网等）。

Internet 应用广泛，通过 IP 地址与硬件地址实现对计算机地址的标识。无线网络通常适用于短期内要建设完成且基础设施不是很完善的情况，开通周期短，建设成本相对低廉，但相对可靠性稍差一些。有线网络可靠性更高，但前期建设成本高且建设周期较长。可根据不同情况选择合适的网络进行建设。当前应用广泛的还有 M2M，即机器与机器之间信息的交互，常用的有机器到机器、机器到移动终端等方式，也能够实现可靠性较高的网络，且成本低廉。

（3）应用层。如何够体现 IoT 的智能性，对于人们来说，最为直观的多体现在应用层，通过感知层获取大量的数据与信息，经过传输网络，到达中央数据处理中心，通过智能化一些手段，如利用算法库的支持，对同一事件进行协调沟通联合处理，形成全面的信息集，提供辅助决策建议。常常需要对收集到的海量数据进行保存、智能运算以及挖掘关键信息等。

3.1.2 物联网技术应用

物联网在智慧校园中的应用，主要表现在“感”“传”“知”“控”四个层面[6]，在教学、交通、安全、环境等方面起到重要作用。“感”，通过传感器技术[7]，把模拟信号转换成数字信号，将分散在校园各个角落的设备连接起来组成特殊的网络。可以使用传感器共享不同地理位置的信息，实时监控校园及周边环境，确保校园的安全[8]。“传”，RFID 技术是传感技术的一种，它是集无线射频技术、嵌入式技术于一体，同时自动识别并获取目标对象的相关数据[9]，利用它可以防范火灾等危害的发生。“知”，研究设备发现的信号和数据的处理，主要表现在智能设备的应用[10]。“控”，研究设备的能耗，结合控制技术，主要在绿色环境校园的应用，如智能植被浇灌系统、智能照明控制系统[10]等。

由此可见，物联网与智慧校园相结合的技术融合，主要集中在无线智能感知技术、泛在接入技术、智能大数据处理技术等方向上，具体应用如下：

（1）人员可视化管理。为学校的老师和学生配备的管理卡，实现了对学生的考勤、身份识别、门禁等多方面全天候不间断、无死角的安全保护和监管，时刻掌握学生情况。

不仅如此，学校其他各单位还可掌握下属成员的日常情况、工作时间、电子签到等情况，多方面实现可视化、智慧化的监管，节省人力物力，优化配置学校有限资源。

（2）校内生活的监管。通过这种技术，可实现对校内人员的监管，还可对学校内其他日常生活进行监管，例如学生的水、电、餐食，老师的教学资料、车位停放、优惠待遇等全方位的监控。时刻了解校内资源的使用情况，可用更优化、准确的方式结算每个人的消费，用科学的手段管理资源，及时了解校内变化。

（3）教学过程的分析。引入物联网技术后，在原有系统的基础上，对原系统进行改造，构建一套全新、全方位的教学管理系统。一方面依托身份识别，构建全新的教学评价系统、选课系统，建立完善的教学质量监控，提高师生之间的互动，开发学生的兴趣点，全面培养学生。另一个方面是对图书馆的管理，依托物联网技术，最大程度实现图书馆无人化管理，学生通过入口处刷卡，寻找自己所需书籍，刷卡借阅刷卡还书，一切过程由系统自动办理，同时通过这种方式收集学生阅读信息，分析发现学生的兴趣点。还可实现实验室等多种用途教室的合理使用，优化资源配置，合理安排学生和老师的时间，提高教学质量和效率，实现对设备的统一监管。

（4）校园安全的保护。在开放型的高校中，如何保证学生、老师的安全也是重要的问题。对于经常发生在学生之间的丢失物品等问题的解决，物联网技术也给予了大力支持。通过大门的身份识别和校内高清监控系统，全方位了解校内发生的一切，对各个角落和事件多发地的监控，可以及时发现问题，对可疑人员重点监护，确保校园安全。

3.2 云计算技术

3.2.1 云计算技术概述

云计算[11][12]是基于互联网的相关服务的增加、使用和交付模式，通常涉及通过互联网来提供动态易扩展且经常是虚拟化的资源。云是网络、互联网的一种比喻说法。从狭义上讲，云计算指IT基础设施的交付和使用模式，指通过网络以按需、易扩展的方式获得所需资源；从广义上讲，云计算是互联网相关服务的增加、使用和交付模式，通过互联网来提供虚拟化且动态易扩展的资源。云计算，是基于网络的一种计算模式，利用非本地或远程服务器（集群）的分布式计算机，通过融合网格计算、并行计算、分布式计算、网络存储、虚拟化和负载均衡等技术，把诸多的计算机整合成可以提供超级计算和存储能力的强大系统，并以基础设施即服务（IaaS）、平台即服务（PaaS）、软件即服务（SaaS）、数据即服务（DaaS）、管理即服务（MaaS）、网络即服务（NaaS）等模式实现运营，让用户在大大节省投资和维护费用的同时，方便快捷地实现不同设备间的数据与应用共享。

IaaS 就是指以服务的形式交付计算机基础设施。基础设施即服务提供了计算功能和基本存储作为网络上的标准服务。网络中包含了服务器、存储系统、交换机、路由器以及其他系统并可用于处理工作负载。IaaS 云可以以一种非常经济的方式提供资源，比如按需从头构建应用程序环境所需的服务器、连接、存储和相关的工具。

PaaS 是一个虚拟化的平台，它包括一个或多个服务器（经过物理服务器集群虚拟化）、操作系统和特定应用程序（例如面向 Web 应用程序的 Apache 和 MySQL）。在某些情况下，可以提供一个包含所有必需的特定于用户的应用程序的 VM 映像。平台即服务包含一个软件层并将其作为服务提供，这个服务可用于构建更高级的服务。从服务的创建者或消费者的角度来看，PaaS 至少存在创建和使用两种视角。创建 PaaS（这是指 VCL，Visual Component Library）的人可能会通过集成 OS、中间件、应用程序软件甚至一个开发环境来生成一个平台，这个平台之后会以服务的形式提供给用户。高校中使用 PaaS 的用户会看到一个封装好的服务，这个服务通过一个界面呈现给他们，用户只能通过界面与这个平台进行交互，该平台执行必需的任务来进行管理和扩展，从而提供给定级别的服务。虚拟设备可以归类为 PaaS 实例。通过使用 VCL，学生们不需要在其机器上安装任何特定的服务、解决方案堆栈或数据库。VCL 为他们提供了映像，他们只需要选择这些映像并在云中提供的机器上使用它们。

SaaS 是指以服务的形式通过 Internet 访问软件的能力。软件即服务以服务形式按需提供完整的应用程序。软件的一个实例在云中运行并为多个终端用户或客户组织提供服务。远程应用程序服务的一个最佳例子就是 GoogleApps，它通过一个标准 Web 浏览器提供了多个企业应用程序。VCL 允许使用任何软件即服务解决方案、虚拟化解决方案和终端服务解决方案。VMWare、XEN、MSVirtualServer、Virtuoso 和 Citrix 都是典型的例子。VCL 还允许任何访问 / 服务交付选项，这些选项适合从 RDP 或 VNC 桌面访问到 X-Windows 再到 Web 服务或类似服务等各种内容。

DaaS 是指将网络中大量各种不同类型的存储设备通过应用软件集合起来协同工作，共同对外提供一种数据存储和访问的服务，云服务用户是根据实际存储容量来支付费用的。随着云服务用户将越来越多的重要数据托管给云存储服务提供商，数据安全是云服务关注的焦点之一。在智慧校园领域可以使用 DaaS 做数据级的备份[12]。

MaaS 是通过分布式云数据中心强大的运维管理系统，对多数据中心的资源（包括应用、IT 基础设施和机房）进行统一管理。这不仅极大地提高数据中心所有者对云数据中心的管理效率，还可以通过灵活的分权分域功能和自助功能，使虚拟数据中心（Virtual Data Center，VDC）的使用者（如各级下属部门、各种租户、用户等〉在授权范围内自由地管理和运营自己的 VDC，也就是需要对租户提供管理的服务。MaaS 是分布式云数据中心不可或缺的一部分[13]。

NaaS 是指通过网络虚拟化、安全设备虚拟化、SDN（软件定义网络）、大二层网络等技术，为各种用户提供不同方式的网络服务[14]。具体包括：公网 / 私有 IP 地址服务、带宽服务、虚拟防火墙服务、负载均衡服务、自动化的网络配置服务、入侵检测服务、流量过滤服务、Web 应用防护服务、漏洞扫描服务、VPN 服务。

从提供服务的范围，云计算可分为公有云、私有云和混合云等[15]。

公有云是指云计算第三方提供商通过 Internet 以免费或低廉的价格提供给注册用户可以使用的云，它通常由一个服务提供商维护。提供商通过自身的基础设施直接向外部用户提供服务，外部用户虽然不是真正意义上的拥有云计算资源，却可以通过网络享有云端提供的各种服务，如阿里云、百度云等。

私有云是指将云基础设施与软硬件资源建立在企业或机构的内部防火墙内，供内部成员使用，比如各部门之间共享数据中心的资源。私有云中基础设施的管理者可以是组织本身也可以是第三方，部署的位置可以在组织内部也可以在组织外部，由于私有云是完全针对特定个体或组织而单独部署的，因此在数据、服务的安全和质量方面都能做到可靠的控制。

混合云是公有云和私有云两种服务方式结合的混合模式。在这种模式下，私有云和公有云并不是各自为政，是以协调工作的方式呈现。在安全性方面，机密数据可以在私有云里实现存储、计算，非机密数据可以使用公有云的服务；在云端计算能力方面，在正常需求下使用私有云处理业务，在需求高峰期或计算、存储能力不足时使用公有云服务。

云计算能够给智慧校园提供强有力的技术支撑，下面介绍其关键技术。

1. Virtulization（虚拟化）

作为云计算最为重要的技术基础，虚拟化实际上是指计算的单元是在虚拟的基础上运行而非真实存在的硬件基础之上，通过使用虚拟化技术，能够使得企业的现有资源得到最合理化的配置使用；同时，各使用部门可以根据其业务需求的变更，及时根据其需要对资源进行合理分配，达到动态均衡；由于实现了硬件无关性，这就带来系统可靠性的有效提升。在实际的云计算应用中，通过计算、存储、网络的虚拟化实现了云上的服务并提供相应应用。目前，通过虚拟化技术，实现了在中央处理器、OS、服务器等方面的应用，极大提高了服务的效率与质量。

虚拟化详细内容见3.3节。

2. DFS（分布式文件系统）

Google提供的搜索服务，面向全球用户，由于其用户规模庞大，提出了分布进行处理的技术，利用分布式的架构，实现了数百万台的普通计算机的协同工作。而海量数据的分布存储主要通过分布式文件系统实现的，海量数据的存储则是通过分布式的数据库实现。DFS（Distributed File System），即分布式文件系统，文件系统最初设计时，只是为了在局域网内的本地数据而提供服务的而DFS将其服务范围扩展到了整个网络。这样不仅可以改变数据的存储与管理方式，同时具备了本地文件系统所没有的数据备份及数据安全方面的优点。

DFS是AFS的一个版本，作为DCE（Distributed Computation Environment，分布式计算环境）中的文件系统部分，如果将文件的访问仅限于一个用户的话，那么DFS就非常容易实现。但实际应用中，在许多网络环境中这种限制是不大现实的，所以就需要采用并发控制来实现文件的多用户访问，主要表现为如下几个形式：

（1）只读性共享：各客户端只能访问到文件，不具备更改权限，这种实现十分简单。

（2）受控写操作：使用此方法，同一时间可有多个用户打开同一文件，但只授权给一个用户进行写更改权限，其修改内容也不会实时地反映到其他用户端屏幕上。

（3）并发写操作：此种方法设计之初，为了实现同一时间用户能够实现读写同一个文件，但是由于对 OS 提出了很高的要求，如需要大量的工作来监测从而避免软件的重写并需要保证用户能够及时看到最新信息。初衷很好，但是限于环境中的处理要求以及网络通信量带来的各种问题，这种方法大多情况下使它变得不可接受。

3. Parallel Computing（并行计算）

并行计算是指同时使用多种计算资源解决计算问题的过程，是提高计算机系统计算速度和处理能力的一种有效手段。它的基本思想是用多个处理器来协同求解同一问题，即将被求解的问题分解成若干个部分，各部分均由一个独立的处理机来并行计算。并行计算系统既可以是专门设计的、含有多个处理器的超级计算机，也可以是以某种方式互连的若干台独立计算机构成的集群。通过并行计算集群完成数据的处理，再将处理的结果返回给用户。

并行计算需要考虑以下几个方面：

（1）通过将工作分解为离散的部分，可实现同时解决。

（2）同时执行多个程序与指令。

（3）并行计算情况下，其解决问题所需要的时间要少于单个资源下的时间。通常，并行计算是相对于串行计算而说的。并行计算分为时间并行与空间并行计算。时间并行计算通常是指流水线技术，而空间上的并行则是通过并行利用很多个处理器进行计算。

3.2.2 云计算技术应用

云计算作为一种成熟的互联网商业模式，最早应用在教育领域中，它代表着两大方面：云技术和云服务。前者指的是云计算底层的实现技术，如虚拟化、分布式计算等技术；后者指的是一种软件能力交付模式，即所有的软件能力都是以 Web 服务的形式来提供。将云计算的这两个方面引入智慧校园基础服务平台的建设中，为智慧校园智慧特征的实现提供支撑，使其智慧特征更易实现和更加突出。基于云计算的支撑服务平台可以为智慧校园提供从应用端到基础设施端的基础云服务，并带来如下提升。

（1）软硬件资源整合与共享。在目前的技术架构下，高校校区之间由于地理位置原因，很多硬件能力无法共享；由于数据标准、技术架构不同的应用系统之间的软件能力共享也存在不便。云计算将软硬件资源通过网络组织起来，形成一个虚拟的、巨大的资源池，达到资源的整合与共享。

（2）资源动态分配和资源服务自助化。根据智慧校园应用系统的实际需求动态调用软硬件资源，当有新需求进入时，通过接口调用可用的资源，实现服务的快速提供；当系统不再使用某服务时，服务占用的资源会提供给其他应用或用户。在服务的调用过程中，应用或用户无需同服务提供商或管理者交互就能自助得到需要的服务。

（3）服务快速访问和服务可计量化。用户可使用不同的智能终端设备，根据自身需求随时随地通过网络实现对校园服务的快速访问；在用户使用服务的过程中，资源的占用以一种可计量的方式被监测和控制。

（4）低成本、高性能的数据服务。高校中有非常多的大数据业务场景，例如实验课程和科研工作对计算资源的要求越来越高，实验室配备的数据中心已无法满足科研需求。通过云计算中的分布式处理技术，将大量中低端服务器，甚至是已经闲置的服务器资源组合起来形成计算机集群，利用集群的威力向外提供服务，在获得高性能的同时也降低了成本。

（5）智能、透明的决策服务。以贫闲生助学贷款为例，按照以往的流程，助学贷款只需要提交一次来自外部的纸质证明便可获得，其透明度、真实性都不高，而利用云计算技术，可以将学生的一卡通消费总额和消费次数之比作为消费因子，按照季度、学期、年度多个维度进行离线计算，根据学校政策制定出贫困线，以此来辅助贫困生助学贷款的评定。利用云计算的数据挖掘和数据计算技术，使校园决策更加透明和智能。

3.3 虚拟化技术

3.3.1 虚拟化技术概述

虚拟化是一个广义的术语，是指计算元件在虚拟的基础上而不是事实的基础上运行。它本身是一个为了简化管理、优化资源的解决方案。如同新建的写字楼里面空旷、通透，用户根据自己的需求通过装修划分出宽敞的办公空间，使办公楼的空间达到最大利用率。这种把有限的固定资源根据不同需求进行重新规划以达到最大利用率的思路，在 IT 领域就叫作虚拟化技术。虚拟化通过把物理资源转变为逻辑上可以管理的资源，降低了物理基础设施之间的耦合性。所有的资源透明地运行在各种各样的互联网平台上，资源的管理按逻辑方式进行，实现资源的自动化分配。虚拟化技术优势在于终端用户在操作过程中，感觉不到物理设备配置的差异、空间的距离。

虚拟化的根本目的就是通过有效管理虚拟资源和物理资源之间的映射关系来达到充分共享物理资源的目的，同时为应用系统提供高质量的服务。有效利用虚拟化技术实现从独占到共享的转变，可以进一步达到整合，简化物理基础设施架构，提高资源的整体利用率，降低管理成本的目的。

按市场应用划分，虚拟化技术主要分为服务器虚拟化和桌面虚拟化。

（1）服务器虚拟化。服务器虚拟化将系统虚拟化技术应用于服务器上，将一个服务器虚拟成若干个服务器使用，简单来说，服务器虚拟化使得单一物理服务器上可以运行多个虚拟服务器，服务器虚拟化为虚拟服务器提供了能够支持其运行的硬件资源抽象，包括虚拟 BIOS、虚拟 CPU、虚拟内存、虚拟设备与 I/O，并为虚拟机提供了良好的隔离性和安全性。服务器虚拟化技术不但可以增强硬件的可扩展性，充分提高基础设施效率，而且还可以简化软件的复用过程。

（2）桌面虚拟化。桌面虚拟化将用户的桌面环境与其适用的终端设备解耦合。服务器上存放的是每个用户的完整桌面环境。以后可以使用不同的、具有足够处理和显示功能的终端设备，通过网络访问桌面环境。

2. 虚拟化技术的架构 [16]

虚拟化技术从实现方式角度，可以划分为寄居架构（图 3-1）、裸金属架构（图 3-2）、混合架构（图 3-3）。

（1）寄居架构。寄居架构的 Hypervisor 被看成一个应用软件或服务，寄居架构的 Hypevisor 在已经安装好的操作系统才能运行。虚拟化环境作为宿主机环境中的一部分，与宿主机上的其他程序并行。典型的产品就是人们所熟知的 VMware 的 VMware

Workstation、甲骨文公司的 VirtualBox 及 Qumranet 公司的 KVM。寄居架构的好处是硬件的兼容性。只要宿主操作系统能使用的硬件，虚拟机中的操作系统都能使用到。另外它对物理硬件的要求也很低，基本上所有的 PC 都可以运行 VMware Workstation 或 VirtualBox，然而寄居架构的缺点很明显，最致命的是当宿主操作系统出现问题时，虚拟机中的操作系统都将无法使用。

（2）裸金属架构。裸金属架构又称原生架构，将 Hypervisor 直接安装在硬件上。在这种架构中，Hypervisor 的角色类似于宿主机的操作系统，直接将所有的硬件资源接管，由于 Hypervisor 层极小，而且不管理太复杂的事项，仅负责和上层的虚拟机操作系统沟通及资源协调，因而系统故障的概率很低。而且在其上的任何一个虚拟操作系统故障而停止工作了，都不会影响其他的客户端。另外裸金属架构的典型产品是 VMware 的 VMwarevSphere、微软的 Hyper-V 和思杰的 XenServer。裸金属架构的虚拟化产品为了保持稳定性及微内核，不可能将所有硬件产品的驱动程序都放入，因此，最大的问题就是硬件的兼容性，大部分的裸金属架构产品都支持主流服务器及存储设备，但如果是个人计算机，则很多无法在裸金属架构的虚拟机下运行。

（3）混合架构。混合架构的 Hypervisor 虚拟化方式比较特殊，这种方式充分利用了其他两种模式的优点，让虚拟机运行在不同级别的指令级下，这样做既能直接控制 CPU 和内存等物理资源，也能直接和宿主计算机操作系统交互，又能提高虚拟化的效率，同时虚拟机的性能（安全性、可靠性）又由特权指令进行保证。

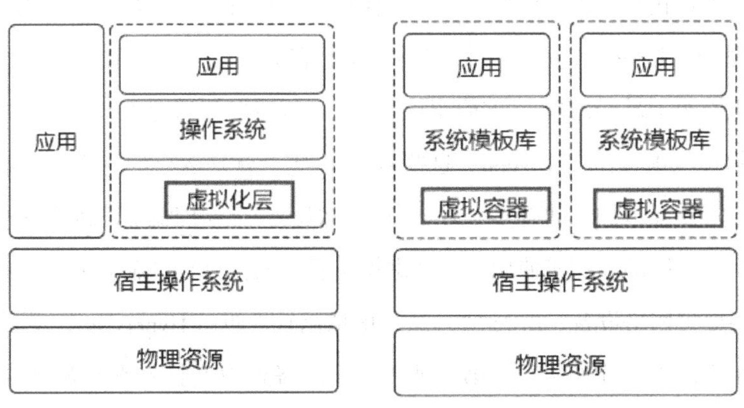

图 3-1　寄居架构图

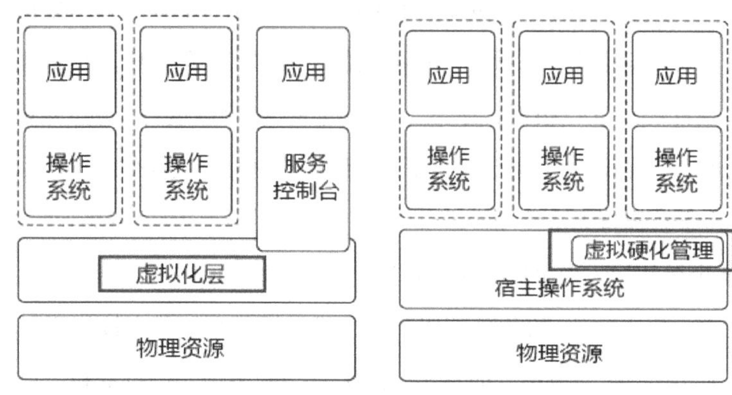

图 3-2 裸金属架构图　　图 3-3 混合架构图

3.3.2 虚拟化技术应用

校园云平台的实现，离不开虚拟化技术的支持，随着虚拟化技术的日益成熟，各种虚拟化产品相继出现，如 VMwarev Sphere、微软的 Hyper-V、开源的 OpenStack、思杰的 XenServer、曙光的 Cloudview、红帽的 REHV 等产品。各高校根据自身特点的需求选择虚拟化产品作为校园云的基础支持环境应用。

从虚拟化的内容分类可以分为计算虚拟化、存储虚拟化、网络虚拟化和桌面虚拟化。

1. 计算虚拟化

计算虚拟化就是在虚拟系统和底层硬件之间抽象出 CPU 和内存等，以供虚拟机使用。计算虚拟化技术需要模拟出一套操作系统的运行环境，在这个环境你可以安装各类操作系统，这些操作系统被称作 guestos。它们相互独立、互不影响（相对的，因为当主机资源不足会出现竞争等问题，导致运行缓慢等问题）。计算虚拟化可以将主机单个物理核虚拟出多个 vcpu，这些 vcpu 本质上就是运行的进程，考虑到系统调度，所以并不是虚拟的核数越多越好；内存相似的，把物理机上面内存进行逻辑划分出多个段，供不同的虚拟机使用，每个虚拟机看到的都是自己独立的一个内存。除了这些还需要模拟网络设备、BIOS 等。这个虚拟化软件叫做 Hypervisor，主要有 ESXI、Xen、KVM 等，通常分为两种，第一种是直接部署到物理服务器上面的，如 ESXI 直接部署到裸机上面，Hypervisor 需要自带各种硬件驱动，虚拟机的所有操作都需要经过 Hypervisor。还有另一种虚拟化 Hypervisor，以 KVM 最为流行（个人电脑上面安装的 VirtualBox 以及 Workstations 也是），它们依赖与宿主机操作系统，这样的好处就是可以充分利用宿主机的各种资源管理以及驱动，但销量上面会打一些折扣。

虽然当前数据中心商用的虚拟化软件仍然以 VMware 的 ESXI 为主，但在 OpenStack 的推动下，开源的 KVM 基本是并驾齐驱了。

计算池，计算虚拟化后形成计算池。当通过底层的虚拟化技术将底层计算资源抽象过后，就可以在数据中心层面形成一个统一的计算资源池，这就是云计算设计的初衷，资源池化，按需计费。当完成池化以后，用户申请使用计算资源的时候就可以从池中取出一部分资源供用户使用，当用户退订资源后，这部分资源又回到池中，供其他用户使用。

2. 存储虚拟化

随着大数据时代的到来，数据量的存储需求迅速增长，但存储设备的差异性，使高效管理这些设备面临诸多困难。利用存储虚拟化技术解决了存储设备管理效率的问题，不同类型的存储资源整合问题，异构存储系统的兼容性、扩展性、可靠性、容错容灾等问题。

SNIA（存储网络工业协会）对存储虚拟化的定义：通过对存储（子）系统或存储服务的内部功能进行抽象、隐藏或隔离，使存储或数据的管理应用、服务器、网络资源的管理分离，从而实现应用和网络的独立管理。

存储虚拟化可在三个层次上实现，分别是：基于主机的虚拟化、基于存储设备的虚拟化、基于网络的虚拟化。它有两种实现方式，分别是带内虚拟化、带外虚拟化。实现的结果有块虚拟化、磁盘虚拟化、磁带 / 磁带机 / 磁带库虚拟化、文件系统虚拟化、文件 / 记录虚拟化。

（1）基于主机的存储虚拟化。基于主机的的存储虚拟化一般是由操作系统下的逻辑卷管理软件完成，不同操作系统的逻辑卷管理软件也不相同。这种实现方式使服务器的存储空间可以跨越多个异构的磁盘阵列，常用于在不同磁盘阵列之间做数据镜像保护。但它也有缺点：第一，占用主机资源，降低应用性能；第二，存在操作系统和应用的兼容性问题；第三，导致主机升级、维护和扩展非常复杂，而且容易造成系统不稳定；第四，需要复杂的数据迁移过程， 会影响业务连续性。

（2）基于存储设备的存储虚拟化。基于存储设备的存储虚拟化是在存储控制器上添加虚拟化功能，常见于中高端存储设备。它的目的是面向用户的应用进行优化，可以把用户不同的存储系统融合成单一的平台，解决数据管理难题，并通过分级存储实现信息的生命周期管理，从而进一步优化应用环境。这种技术主要用在同一存储设备内部，进行数据保护和数据迁移。它的优势是与主机无关，不占用主机资源，数据管理功能丰富。但也存在缺点：第一，一般只能实现对本设备内磁盘的虚拟化；第二，不同厂商的数据管理功能不能互操作；第三，多套存储设备需配置多套数据管理软件，成本较高。

（3）基于网络的存储虚拟化。基于网络的存储虚拟化是通过在存储区域网（SAN）中添加虚拟化引擎实现的。主要用于异构存储系统的整合和统一数据管理。它的优势是：第一，与主机无关，不占用主机资源；第二，能够支持异构主机、异构存储设备；第三，能使不同存储设备的数据管理功能统一；第四，可以构建统一管理平台，可扩展性好。但也存在缺点：第一，部分厂商数据管理功能弱，难以达到虚拟化统一数据管理的目的；第二，部分厂商产品成熟度较低，仍然存在和不同存储和主机的兼容性问题。

很多人关注虚拟化在哪里部署，到底是基于主机、基于网络还是基于存储。当然所有这些选择都有各自的优点和缺点。最主要的是让存储虚拟化合并异质存储系统，将这些系统合并到一个公共的存储池并进行共同的管理和保护。存储虚拟化的目标是让企业和用户有向不同厂商选择存储阵列的能力，向他们提供各种企业级功能，比如动态配置和动态数据迁移等。

存储池，存储虚拟化后形成存储池。存储虚拟化技术是计算机虚拟化技术的重要结构，它的思想是将资源的逻辑映像与物理存储分开，为系统和管理员提供一幅简化、无缝的资源虚拟视图。对于用户来说，虚拟化的存储资源就像是一个巨大的“存储池”，看不到具体的磁盘，也不关心自己的数据在具体的哪个存储设备中。存储虚拟化技术具有提高动态适应能力。它将存储资源统一集中到一个大容量的资源池，无需中断应用即可改变存储系统和实现数据移动，对存储系统能够实现单点统一管理。

3. 网络虚拟化

网络虚拟化是在物理网络拓扑基础之上建立的虚拟网络，它不依赖于底层物理连接，能够动态变化网络拓扑，提供多租户隔离。如果溯源，vlan其实就是一种网络隔离，在一个网络下通过vlan tag划分多个广播域。网络虚拟化是一种重要的网络技术，该技术可在物理网络上虚拟多个相互隔离的虚拟网络，从而使得不同用户之间使用独立的网络资源切片，从而提高网络资源利用率，实现弹性的网络。

比较主流的几款商业平台进行介绍，包括VMware公司的网络虚拟化技术、IBM公司的Dove及开源的OpenDove平台、NEC公司的virtual-network-platform和VTN平台，以及Cisco公司的Nexus虚拟化平台。

这里主要介绍成都某大学采用的VMware的网络虚拟化（NSX）技术。NSX的核心思想是将网络服务化，如果把虚拟机看作是一个计算服务的容器，NSX创建的虚拟网络则是一个网络服务的容器。这些以软件形式存在的服务则可以是逻辑交换机、逻辑路由器和逻辑防火墙等。为了构建一个虚拟网络，云管理平台（CMP）首先通过NSX控制提供的RESTful接口发出服务请求；接受到请求之后，NSX控制器将抽象的网络服务分解到相应的虚拟交换机上，并且这些服务（虚拟交换机）与负载（虚拟机）进行逻辑连接。为了与负载进行连接，虚拟网络与传统的物理网络工作原理是相同的，唯一的不同在于虚拟网络中的网络服务实际上是一个分布式软件模块的逻辑实例。这些实例可以直接运行在Hypervisor中，从而可以降低实施服务的开销。NSX提供了一个可扩展的平台，基于这个平台可以运行任何应用、任何Hypervisor、任何的网络基础设施以及任何的网络管理平台。对于用户来说，抽象出来的虚拟网络与物理网络没有什么不同，因此应用不需要为使用虚拟网络做任何修改。另外，NSX已经实现了对Xen、KVM和VMware ESXI等Hypervisor，以及CloudStack、OpenStack和VMware Cloud Automation Center的完美支持。

4. 桌面虚拟化

桌面虚拟化是虚拟化技术的应用，是指将计算机的终端系统（也称作桌面）进行虚拟化，以达到桌面使用的安全性和灵活性。可以通过任何设备，在任何地点，任何时间通过网络访问属于个人的桌面系统。

桌面虚拟化是在物理服务器上安装虚拟主机系统，由虚拟主机系统模拟出操作系统运行所需要的硬件资源，如CPU、内存、网卡、存储等。操作系统运行在这些虚拟的硬件资源之上，可以达到多个操作系统共享物理服务器的硬件资源，从而提高资源利用率。虚拟桌面的存储和执行（包括操作系统、应用程序和用户数据）都集中在数据中心，用户使用终端设备通过远程协议（如 RDP、ICA、PCoIP）进行访问。桌面虚拟化将所有桌面虚拟机在数据中心进行托管并统一管理；同时用户能够获得完整 PC 的使用体验。用户可以通过瘦客户端，或者类似的设备在局域网或者远程访问获得与传统PC一致的用户体验。桌面虚拟化是一种仅将操作系统桌面呈现在用户面前的技术，由服务器端完成运算。

桌面虚拟化具有以下特点：

（1）快速、灵活部署。按需申请、快速发放、无需搬运沉重的 PC 主机，统一接入、随时随地访问。

（2）提高资源利用率。统一管理后台数据中心资源，并统一进行调度管理，将资源的利用率最大化。

（3）数据存放安全可靠。数据存放在后台数据中心，安全可靠。且访问虚拟桌面时在网络上传输的都是图片信息，不易被他人通过网络窃取信息。

（4）维护便利。瘦终端无须软件维护；虚拟桌面维护工作可在后台统一进行，非常便利。

（5）节能减排。采用桌面虚拟化系统，因瘦终端功耗很低，而数据中心的资源利用率又较高，因此，可达到节省成本、节能减排，节约电能约 90% 以上。

3.4 大数据技术

3.4.1 大数据技术概述

大数据（BigData）指无法在可承受的时间范围内用常规软件工具进行捕捉、管理和处理的数据集合，是需要新处理模式才能具有更强的决策力、洞察发现力和流程优化能力来适应海量、高增长率和多样化的信息资产。

随着云计算机时代的到来，数据出现爆炸式的增长，大数据受到越来越多的关注。大数据通常指生成的大量半结构化和非结构化的数据。在智慧校园中，随着云教育平台的建设和应用，校园的各种数据快速增长，通过从沉淀的海量数据中深入挖掘和建模分析，为学校的政策制定和决策提供科学依据，更好地服务智慧管理决策。

大数据可以从数据实体、数据技术、数据思维三个方面来阐释其内涵。它是一种海量多样的数据信息，是挖掘信息价值的新工具，还是合理运用新工具的新思维。从数据实体方面来讲，大数据是蕴含巨大价值的海量、高增长率、多样化和复杂关联的信息数据集，此种意义上也可称之为“海数据”；从数据技术方面来说，大数据是包含新的数据挖掘技术、数据处理技术、数据储存技术、数据分析技术、数据可视化技术以及大数据平台技术等成系列的技术体系；从数据思维方面而言，大数据具有更广泛的意义，不仅是更多的全体数据代替随机抽样、更多的混杂件代替精确性以及许多的寻求相关关系代替寻求因果关系的一种思维，还蕴含着一种价值观和方法论，一种在人的价值观性的指引下合理运用工具理性的价值观，一种试图运用数据认识世界、量化世界、理解世界和预测未来的方法论。但归根结底，大数据是一种认识世界、解决问题的技术，其数据实体是产生和使用此技术的基础和前提，其具体数据技术是完成其目的的实现路径，其数据思维是技术内涵的价值负载，它规定了技术的目的和手段。

大数据技术是指从各种各样类型的巨量数据中，快速获得有价值信息的技术。解决大数据问题的核心是大数据技术。目前所说的”大数据”不仅指数据本身的规模，也包括采集数据的工具、平台和数据分析系统。大数据研发目的是发展大数据技术并将其应用到相关领域，通过解决巨量数据处理问题促进其突破性发展。因此，大数据时代带来的挑战不仅体现在如何处理巨量数据从中获取有价值的信息，也体现在如何加强大数据技术研发，抢占时代发展的前沿，其主要的技术有：

（1）数据采集：ETL（Extract Transform Load）工具负责将分布的、异构数据源中的数据如关系数据、平面数据文件等抽取到临时中间层后进行清洗、转换、集成，最后加载到数据仓库或数据集市中，成为联机分析处理、数据挖掘的基础。

（2）数据存取：关系数据库、NOSQL、SQL 等。

（3）基础架构：云存储、分布式文件存储等。

（4）数据处理：自然语言处理（Natural Language Processing，NLP）是研究人与计算机交互的语言问题的一门学科。处理自然语言的关键是要让计算机“理解”自然语言，所以自然语言处理又叫做自然语言理解（Natural Language Understanding，NLU），也称为计算语言学（Computational Linguistics），一方面它是语言信息处理的一个分支，另一方面它是人工智能（Artificial Intelligence，AI）的核心课题之一。

（5）统计分析：假设检验、显著性检验、差异分析、相关分析、T 检验、方差分析、卡方分析、偏相关分析、距离分析、回归分析、简单回归分析、多元回归分析、逐步回归、回归预测与残差分析、岭回归、logistic 回归分析、曲线估计、因子分析、聚类分析、主成分分析、快速聚类法与聚类法、判别分析、对应分析、多元对应分析（最优尺度分析）、bootstrap 技术等。

（6）数据挖据：分类（Classification）、估计（Estimation）、预测（Prediction）、相关性分组或关联规则（Affinity Grouping or Association Rules）、聚类（Clustering）、描述和可视化（Description and Visualization）、复杂数据类型挖掘（Text、Web、图形图像、视频、音频等）。

（7）模型预测：预测模型、机器学习、建模仿真。

（8）结果呈现：云计算、标签云、关系图等。

3.4.2　大数据技术应用

数据技术为教育提供了全新的教学平台，改变了传统的教学模式，为教育带来了广阔的发展空间，教育领域正逐步由“数字化”向“智慧化”发展。所谓“大数据”，是指数据规模巨大，大到难以用我们传统信息处理技术合理撷取、管理、处理。在大数据技术中，主要包括收集、挖掘、存储以及处理等过程，若将其和物联网技术结合起来，能够产生巨大的智能影响。总体来说，大数据技术主要包括大数据分析、云数据库技术、内存数据库以及数据安全四个方面的内容。大数据分析主要是指借助于数据分析工具以及数据挖掘算法，从海量的数据中挖掘出有价值的信息。云数据库技术有效解决了存储的难题，为海量数据的存储和计算提供了良好的途径。内存数据的采用，大大提升了对数据的管理和存储的效率。数据安全问题是比较容易被忽视的，而在大数据技术中常见的解决方案主要有数据迁移、双机容错以及异地容灾等方式。

高校大数据包含大量具有价值的数据师生在校生命周期内产生大量数据、学习数据、教学数据、科研数据、奖惩数据等，这些组成了高校大数据的基础这些海量数据中既包含常规管理型业务产生的如人事、教学、财务数据等结构化数据，又包含了大量的由服务与管理所产生的非结构化数据，如多媒体教学资源等。

高校大数据的应用建立完善的数据采集体系统。数据采集是大数据应用最基础的一环，其后的集成、分析、管理等方法都构建在数据采集的基础上。因此，要完善高校大数据的挖掘与应用工作，首先应建立一个较为完善的数据采集系统。

数据采集系统主要包括硬件和软件两个部分，主要指分布在校园中的各种类型的传感器，采集的数据包括机房的上机记录、电子阅览室的阅览记录、数字图书馆的借阅记录、视频监控系统采集的视频数据、POS 机设备采集的刷卡记录等。软件部分主要指各类虚拟化软件、应用系统平台采集来的数据，包括各业务系统运行过程中产生的大量数据。

教育大数据分析有 5 个基本方面。

（1）可视化分析。大数据分析的使用者有大数据分析专家，同时还有普通用户，但是他们二者对于大数据分析最基本的要求就是可视化分析，因为可视化分析能够直观地呈现大数据特点同时能够非常容易被读者所接受，就如同看图说话一样简单明了。

（2）数据挖掘的算法。大数据分析的理论核心就是数据挖掘算法，各种数据挖掘的算法基于不同的数据类型和格式才能更加科学地呈现出数据本身具备的特点，也正是因为这样被全世界统计学家所公认的各种统计方法才能深入数据内部，挖掘出公认的价值，另外一方面也是因为有这些数据挖掘算法才能更快速地处理大数据，如果一个数算法得花上好几年才能得出结论，那大数据的价值也就无从说起了。

（3）预测分析能力。大数据分析最重要的应用领域之一就是预测性分析，从大数据中挖掘出特点，通过科学的建立模型，之后便可以通过模型带入新的数据，从而预测未来的数据。

（4）语义引擎。大数据分析广泛应用于网络数据挖掘，可从用户的语义引擎搜索关键词、标签关键词或其他输入语义、分析、判断用户需求，从而实现更好的用户体验和广告匹配。

（5）数据质量和数据管理。大数据分析离不开数据质量和数据管理，高质量的数据和有效的管理，无论是学术研究还是商业应用领域都能够保证分析结果的真实和有价值。

以上 5 个方面是大数据分析的基础，当然大数据分析还有很多更加有特点的、更加深入的、更加专业的方法。

3.5 移动互联网技术

移动互联网将互联网和移动通信两者结合起来，使之融为一体。它把互联网的连接功能、无线移动功能以及智能移动终端的计算功能整合起来，为用户提供移动互联网业务的网络与服务体系。用户可以通过手持终端，利用移动无线通过各种网络（Wifi、4G 等）接入互联网，使移动用户方便快捷地享受移动互联网服务。

随着我国高校校园无线网络的全面覆盖和智能手机使用率的不断上升，越来越多的学生通过手机和平板电脑上网获取资讯、学习阅读、收发邮件、社交聊天，移动互联网已经成为“互联网 +”智慧校园的一个重要特征。对于智慧校园建设而言，移动互联网并不是传统的校园网的简单增容，或是直接在其终端的一个扩展。校园移动互联网的建设是结合智能手机本身的应用特点（屏幕小、便携、可定位、实时性、准确性等），再结合高校业务的需求，将两者融合，从而形成全新的平台和应用。

在“互联网 +”校园建设的大背景下，移动互联网相关的创新创意正不断出现在高校信息化建设过程中，从高校的招生宣传到学生管理、从教学服务到生活保障，各种各样的移动端校园应用软件层出不穷。目前，移动校园信息服务中包括以下较成熟的技术：

（1）手机短信服务。利用短信中心，将校园内各种信息使用手机短信的形式进行收集或分发。此外，用户根据自身的需要也可以编辑手机短信自主查询。

（2）校园微信。对于学生，可用于发布关于学生课程、活动、成绩等各项内容，实现更新学校重大通知、展示学校特色、实现自助查询。对于家长，可查看公告、查询学生成绩与课程表、查费与缴费、一对一答家长问等功能。对于教师，可以办公应用、互动交流，可发布工作日程并可与同事共享，可查阅工资发放情况与明细，更多功能可定制研发，如媒体发布、选课、互动教学等功能。

（3）移动图书馆。移动图书馆集成了数字图书馆的功能，读者可以使用智能移动终端设备随时随地使用图书馆提供的各项信息服务。

（4）移动办公。通过将校园办公自动化系统中的业务以触发的方式与移动智能终端进行绑定，实现双向互动，可以进行文件流转、信息发布、文档编辑等办公操作。

移动应用目前主流的开发模式有两种，分别是传统的原生开发和基于HTML 5的Web应用开发。两者在功能开发、用户体验、设备方面有较大的差异。原生应用开发技术可访问手机所有功能（GPS、摄像头），速度更快、性能高、整体用户体验较好。但是，它的开发周期较长，成本较高，且原生应用没有跨平台兼容的能力，所以针对每个平台都要完全重新开发。基于HTML 5的Web应用开发能轻松实现跨平台，开发效率高且成本低，但是它调用本地文件系统能力较弱，运行受到网络环境的限制较多。WebApp基于W3C标准的HTML语言开发，能够轻松跨平台，开发者不需要考虑复杂的底层适配和跨平台开发语言的问题。同时，和较于传统的NativeApp，WebApp在投入上也会大大降低。WebApp无须安装，只需通过浏览器进行域名访问即可。移动应用的迭代周期较短，平均不到一个月。WebApp免去了频繁更新的麻烦，无须用户下载，同传统网站一样可以实现动态升级。

3.6 信息推送技术

1. 信息主动推送技术

信息推送服务（Information Push Services，IPS）是指在网络环境下，通过数据库和信息互联网搜集关于用户的个性化信息，并利用多种媒介手段将信息传送至用户。

信息推送服务与传统的信息获取方式相比有如下优势：

（1）及时主动性。IPS根据传送信息的类型和重要性不同，主动提醒用户接收新信息。

（2）针对目的性。IPS允许用户订制接收信息的类型与内容，能够满足用户的个性化信息需求。

（3）集成性与智能性。为保证信息内容的精简、准确，IPS通过数据挖掘与知识发现等技术能够对信息进行综合分析与处理。

当前，随着高校信息化水平的不断提升，高校的数字化校园工程已实现了对校内各种数据资源的有效集成与整合，尤其是身份识别认证、数据共享及信息门户三大信息平台的建设，为IPS的创建提供了必要的技术保障。首先，身份认证识别平台为IPS提供可靠的信息推送对象；其次，IPS需要在庞大的数据资源基础上，通过数据挖掘、知识发现等技术搜寻用户感兴趣的、关注度高的信息，而数据共享平台有效整合集成了校内各个业务系统的数据资源为IPS业务的开展打下了坚实的数据基础；再次，IPS可利用数字化校园下的信息门户平台通过Web广播等技术手段完成信息推送任务。由此可见，数字化校园项目的建设为高校开展信息应用与服务奠定了良好的工作基础，同时也为IPS的构建提供了强有力的技术保障。

信息推送服务除了必要的技术支撑之外，还要有规范合理的消息报文结构。消息报文是指信息推送服务系统向用户一次性发送的数据块。IPS的消息报文内容主要包括消息源、接收方、消息正文、消息类别及消息传播媒介五方面。其中消息源主要定义消息来自于哪里：接收方主要定义用户ID、类别及身份等信息，其中用户类别分为校内与校外两类用户，用户身份可分为教师、管理人员、学生及公众等；为了满足消息内容形式的丰富性与交互性，消息正文定义为文本、图片、超链接及附件四种数据结构；消息类别按照重视程度、时效性、传播范围三个方面定义描述，其中按重要程度可分为重要信息、普通信息两个等级；按时效性可分为急办信息和一般信息两个等级；按传播范围可分为内部、公共两个级别。在实际应用中，一个消息往往具有多种属性，如重要急需办理的内部通知就是一种具有复合型信息分类特征的消息。因此，在消息报文的格式设计上还要增加分类属性，以便于被用户读取。此外，消息报文还定义了Web广播、Wap广播、手机短信、IM即时通信四种主流媒介传播方式，用户可选择多种媒介渠道接收信息。

高校信息推送服务系统具备成熟的多层体系架构，即分别是应用表达层、数据报封装层、数据服务层、技术支撑层。应用表达层包括信息推送、用户评价及反馈、系统管理、信息校准4个软件应用，该层主要负责为用户提供信息应用；数据报封装层主要负责接收数据服务层传速的数据，并按照消息报文规范对数据进行封装处理，为下层应用提供标准的消息源；数据服务层通过对用户关联信息的统计与分析，以找出用户兴趣度高或关注度强的信息和知识；技术支撑层依托数字化校园环境下的身份识别、信息门户、数据共享三大信息平台作为系统的技术支撑通过数据共享平台为系统采集基础数据。

基于互联网 + 智慧校园环境下的信息推送系统，在设计上应遵循如下几条原则：

（1）信息推送系统既要实现信息的基本推送（Push），还要完成对信息的拉取（Pull）。由于用户对信息的兴趣度与关注度并非固定不变，系统需要根据用户的信息反馈，改进并完善相关数据挖掘模型，确保挖掘出的信息准确度更高、针对性更强。因此，信息推送系统不但要完成信息推送的基本服务，还要根据所拉取的信息不断调整和优化系统自身。

（2）信息推送系统应具备多媒介渠道的信息传播方式。系统应能够通过 IM 实时通讯软件、Web 广播、手机短信、Wap 页面等多种信息传播手段的运用，将信息及时传递给用户。

（3）信息推送服务应具有用户灵活订阅服务的机制。信息推送服务是基于数字化校园建设而开展的一项全新的数据应用服务。为了避免垃圾信息给用户带来的负面影响，信息推送服务必须经过用户授权才能生效，且用户有权根据自身实际需要定制信息的内容、类型和接收方式。

（4）信息推送服务应从制度和技术上为用户的个人隐私提供双重保护，信息推送服务的数据源主要来自于学校数据共享和身份认证识别两大信息平台，由于系统所推送的信息一般都会涉及用户的个人隐私，因此系统在设计、实施乃至运维阶段要从制度和技术上为用户的个人隐私提供双重保护，确保用户的个人隐私不被泄露。

基于移动互联网的智慧校园，结合个性化的数据挖掘技术将信息从服务器及时准确地传递给师生。常见的信息主动推送技术有定期轮询方式、短信通知方式和服务器与客户端保持长连接方式。智慧校园信息主动推送平台提供相应的网页接口，实现从服务器端到移动终端的校园资讯、成绩推送借阅到期提醒、邮件到达通知等。

2. 应用无缝集成技术

目前，大部分高校都已逐步实现信息化管理，但存在没有整体规划的问题，导致各种应用服务自成体系，各系统不能进行数据互通和协同互作。在基于原有各类系统建设智慧校园服务平台时，需要采用无缝集成框架来解决上述问题。无缝集成框架的构建，能重新整合原先难以互相协作的业务流程，有效改善现有系统之间调用的网状关系，使得系统之间的协作更加紧密，还能够消除信息孤岛，提高数据资源的利用率，管控能力和可视化更强。

智慧校园服务平台采用 HTML 5 和 SOA 框架提供的应用集成方案就可以实现无缝集成，通过构建开放的标准 API（应用程序接口）和应用集成规范便捷地将各种校园应用以服务的形式提供给移动客户端，还能在集成框架上加入新的应用服务。采用师生统一的身份认证登录，还能实现多功能应用的“一账号”式访问。

应用集成技术主要借助于应用集成的方式对校园服务应用的进行整合，改善当前系统间的网状关系，让系统之间的关系变得更加可视化、更加可控，为学校工作提供有效的、全面的智能的服务与管理过程支撑。

目前，一般企业应用集成采用 JavaRMI、CORBA、DCOM 等技术来设计系统集成接口。智慧校园应用集成基于师生的工号或学号来进行统一的身份认证来构建支持第三方应用的标准 API 接口。

3. 智慧校园移动端的实现技术

智慧校园服务平台主要在 Android 和 IOS 系统平台上实现的。

（1）Android 移动推送技术。Android 是谷歌公司推出的开源移动终端系统，Android 系统基于 Linux 系统内核，继承 Java 语言的优点和特性，系统架构分层清晰，耦合度低，当低层发生变更时高层不需要进行任何变更。

谷歌公司在美国提供了一个用于推送信息转发的云服务器，国内用户使用 Android 应用，在访问时效率不高，可靠性也难以保障。智慧校园的信息推送平台实现信息的主动推送，使用 AndroidPN 项目中的信息主动推送技术，这种技术将信息处理成 XMPP 协议要求的格式，通过 MINA 长连接的形式发送给客户端。同时还需要对 AndroidPN 进行优化，以满足智慧校园的信息推送需要。

（2）IOS 移动推送技术。苹果公司开发的 IOS 系统提供了 APNS 推送机制，基于 IOS 研发的软件借助于苹果公司提供的云服务器就能把信息主动推送到客户端。

引用及参考文献

[1] 厦门大学嘉应学院 . 信息化如何玩转全球智慧校园 [EB/OL]. http://www.jgxy.xmu.edu.cn/index.php?a=view&c=Article&id=18267.2014–02–25.

[2] 百度百科 . 物联网 [EB/OL]. https://baike.baidu.com/item/%E7%89%A9%E8%81%94%E7%BD%91.2018–09–10.

[3] 钱志鸿，王义君 . 物联网技术与应用研究 [J]. 电子学报，2012，40（05）：1023–1029.

[4] 朱洪波，杨龙祥，朱琦 . 物联网技术进展与应用 [J]. 南京邮电大学学报（自然科学版），2011，31（01）：1–9.

[5] 王保云 . 物联网技术研究综述 [J]. 电子测量与仪器学报，2009，23（12）：1–7.

[6] 杜晓静，姚高峰，何秋燕 . 物联网在智慧校园建设中的应用研究 [J]. 网络安全技术与应用，2011，10：5，9–10.

[7] 刘化君 . 物联网关键技术研究 [J]. 计算机时代，2010（7）：4–6.

[8] 陈建新 . 物联网在智慧校园中的应用 [J]. 电脑知识与技术，2012（6）：3796–3800.

[9] 刘强 . 无线传感器网络组网关键技术研究 [D]. 成都：电子科技大学，2012.

[10] 韩雪 . 基于物联网技术的智慧校园系统设计研究 [J]. 电子设计工程，2011，19（24）：41–43.

[11] 百度百科 . 云计算 [EB/OL]. https://baike.baidu.com/item/%E4%BA%91%E8%AE%A1%E7%AE%97.2018–09–10.

[12] CSDN. 云计算 IaaS PaaS SaaS DaaS[EB/OL]. https://blog.csdn.net/GUOGUO222/article/details/77890966.2018–09–08.

[13] CSDN. IaaS、PaaS、SaaS、CaaS、MaaS 五者的区别 _ 云计算概念大全 [EB/OL]. https://blog.csdn.net/boonya/article/details/52153708.2016–08–08.

[14] CIO 时代 . 一次性读懂云计算中的 6 大热门词汇 [EB/OL].http://www.ciotimes.com/cloud/167156.html.2019-01-07.

[15] CSDN. 公有云、私有云和混合云，企业用户将如何选择？ [EB/OL].https://blog.csdn.net/tcict/article/details/79383741.2018-02-27.

[16] CSDN. 虚拟化技术基础知识全面了解 [EB/OL]. https://blog.csdn.net/HzSunshine/article/details/70759343.2017-04-25.

第 4 章　智慧校园建设规划

4.1　智慧校园规划

智慧校园是教育信息化发展的“高级形态”，更是学校信息化建设的理想目标。“互联网+”给传统教育带来新形势和新挑战，面对挑战还是需要靠信息技术来有效地的解决。在这个过程中，需要战略规划、顶层设计，重新审视教育的意义、校园的意义，而不是再次堆砌各种应用或对原有的业务系统修修补补，而应该使物理校园或传统校园与互联网有机地融为一体，从而实现传统校园的“升华”。

4.1.1. 智慧校园建设目标

1. 总体目标

智慧校园建设的战略目标为“统一管理、统一配置、统一应用和统一服务”，其核心技术策略是从网络融合、数据融合、平台融合、业务融合、服务融合等五个维度加强深度融合，实现智慧校园的创新发展[1]。

网络融合主要是指智慧校园的感知设备、网络设施、云资源等基础设施环境的整合相融，实现基础网络设施环境的无缝覆盖。网络融合是智慧校园建设的基础，即综合利用各种网络接入手段，整合校园内的物联网、有线网、无线网、移动互联网等各种应用网络，进行全网一致的智能管理与控制，并提供开放的网络接口，实现网络间的无缝连接和通信，将所有校园网络设备连在一起，为智慧校园应用提供高速、稳定、全覆盖的网络基础环境。目前，很多高校已建成基于 IPv4/IPv6 的宽带网络、基于 ZigBee 的无线传感器网络、基于 RFID 和 Wifi 的网络等网络环境，通过融合先进的网络及传感技术，构建了多网络融为一体的智慧校园网络基础环境。

数据融合是指对校园各类基础数据、应用数据、感知信息等数据信息资源进行融合，并提供数据存储、数据治理等融合服务。其中，基础数据包括人员、设备、设施等基本数据，应用数据包括各类业务系统中的过程性数据、学习行为数据、用户网络行为数据等动态数据。数据融合是智慧校园建设的核心，主要涉及三个方面：按照学校的不同业务域，对不同域的数据进行采集、存储，开展交叉、关联应用等数据融合；对来自校园不同平台、不同系统、不同结构的异构数据源进行集成整合和统一管理；对基本数据和动态数据进行关联分析和处理，开展大数据分析和挖掘。校园数据融合的实施包括制定和完善数据标准、规范，进行数据治理和数据质量提升，建立数据中心、数据交换及监控管理平台，做好数据服务的应用及监管等。平台融合主要是指针对校园身份识别管理、数据统一管理、业务开发应用等需要，利用统一认证、云计算、SOA 等技术进行整合建设，构建统一的校园基础支撑服务平台。

平台融合是智慧校园建设的关键，但目前在校园信息化建设中存在硬件设备分散配置管理、系统独立建设与应用、C/S 架构和 B/S 架构等多种系统架构混杂、部门之间服务难以统一调度、信息无法同步等问题，因此必须重点做好校园信息化支撑服务平台的融合建设。平台融合的实施主要通过 SOA、云计算等技术来实现，即采用面向服务的 SOA 软件架构体系和云管理平台，提供统一的平台化系统软件支撑服务，为用户的云应用提供统一的开发、运行和监控支持环境，并提供统一认证、权限管理、安全、访问控制、单点登录和开发测试等多项服务。业务融合是指打破传统的围绕特定部门、特定业务需求独立建设业务系统的方式，逐步将核心业务应用转移到智慧校园的“大平台”上来，进而实现核心业务领域各应用系统之间的联系、制约和融合。

业务融合是智慧校园建设的核心标志。从过去分散的业务系统开发到应用集成再到业务融合，破解了跨部门业务流程打通的难题，实现了校园内智慧业务的应用。在智慧校园建设中，业务融合按照“大平台小应用”的建设思路，利用共享数据和集成开发环境，基于统一的智慧校园平台来整合各类业务系统，通过将建设粒度由“系统”级细化为“功能”级，不断扩展个性化“小应用”，突破现有业务系统在支撑核心业务领域中存在的难题，实现跨职能域的业务应用对接和流程再造，最终从根本上解决长期存在的“信息孤岛”“应用孤岛”问题。

服务融合是基于网络、数据、平台、业务等融合，利用统一的信息门户、丰富的信息展示和可视化呈现，实现一站式、个性化的校园融合服务平台。服务融合是智慧校园建设的归宿，体现了以人为本的理念。按照“自下而上、面向用户”的思路，服务融合注重用户体验，优化服务流程，全面整合学校的教学、科研、管理、技术资源，支持无缝集成的智慧应用，提供全业务、全过程的“一站式”服务。秉承“服务碎片化”等设计理念，服务融合实现了以数据融合、业务融合为核心的校园服务碎片化，屏蔽了用户的业务系统和业务逻辑，强调一个应用（APP）只完成一个事务；根据业务需求，服务融合提供灵活、方便、按需选取的“组件化”服务模块，以及跨平台和多终端的智能化、个性化服务，提升智慧校园的用户体验和使用价值。

总体建设目标为：致力于建成一个以信息化为载体，覆盖全面、应用深入，高效稳定、安全可靠、具有前瞻性的数字化校园服务体系，集成己经建设的管理系统，打通各部门的数据通信壁垒，使信息互联互通，实现教学、管理、办公、学习、生活一站式服务，由智能环境、综合服务、优化管理、科学决策、资源共享、创新模式所构成。智能环境是以先进的网络技术为基础，构建教学、科研、管理、校园生活为一体的一种新型智能化环境。综合服务是提供面向师生的综合信息服务，使得全校师生能快速、准确的获取所感兴趣的服务。优化管理是将学校的管理和业务流程再造，作为学校进行制度创新、管理创新的重要内容之一。科学决策是提供可定制的、智能化的综合数据分析应用，为学校各种决策提供最基础的数据支撑，实现科学决策。资源共享是通过数字化校园中各个应用系统的紧密联结实现资源共享、信息共享、信息传递和信息服务，从而提高教学、科研和管理水平。创新模式是通过数字化校园的建设，探索出一条结合目前主流信息技术和教育改革发展的需要，具有明显学校特色的，以服务为本的信息化建设之路。

2. 建设目标

充分发挥信息技术优势，促进信息技术与教育教学的深度融合，提高学校师生员工的信息技术素养，创新教育教学模式，提高教学质量，再造管理流程，提升校园文化生活品质，拓展对外服务的范围，以智慧化引领学校现代化发展，增强学校的核心竞争力，为学校培养高素质人才提供信息化支撑和保障。

在统一数据标准、统一开发平台、统一资源管理的基础上，利用智慧校台将教学、科研、数据分析、管理、生活等活动，统一到一个基于数字网络的环境下，实现了四个智能化，即教学过程智能化、学习过程智能化，管理服务智能化、领导决策智能化。这样不仅大幅提高了教职工的工作效率，更提升了人才培养的质量以及科学研究实力。通过智慧校园数据的采集用以数据的分析，获得全体教职工以及在校学生的生活习惯、学习喜好等，为学校进行下一步的规划与决策起到关键的作用，并最终实现教育现代化。利用先进成熟的技术手段，围绕智慧校务、智慧教学、智慧科研校园、平安校园、便捷生活六个方面开展智慧校园建设工作，同时建支撑平台，最终建成智慧、多元、高效、开放、和谐、人文、安全的校园，为全校师生提供良好的管理、教学、生活的环境，同时架起学校与家长沟通的新桥梁。

具体目标有：

（1）统一标准：建设完备的学校信息标准。

（2）高效管理：根据职能部门实际工作流程，建设业务系统，实行办公，简化办事流程，提高工作效率。

（3）资源共享：建设统一信息门户、统一身份认证平台和共享数据中三大支撑平台，集成业务系统，实现信息的共享、资源的共享，提高信息传递的速度，从而将学校教学、科研、管理水平推向新的高度。

（4）智慧环境：构建物联感知系统，如校园手机一卡通、智慧图书馆、智能植被灌溉系统、智能照明控制系统、智能安防系统等。

3. 建设原则

智慧校园建设应坚持统一部署、软硬兼施、步步为营、重点突破、坚持不懈的方针，按照规范和规划一步步地建立起一个智能化、统一化、信息化的学校。

（1）统一规划，分步实施。智慧校园规划不仅要考虑构建统一的技术系统，更重要的是要制定统一标准规范进行顶层设计，寻求系统整合方案。要确定有限目标，分步骤实施，考虑不同建设项目的需求和业务流程特点，制订合理的分步实施计划。

（2）应用驱动，绩效评价。智慧校园建设要始终坚持以应用为导向，规划设计应根据业务需求确定软件系统的要求，根据软件系统的要求确定硬件系统的配置；面向业务应用，构建技术系统和组织体系，推动智慧校园的有效应用，以应用效果作为智慧校园建设的评价目标。

（3）职业素养与职业技能共同提升。智慧校园的基础设施、应用服务和数字资源的建设，应遵循教育规律强调和突出教育特色，着力于学生综合素质提升，努力探求和构建适合学校智慧校园的教学模式、管理模式以及服务模式。

（4）技术系统与组织体系协同推进智慧校园的建设。要依据学校整体发展战略和信息化环境下的业务需求，进行技术系统的顶层设计，规划并改造组织结构与体系，包括组织机构、政策规范、管理机制和人员发展，使技术系统和组织体系相互匹配、协同有序。

（5）先进成熟与承前启后并重发展的智慧校园建设。应考虑技术系统的持久性、扩展性和兼容性，选用先进成熟的技术。既要着眼于新系统建设，也要关注已有系统利用和整合，更要重视技术系统的可持续发展。

4. 建设策略[2]

（1）顶层设计。站在高等教育发展总体战略的高度，从高校信息化发展全局的视角对高校智慧校园建设进行长远规划、系统设计，确定智慧校园的发展目标、任务、措施与配套体系，同时采取分步实施的策略，有计划、分阶段、上下联动、相互配合，有序地推进校园信息化建设。

（2）育人为本。教育信息化的最终目的是服从和服务于培养人才这一根本使命。智慧校园的建设和运行方式都要符合学生特点和育人规律，尊重学生的主体地位，创造有利于学生快乐学习、健康成长、智慧发展，有利于教师专业成长的智慧环境。

（3）问题导向。智慧校园的归宿在于应用信息技术手段解决传统教育教学中的问题。推进智慧校园建设必须坚持以问题为导向，以应用驱动建设。要依据需求确定系统建设的总体目标和方向，搞好各项业务分析，建设实用的业务系统，有助于教育教学模式的变革和教育体系的创新；要坚持边建边用，实现以用促建、建用互动、不断完善。

（4）融合创新。坚持信息技术与教育深度融合的教育信息化核心理念，将信息技术有效应用于教学训练过程，为学生和教师的学习和生活创建数字化的空间，营造一种富有智慧的新型学习环境，支持信息获取、资源共享、情境创设等，实现充分发挥学生主体作用的教与学方式，促进教学要素相互联系和作用方式的变化，实现教育教学结构发生根本性变革。

（5）开放合作。智慧校园建设是十分复杂的系统工程，仅依靠任何单一的力量都难以完成，必须走多途并举、合作共建之路。既要坚持开放合作，采取校企合作、校企共建、租赁服务等多种方式，借助于外部力量促进发展；同时要整合校内资源，广泛发动校内职能部门、技术单位和相关院系的人才、技术和管理力量，合力推进智慧校园建设。

（6）特色发展。首先要体现高等教育的类型、层次特色，为高校教育教学和人才培养服务；同时，在各高校之间，不同的高校由于办学历史和传统、办学规模、专业设置、管理模式的不同，校园信息化起步的早晚、发展水平的差异，对于智慧校园建设的需求也不同，各个高校必须结合自己的个性化需求，选择适合本校特点的建设内容和方法。

5. 建设过程指导思想

智慧校园建设是一个系统工程，它涉及多个设计细节和执行环节，需要从学校整体的高度全盘考虑，并经历一个酝酿、启动、发展的过程。系统规划既要从时间上、发展上进行纵向的考虑，又要从全校各个部门以及其他校外机构的协调运作关系的横向关系上考虑；既要考虑信息基础设施建设（如机房）、软件系统的建设、安全保障系统的建设等信息校园建设项目的分步实施，又要考虑这些建设项目的协调发展，最终达到以学校各类应用和信息资源建设为基础，以学生、教师为核心，面向教学、实训、管理、校园文化建设、校园生活等多层次的信息化应用，提供综合的信息资源共享和业务协同服务，构建信息化环境。在建设过程中的指导思想如下：

（1）分步实施：智慧校园建设的各个环节相互关联，在建设的过程中有计划、有步骤地实施。智慧校园建设的规划根据学校各个部门的需求和业务流程的特点，制定合理的分步实施规划。

（2）协调发展：智慧校园建设的各个环节相互依赖，任何一个环节的建设都离不开其他环节。因此，智慧校园建设规划将根据信息基础设施建设、信息资源建设、公共应用平台、应用系统建设、支撑体系建设等内容内在的逻辑关系，制定合理的分步实施规划，以确保各项内容的协调发展。

（3）完善基础：智慧校园的建设应重视基础运行平台组件、基础数据中心组件等智慧校园基础类组件的建设，这些平台建设完成后，符合一定信息标准和技术标准的应用系统可方便地实现与智慧校园的集成。

（4）突出应用：应用是智慧校园的灵魂，智慧校园的魅力只有在丰富多彩的应用中才能体现出来，因此，应用系统和服务的建设是智慧校园建设的核心内容。在制定智慧校园建设规划的过程中，可选择能在短期内实现的应用系统和服务作为试点工程，组织力量重点突破，争取早日见效并带动全局。

（5）实用发展：智慧校园的建设规划从学校的特点和需求出发，做到够用、能用即可，切不可一味地追求大而全，也不可一味地追求技术的先进性。与此同时，智慧校园建设的技术和应用都是不断发展的，具有一定的不确定性，所以，智慧校园的建设规划必须满足建设过程中的可扩展、可兼容和可转向。

4.1.2 智慧校园智慧性设计

王运武[3]认为当前对智慧校园的研究和实践，忽视了智慧性设计的环节，缺少教育学视野和理论高度的分析，缺少整体上的构思和智慧性设计，造成智慧校园智慧性体现不足，难以达到理想的促进教学变革和提高教学效果的目的。要进行智慧校园研究和实践，首先要进行智慧性设计。

1. 智慧设计构成要素

智慧性设计的构成要素有：智慧服务理念、智慧环境、智慧应用和服务（智慧教学、智慧管理、智慧科研等）、智慧文化和体验等。

智慧服务理念包含两层含义，一是“站在促进高校教学、管理整体水平的高度定位学校的信息化建设，将学校发展规划的‘顶层设计’与信息化建设的‘顶层设计’衔接合一，使信息化观念深入高校每一个管理者心中，促进信息化与决策管理的深度融合”[4]；二是智慧校园的设计应以人为本，采取用户中心主义——以用户为中心，以用户体验为中心——从生活、学习的外部环境到教学内部需求，所有应用与服务的实施都首先征求用户的需求，然后再平衡技术和管理的需求。

智慧环境是物理和虚拟校园的有机融合（也是智慧校园智慧表现的一个方面），包括智能感知（如温湿度感应、车辆识别、节能监控、安全监控的人像识别和预警、信息系统安全预警等）、无缝网络（如无处不在的互联网和内联网接入、物联网、电信网、移动互联网等）、泛在学习与工作（如数据资源获取、信息传输与处理、协作学习、存储空间、资源制作、移动办公）、便捷生活（如便捷消费、校内外互通）等，是智慧设计的实现。

智慧应用体现在以大数据采集和挖掘为特征的一体化综合信息平台，采用统一数据库和统一存储，提供主动信息服务，记录智慧环境中发生的一切，并利用大数据技术对数据进行处理，获得对教学的洞察和预测。

智慧文化和体验则是提供一个对智慧校园信息化实现之后的信息素养和信息文化的感受与体验平台和环境，体现了人与智慧环境的互动及相互促进：用户的使用体验促进智慧校园始于理念终于体验全过程的改进，这种改进更好地促进人的智慧的形成，最终智慧校园会成为一种文化。

智慧设计除了涵盖各构成要素之外，与各构成要素及各构成要素之间还存在循环共生、相互促进的关系，形成良性循环。

2. 智慧校园智慧性设计的智慧表现

智慧的传统含义是运用知识、智力、工具对事物的综合分析处理能力。信息化语境中的智慧校园，通过信息及信息技术的作用，实现传统意义上学生的智慧，其途径是提供一个全面的感知环境，一个全业务的综合信息服务平台，一种新型协作关系的管理模型，最终实现信息技术与教育教学深度融合，促进教学变革和教学效果提升，即实现智慧教学，因此智慧要从智慧管理、智慧教学以及智慧环境中表现。

（1）智慧管理。校园的管理包括校园内的各个方面，教育管理的特殊性在于其管理对象和生产对象都是人，这对信息化的要求比其他行业更高，因此智慧管理在智慧校园中最为关键，其核心是智慧服务理念。在智慧服务理念的指引下，智慧表现为：

1）基于学校组织机构的管理信息系统的智慧融合，包括对各业务的精确划分，统一的校园教务、学生、人事、财务、国资、后勤、科研等管理数据，基于信息技术的广泛参与。

2）信息化环境的智慧管理，如运行环境监控和故障预警，服务器资源和带宽资源的负载均衡，流量类型及业务热度的自动分析，公共事务如教室、机房、会议室的查询、预约，智能水表和电表等的使用。

3）便捷的业务流程调整，即“精简管理流程，废除或优化一些不合时宜的管理制度（如烦琐的公文审批、设备招标、经费报销等），不断提高教育管理业务系统的运行效率”[5]。

4）基于大数据的教育资源分配预测及科学决策能力。大数据在智慧校园中无处不在，对未来学校的发展具有举足轻重的作用，进行大数据建设，让大数据成为教育管理现代化的依据，最能体现让数据说话的客观、真实、科学、可信的实践精神、科研精神和科学的决策辅助作用。

（2）智慧教学。智慧校园建设为个性化学习和信息技术与教育教学深度融合提供平台和工具，为教育教学理念、制度、方法和手段全面创新提供数据支撑，促进了教学效果的提升，核心目的是为了人的发展，即智慧教学。智慧教学包括教与学两个方面，实际上智慧校园在一定程度上模糊了教与学两个方面的界限，因此对智慧教学的智慧表现描述不必作特意的区分。一般认为智慧校园中支撑教学的技术主要有学习分析技术、资源个性推荐技术等。学习分析目的是理解和优化学习以及学习情境，因此其智慧表现在获取数据，分析数据，帮助教师、学生、教育机构等解读数据，并根据数据结果采取干预措施，即实现了教学过程的全程智慧性管理、记录、分析、评价，提供个性化教学[6]。资源个性推荐设计语义网络与本体技术，其目的是为学习者提供更好的资源检索和定位，而其智慧表现为资源系统的适应性和个性化服务能力，教学资源效能的挖掘分析。

（3）智慧环境。智慧环境是智慧校园建设的必然结果，也是智慧校园建设的目的之一，即提供舒适便捷、绿色节能的管理、教学、生活环境。作为目的和结果的智慧环境，智慧表现包括：无缝、稳定、安全、易用的信息流通和数据传输通道，如全面的网络基础设施、物联网覆盖，射频标签、二维码等的广泛使用，智能终端的全面支持；安全、便捷、舒适的学习、工作、生活环境，如校园安全监控数据的智慧分析、自助门禁和车辆出入、可视化水电汽暖等自动节能监控、可视化一卡通消费系统、室内环境的智能调控、可视化校园导航等；可协作、自适应、友好的线上社区；基于定制的信息推送、无障碍线上交流。

3. 智慧校园智慧性设计的方法：基于分层思想的模型设计

王运武在宗平[7]的基础上做了简化，更具有使用性和可操作性，如图 4–1 所示。

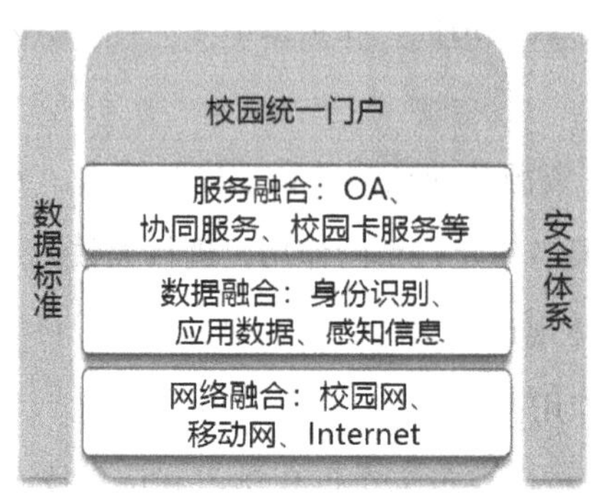

图 4-1　智慧校园参考模型

在参考模型中，数据标准是前提，安全体系是保证，是在物联网参考模型的基础上，增加和修改部分层次而得到的。数字校园被认为是一个较为复杂的生态系统，包含了规划与设计、校园文化、基础设施、应用系统、数字化资源、保障条件、数字化服务、服务对象等诸多要素，采用分层模型对其进行原型设计遂成为数字校园建设与研究的常用方法[7]。智慧校园中的数据和“信息流动”，即数据及其逻辑流向。泛在用户（办公室、教室、机房等处，智能终端）、视频监控数据、感应设备智能感应数据、用户消费等行为数据通过信道和应用平台或接口同数据库进行互动，对数据的分析通过相关应用进行，分析结果可视化呈现给用户。在结果到达用户之前，数据要经过一系列协议和标准的转换，其采集、传输、存储、分析、呈现是一个复杂的过程，这个过程是智慧校园建设过程中的技术和管理人员所要面对和处理的，对用户来说是透明的。用户需要的，只是信息和数据分析之后的结果。

4. 智慧校园智慧性设计的原则：以用户为中心、以教学为目标

图 4-1 的另外一个明显的特点是：以技术和管理为中心，不自觉地表现出信息化管理人员的自我中心主义。虽然技术是因为人的需求而诞生的，本身即有以人为本的因素，设计时也是面向服务的，同时这种设计思路对信息化实施者自己的管理和维护也是有利的，但却忽视了智慧校园建设的最终目的，是为了给广大师生提供一个安全、便捷、智慧的生活、学习和工作环境，是为了利用信息技术促进教育教学效果的提升，最终是为了人的发展，即学生和老师的素质和综合能力的提高。即从设计规划开始，一切以有利于技术实施和工程建设以及后期管理的方便或者有利为前提，在方便施工与管理的前提下，实施相应的应用与服务。实质上，这脱离了教育的最终目的，不符

合教育现代化语境下的教育理念，也表明智慧校园的智慧性设计需要理论层面的探究，需要教育学、设计学、教育信息化等理论的指导。若在智慧校园的建设中，依然采用这种参考模型，则可能会引起一些误导。因此智慧校园智慧性设计的原则应当是，在教育目的和现代化教育理念即相关理论的指引下，以人为本、教与学为中心，优先应用和服务提供，在满足用户需求的前提下，综合考虑技术和管理方案，智慧校园模型的构成首先要体现以用户为中心的理念，同时要包含系统构成和建设实体及其相互关系，还要体现出技术手段和智慧表现。基于以上所提出的设计原则，改进后的以用户为中心的智慧校园参考模型如图 4-2 所示。

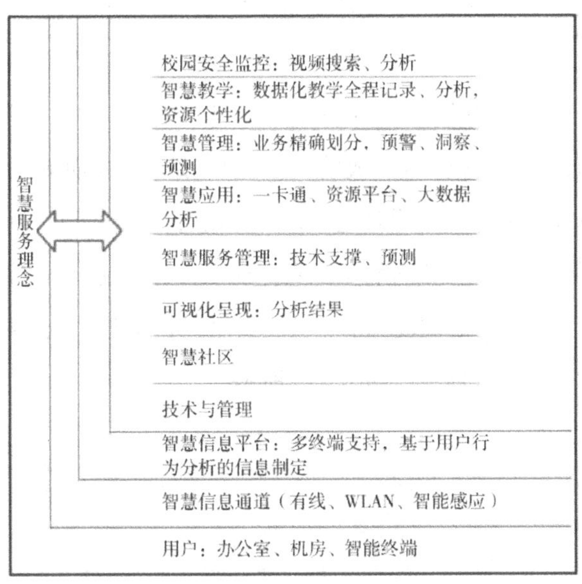

图 4-2　以用户为中心的智慧校园参考模型

智慧服务理念和技术与管理是互动关系，体现出智慧校园及其建设的广泛参与：服务理念属于顶层设计，理念需要充分评估教师、学生以及各部门员工的需求，以满足需求为动力，以满足教学需求为目标，充分互动，产生螺旋式上升的效果。智慧信息通道包括智慧校园中各种数据传输所需的信道，同时是智慧环境的要求和组成之一。智慧信息平台则为用户提供最简洁、自适应、可定制的接口，用于展现、体验智慧校园和分析结果，由于用户的多样性，需要支持各种类型的终端。技术与管理是智慧校园的有力支撑，是智慧校园建设落地的最终手段，也是建设的结果之一，是平稳运行的保证，但技术与管理已不是智慧校园建设所要考虑的核心内容，因为智慧校园的核心是用户。其中的管理包含了智慧校园内的管理和对智慧校园本身的管理两方面的内容。

4.1.3 双一流高校规划经验

双一流高校不仅学科发展处于领先，同时在智慧校园建设方面也比较超前，都以顶层设计，分布实施为主，这些高校的智慧校园建设是在研究的基础上不断实践，最终引领其他高校建设适合自己学校的智慧校园。

1. 北京航空航天大学的经验[8]

智慧校园的建设不是一个简单的信息化工程，而是新一代信息技术与教育管理相融合的复杂系统工程。汪玉凯认为顶层设计是一种整体性、全局性的谋划，是战略规划的具体实施路径。智慧校园顶层设计就是要统筹考虑技术、业务、管理、服务、机制和文化等各方面环境要素，进行整体、全面、系统的规划设计，且各环境要素之间相互协调、匹配、支撑和融合，以“统一谋划、集约建设，统一部署、资源共享，统一推进、多方协同，统一实施、注重成效”为原则，是“自上而下”的设计方法和“自下而上”的可操作实施相结合的设计过程，具有顶层决策性、具体可操作实施性、标准规范统一性、整体推进协同性等特征。具体而言，智慧校园顶层设计的总体架构主要包括组织结构、业务流程、制度标准、校园文化、平台建设、公共服务、运维保障、信息安全、监督评估等九大体系，如图 4-3 所示。

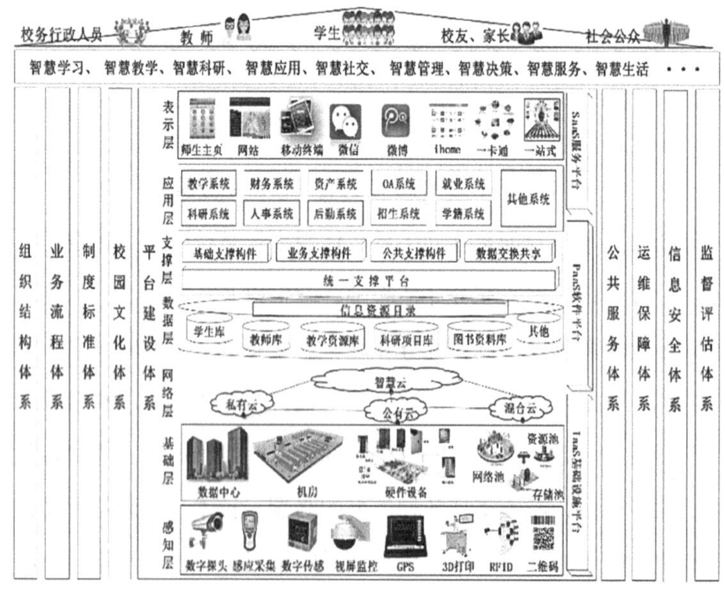

图 4-3　北航智慧校园顶层设计总体框架图

（1）组织结构体系是关键。组织结构体系是推进智慧校园建设的组织结构、职能职责和协调机制，主要包括领导决策体系、实施执行体系和专家咨询体系。领导决策体系是领导层和决策层，负责重大事项的领导决策和协调管理；实施执行体系是执行层，负责智慧校园建设的具体建设和实施推进工作；专家咨询体系是辅助决策层，负责为智慧校园建设提供辅助决策和专业支撑。智慧北航的信息化组织结构体系由信息化工作管理委员会、执行小组和专家咨询委员会组成，形成了两级信息化工作管理机制。信息化工作管理委员会由校领导和各部门领导组成，下设信息化工作管理办公室（常设在网络信息中心）；信息化工作执行小组由网络信息中心和各部门主要负责人组成，而信息化建设专家咨询委员会由教授、高级工程师和外聘专家等组成。

（2）业务流程体系是主线。流程是跨部门、跨业务之间工作协同配合和承接流转的过程。业务流程体系是围绕每一个部门、岗位和角色的业务实际需求，把业务流程进行精简、细化、优化、再精简、再细化、再优化的过程，通过构建一个满足需求和切合实际的统一、科学、标准、规范的智慧化业务运行系统，最终实现业务流程再造和信息资源再利用。智慧北航业务流程体系建设从学校基本业务需求出发，借鉴企业资源规划（ERP）中业务流程管理（BMP）生命周期管理方法，对各类业务进行定义、建模、模拟、启动、执行、监控、分析、优化等，基于 BPMN 2.0 标准进行业务建模，使每一个业务单元和事务活动定量化、指标化、规范化，从而实现业务流程的全局优化。

（3）制度标准体系是重点。制度标准体系包括技术、管理、服务等方面的标准、规范、制度、机制等。从技术层面来说，需要确定信息采集、数据处理、数据交换和数据分析的标准和规范，以确保数据结构和数据接口的一致性，满足数据交换的需要，为数据整合和资源共享奠定基础；从管理层面来说，需要建立一系列项目规划设计、工程实施管理、信息资源管理、系统运行管理、信息安全管理、绩效考核管理等规范和制度，以提高智慧化管理水平；从服务层面来说，应根据教、学、研、用、管的实际业务需求，建立以人为本的智慧服务理念，以提升智慧化服务水平。智慧北航在制度标准方面制定了信息化项目管理办法、运维管理办法、网络与信息安全管理办法等，确定了数据架构、业务架构、技术架构、应用架构等相关技术标准，编制了各类系统维护的技术手册和操作指南，以及首席信息官制度、人员培训制度、绩效考核制度等。

（4）校园文化体系是精华。智慧文化是在信息化背景下人与智慧环境进行互动的过程中，在继承传统校园文化精神基础上形成的具有网络文化特征、体现先进校园精神和凝聚时代“正能量”的创新意识文化。校园文化体系主要包括物质文化、制度文化、行为文化和精神文化四个层面。智慧北航校园建设形成了独具特色的智慧文化，如小“1”文化、网站文化、新媒体文化等。

（5）平台建设体系是核心。平台建设体系包括：①感知层，指利用传感器、RFID（射频标签）、二维码、3D打印、摄像头等，用于实现“人—机—物”之间的全面感知；②基础设施层，包括服务器存储设备、网络安全设备、终端设备、云平台设备、机房和教学办公场所等；③网络层，是由校园有线网、无线网、移动网络等构成的私有云、公有云、混合云、智慧云；④数据层，包括各类业务数据库、数据仓库、资源库、信息资源目录以及数据备份和异地存储等；⑤支撑层，包括基础支撑构件、业务支撑构件、公共支撑构件和统一支撑平台；⑥应用层，是教学、科研、管理、服务和生活的各类业务应用软件系统；⑦表示层，是通过门户网站、学生或教师主页、移动微门户、微信、微博等，面向师生和社会公众提供个性化信息服务。智慧北航基于云平台围绕教、学、研、用、管等各类业务需求建成了相应的软件系统平台，如教学、科研、财务、人事、资产、后勤、办公、学籍、招生、就业等系统和“ihome”综合应用平台。

（6）公共服务体系是目标。公共服务是提高高校整体教学、科研、管理和服务水平的重要举措，也是提升高校办学综合实力和核心竞争力的重要途径[7]。校园公共服务体系包括图书档案、网络教育、科研设备、基础设施、大学生服务、体育、人才、文化和信息安全等各类教育资源服务。构建智慧校园公共服务体系，可以有效促进教育改革、转变高校管理服务模式，具体来讲，就是从窗口服务向在线服务转变、从单一服务向多样化服务转变、从被动服务向主动服务转变、从校内服务向校外服务转变、从服务学校向服务社会转变。智慧北航公共服务体系探索采用“1+1”模式和“一带一路”模式联合相关高校，利用智慧校园平台向校内外和社会提供图书、科研、网络教育、基础设施、信息化、人才、文化等方面的公共服务。

（7）运维保障体系是支撑。运维保障体系包括组织、人员、流程、制度、支撑平台和管理对象等。运行维护的组织结构和人员是指要有专门的运维机构和专业化的运维队伍，按照运维对象的不同配备、不同专业、不同层次的保障人员；运维流程是指要制定规范化、标准化的工作流程，确保运维工作有序开展和运行问题得以及时解决；运维制度是指制定一系列的管理制度，确保运维工作协同高效进行；运维支撑平台是指运维工作依赖的各类软件平台系统；运维管理对象是指各类基础设施、业务应用系统、数据库、信息资源等。智慧北航建立了对运维人员、运维技术、运维资源、运维流程和运维制度等方面的统一管理体系，采用集中监控、协同联动、分级负责和规范服务的方式，提供 7 天 ×24 小时全天候运维保障服务，为智慧校园的规划、建设、实施和管理提供了安全可靠的运行环境。

（8）信息安全体系是基础。信息安全体系由物理安全、网络安全、数据安全、应用安全、内容安全、用户安全和安全管理等方面组成。物理安全包括设备安全、介质安全、容灾备份、强弱电安全等；网络安全包括安全接入、风险评估、防入侵检测、防病毒攻击、安全等级保护等；数据安全包括数据库安全、数据加密、数字认证、数字签名、数据审计等；应用安全包括安全监控预警、应急响应处置和安全策略定制等；内容安全包括信息过滤、隐私保护、涉密信息管理等；用户安全包括用户身份认证、访问权限控制等；安全管理包括安全管理制度、安全组织机构和职责、安全应急措施等。智慧北航从技术、管理、制度和应用等多个层面来加强信息安全体系建设，采用防火墙、防病毒、入侵检测、统一认证、网络审计、数据加密、访问控制、虚拟专用网（VPN）等技术来保障信息安全。

（9）监督评估体系是保障。监督评估体系包括发展战略地位、组织管理与保障、基础设施建设、信息化人才建设、信息资源建设、信息技术应用、信息安全保障等方面。智慧北航立足实际结合学校特色，从顶层设计、组织管理、基础设施、信息资源、数据中心、网络应用、系统应用、信息安全、信息管理、流程管理、人才建设和制度建设等多方面制定详细的评估指标，充分利用信息化手段进行信息公开、在线互动、网上评价、网络监督，实现智慧校园的智慧监督和智慧评价。

2. 首都师范大学的经验[9]

（1）以智慧教育产业体系为目标。以智慧校园建设为契机，以智慧教育建设为重点，结合首都高校尤其首都师范大学“一校多区”建设、京津冀协同发展战略、一带一路建设和智慧人才培养相结合，以良乡校区为试点，整合社会资源，建设智慧校园，发展智慧教育产业，打造北京市智慧校园、智慧教育建设试点，持续提升教育实力和人才培养新模式，建立一套切实可行的智慧校园建设体系、智慧教育服务体系和智慧人才培养体系，打造新时代“智慧校园”“智慧教育”和“智慧人才培养”品牌。

（2）总体建设思路。以良乡校区为先期试点，逐步带动全校教育规划、学校管理、公共服务、安全服务、师生事务等一系列智慧校园的发展，以点带面，以滚雪球的建设模式，推进整个首都师范大学智慧校园建设。以智慧学习重点突破为引领，逐步建设智能、开放、安全、绿色、共享的智慧校园，在已有“数字校园”建设丰富实践基础上，将创新科技与前瞻性管理思维进行有机融合，为校园运作与管理带来更加智慧的解决方案与行动工具，让“智慧首师大”运作更安全、高效、便捷、绿色。

坚持五大发展理念，以人为本，以数据为重点，构建网络化、数字化、个性化、终身化的教育体系，建设“人人皆学、处处能学、时时可学”的学习型校区，推动信息技术与教育教学和教育服务融合发展，提升首都师范大学教育治理体系和治理能力现代化水平，形成与高校现代化发展目标相适应的教育信息化体系为目标，遵循“资源共享，业务协同；重点突破，注重实效；政府引导，市场运作；试点打造，创新引领”的建设原则，建设首都师范大学6A6C智慧校园，即安全安心校园、绿色美丽校园、便师惠生校园、泛在学习校园、精准和谐校园、活力创新校园；实现6A服务，即任何人（Anyone）在任何时间（Anytime）、任何地点（Anywhere），用任何设备（Anydevice）可享受到任何课程（Anycourse）和任何服务（Anyservice）。

（3）建设框架。首都师范大学智慧校园建设体系包含七大方面，系统阐释了首师大智慧校园“建什么、怎么建”的问题，包括基础支撑体系、重点应用体系、建设实施体系、产业资本体系、政策标准体系、运行保障体系、评价指标体系。各体系具体规划了实施的重点和步骤，并具体围绕首师大“6A6C智慧校园”建设目标，规划实施十二项主要任务，明确重点项目，以支撑愿景目标的实现，如图4–4所示。

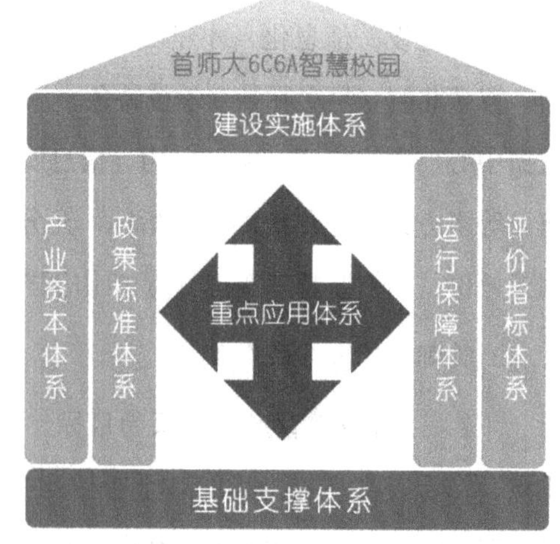

图4–4　首师大智慧校园框架图

（4）建设实践。

1）统筹规划分步实施。整合学校各类信息数据和资源设施，确立共建共享共治，避免重复建设，统筹规划推进。

2）组织机制创新优先。建立高位推进机制，实施组织流程优化和提升，促进业务流程与数据流程无缝融合。

3）一张蓝图绘到底。基于统筹的6A6C智慧校园总体规划设计，以全生命周期形式融入并完善智慧校园的生态建设。

4）先行先建模式探索。为了解决资金瓶颈与目标反馈机制问题，通过模式创新吸引社会优质资源，先行投入成熟的产品与应用，让师生优先享受最新科技与智慧应用的成果，开展了大数据服务平台、一站式综合服务中心、智慧教室及综合安全防控平台等先行先建项目。

5）PPP模式推进。致力构建智慧校园建设共同体，整合各种资源，建立适应市场经济发展、符合现代大学办学规律的的新型教育服务体系；初步构建智慧校园标准规范与评价体系。

3. 南京邮电大学的经验[10]

智慧校园的建设思路是以物联网为基础，以各种应用服务系统为载体而构建的教学、科研、管理和校园生活为一体的新型智慧化的工作、学习和生活环境，利用先进的信息技术手段，实现基于数字环境的应用体系，使得人们能快速、准确的获取校园中人、财、物和学、研、管业务过程中的信息，同时通过综合数据分析为管理改进和业务流程再造提供数据支持，推动学校进行制度创新、管理创新，最终实现教育信息化、决策科学化和管理规范化；通过应用服务的集成与融合来实现校园的信息获取、信息共享和信息服务，从而推进智慧化的教学、智慧化的科研、智慧化的管理、智慧化的生活以及智慧化的服务的实现进程。

（1）核心特征。智慧校园的核心特征主要反映在三个方面：一是为广大师生提供一个全面的智能感知环境和综合信息服务平台，提供基于角色的个性化定制服务；二是将基于计算机网络的信息服务引入到学校的各个应用与服务领域实现互联、共享和协作；三是通过智能感知环境和综合信息服务平台，为学校与外部世界提供一个相互交流和相互感知的接口。

（2）总体设计。智慧校园建设是一个长期的演进过程，需要遵循“统一规划，分步实施，逐步完善”的原则。根据学校的总体发展战略，智慧校园总体设计将采用新建应用服务系统、完善可用应用系统和集成原有应用系统并举的基本策略。整体建设工作分为三个阶段：第一阶段为智慧校园支撑平台的基础建设阶段；第二阶段为智慧校园核心应用系统的扩展阶段；第三阶段为协作应用、决策支持以及综合信息服务系统深化阶段。

智慧校园建设的主要工作内容：编制学校信息规范与标准，建设统一的基础设施支撑平台，建设共享数据库平台，建设统一身份认证平台，建设综合信息服务平台，建设基于多网融合的新型网络监控与管理系统，建设 IC 卡与手机融合的综合校园卡服务系统，建设面向信息服务的各类应用系统，建设物联网应用示范项目建设三维可视化虚拟校园等。

在智慧校园环境下，用户通过综合信息服务平台，依照确定的角色权限，个性化地定制信息服务；各类应用系统通过综合信息服务平台融合服务，以支持单点接入的、安全的服务方式。

（3）体系架构。南京邮电大学智慧校园框架如图 4–5 所示。

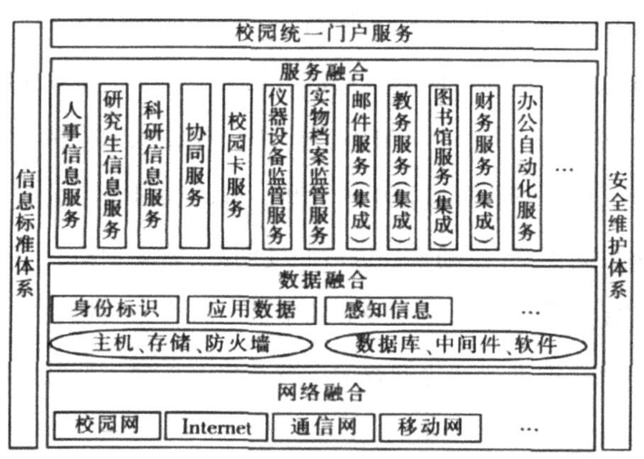

图 4-5　南京邮电大学智慧校园框架图

智慧校园建设的基础是网络融合，即将校园内的各个应用网络整合在一起，实施统一的管理与控制，综合利用各种网络接入手段，提供开放的标准接口为智慧校园应用提供网络通信保障。数据融合平台包括身份标识数据、应用数据、感知信息等的融合，以及数据存储、中间件以及支撑软件的融合。服务融合是智慧校园建设的目的，也是智慧校园的表现形式，通过服务融合可以实现服务平台的服务提供能力与运营管理能力相分离，以及多业务平台能力互通和数据共享的目标。统一门户服务提供统一的接入门户和业务界面，针对不同授权的角色，提供不同的个性化的展示。

智慧校园建设的核心基础之一就是数据融合平台的建立。数据融合平台的重要作用主要体现在：整合数据资源，统一信息管理，提供融合服务。由于智慧校园工程所涉及的数据与信息服务不仅源自于学校业务管理部门，也源自于那些与学校教育教学相关的外部实体。因此有着泛在的异构数据源和不同的管理机制，缺乏统一的共享机制就无法支撑融合的服务，只有建设一个统一的、完备的、共享的、标准的数据融合平台才能有效地支撑智慧校园的建设工作。数据融合平台的建设由两部分组成，基础部分是面向应用领域的主题数据库建设，应用部分是统一数据服务平台建设。

信息标准和安全维护体系是智慧校园建设的重要支撑。信息标准体系确定了数据建模、信息采集、加工处理、数据交换等过程的规范标准，最大限度地实现信息优化管理和资源共享从而规范地建立应用系统的数据结构，满足信息化建设需求，为数据融合和服务融合奠定基础。

安全维护体系则是要建立起一整套安全维护的机制。智慧校园建设中的安全性涉及实体安全、运行安全和信息安全三个方面。实体安全包括环境安全、设备安全和媒体安全等方面。运行安全包括风险分析、审计跟踪、备份与恢复和应急等方面。信息安全包括操作系统安全、数据库安全、网络安全、病毒防护、访问控制和加密与鉴别等方面。

4. 华南师范大学的经验[10]

提出强化顶层设计打造智慧校园驱动高水平大学建设发展的理念。2012 年 11 月，华南师范大学入选教育部首批教育信息化试点单位。三年多来，学校以试点工作为契机，紧紧围绕“建设国内一流、世界知名综合性师范大学”的奋斗目标，把教育信息化上升到驱动高水平大学建设、服务广东教育发展的战略高度。强化顶层设计，打造智慧校园，推动社会服务，为高水平大学建设注入强劲动力。

着眼长远，强化教育信息化顶层设计，发挥教育信息化对学校高水平大学建设的支撑与驱动作用，顶层设计是关键。近几年，华南师范大学立足长远，着眼全局，注重从顶层设计上规划和布局信息化发展。

（1）制定统筹全局的战略规划。学校始终把信息化作为强化内涵发展、突出办学特色的战略抓手，专门制定信息化发展中长期规划，召开全校信息化专题会议，把信息化融入教学改革、科研创新和管理服务等各个领域，以信息化驱动重点领域的改革，带动学校核心竞争力的提升。

（2）树立以人为本的发展理念。学校坚持“以人为本、融合创新”的信息化发展理念，以“互联网＋教育”为抓手，紧密围绕师生需求，逐步形成“资源集约化、平台自主化、服务综合化、治理数据化、安全体系化”这种“五位一体”的信息化发展模式。

（3）构建协同运行的工作机制。学校打破传统信息化建设条块分割的格局，统一成立智慧校园建设领导小组。按照信息化发展的内涵需求，构建起理论创新研究、基础平台建设、教育资源开发、信息应用服务四大发展主线，通过项目团队协作的方式，实现相关单位优势资源的有机整合，强化了学校的统筹建设能力。

（4）担当教育变革的引导力量。学校注重依托学科优势，大力优化平台建设，推进产学研和成果转化，积极参与“粤教云”工程，共建共享优质教育教学资源，全面探索未来教育模式，努力承担引导教育变革、抢占未来教育的实践先锋和引导力量。

4.1.4 智慧校园规划方案

在智慧校园的规划中可以借鉴首都师大的经验，建立“五个一”的组织机制对建设进行保障（即“一把手”工程，寻求“一笔”满足需求的建设经费，设立“一套”切实可行的政策保障体系，建立由学校多个部门参与的“一个”机构，并配套“一批”人员推进建设），从“机制创新、统筹规划，先行先试、稳步实施，标准规范、重视安全，以评促建、增强绩效，校企合作、市场配置，区域协同、共同发展”六个方面着力。

1. 制定科学的规划机制

信息化建设对于一个学校而言，应该有中长期战略规划和短期建设规划。中长期战略规划的作用在于响应国家相关部门，尤其是教育部、教育厅等部门对教育信息化工作的中长期规划和要求，为学校信息化工作制定中长期建设战略目标、原则及指导思想，同时要与学校中长期发展相配合，如响应国家和学校十三五的规划的要求，制定信息化十三五规划，使全校的职能部门、学院、信息化管理部门、信息系统使用部门、信息系统的运维人员对未来发展方向有一个了解；短期建设是为了分解中长期建设战略规划，对未来2～3年或者本年度的信息化建设项目项目、重点和创新工作作出详细的安排，使信息化建设和使用部门、信息化运维人员对此有详细的了解，提前做技术和产品的调研以及准备。

短期建设规划作一般应以信息化项目库的方式按2～3年滚动建设，按年度和经费及时调整，做到经费的不浪费。由于学校的特殊性，一般上一年的11月完成次年的经费预算，然后上报财政；学校一般2月底开学，3月份经费才能到学校，然后开始招投标，而本年度12月下旬财务支付截止（需要在12月中旬前完成验收和资产入库工作），中间还包含接近2个月的暑假，而一个项目从政府采购网公告开始到招标结束接近1个月用时（还保证不能流标），其实留给项目的建设时间很短，因此通过项目库的方式，提前调研做方案就可以很快进入招投标流程，进而加快建设进度和财务支付进度，做到资金的精细化预算和支付。另外，信息化项目库的项目必须提前申报立项、方案设计、产品选型、专家论证等环节。

智慧校园建设申请立项一般应由信息化使用部门提出申请，并初步完成基本的需求调研和产品选型，并经过本部门领导审批和专家的论证。

智慧校园建设立项审批要在学校信息化建设领导小组的领导下、在信息化建设领导小组办公室根据中长期规划和信息化建设的实际需要进行初步筛选的基础上，进行现场阐述和答辩，同时将邀请校内外专家进行现场论证并排出优先顺序，论证通过的项目进入项目库，等学校批复建设资金额度后进行最终项目的立项确认并上报学校校务会通过，信息化管理部门将与财务部门协调做好专项资金的绩效目标撰写、与采购部门做好产品或服务的采购方式的选择，完成后在财政系统以项目的方式报备。

审批后的项目将进入建设阶段。建设阶段分两个阶段，即招标前需求和参数的撰写、招标后实施和验收。由于每个项目都是在智慧校园的框架下进行，有的项目会涉及好几个部门参与、多个系统的联动，需要多轮多部门的协调、调研和讨论，需要花费很长的时间；如果没有成熟的、现成的方案就会花更长的时间，导致项目延期建设，不仅不能完成本年度的目标考核，同时也会影响下一年度的建设。

建设规划方案应在充分调查、了解现状、需求及利益相关者分析的基础上，形成文件型可行性方案。完整的建设规划方案，主要应包括建设组织机构及职责、建设模式、遵循标准、建设内容、建设目标、建设阶段、技术方案、体系架构、建设经费等。

2. 建设权威的组织机构

从智慧校园建设的成功经验来看，智慧校园建设的领导工作必须由校长或副校长主管，唯有校长或副校长才可以协调、组织学校各部门的资源，排除智慧校园建设中遇到的各种障碍，举全校之力推进智慧校园建设。除了由校长或副校长协调推进智慧校园建设之外，学校还可以尝试设置 CIO（Chief Information Officer，首席信息官）职位的方式，由 CIO 负责推进学校的智慧校园建设工作。无论是校长或副校长，还是 CIO 都应该具有很强的组织协调能力，具有很强的教育信息化领力，能够准确地把握智慧校园的建设内容与未来发展趋势。

建设组织机构包括领导机构和执行机构、相应的工作制度及人员岗位职责、任务分解等，其作用是让参加建设的校内人员和中标企业明确人员的相应分工，明确各岗位的责任，加强进度推进和验收监督，协调推进中的各种问题，确保智慧校园建设顺利进行。组织机构一定要有学校一把手的参与，同时要有行业权威专家，这样才会形成全局参与、深入发展的局面。组织机构设置详见本书 8.1 节。

3. 选择合理的建设模式

在“互联网 +”时代，学校的智慧校园建设需灵活进行，不能坐等学校投入来发展，要多途径发展，合作共赢。

（1）校园信息化建设模式从经费的角度看主要有独立建设、合作建设、第三方建设、租赁四种。独立建设即学校独自投资，购买设备、应用系统及其售后服务。合作建设一般是学校和运营商、银行等合作，学校出资建设核心系统、合作方一般按照学校的要求购买通用的设备，合作方购买的产品使用权在学校产权在合作方，该部分产品在合作期内的维保费用原则上由合作方支出。第三方建设特指 PPP 项目，完全由第三方投建并运营，学校提出需要并对其考核，如第三方投建校园网，第三方的利润通过运营商及增值服务获取，学校不用资金投入，但学校需要在监管上下大力气。租赁一般是学校购买服务，如信息安全服务、公有云服务等。优缺点对比见表 4–1。

表 4-1 按经费来源的建设模式的优缺点

模式	优点	缺点 / 风险
运营商投建	较好的带宽资源和运营经验，重视高校市场；宿舍网由运营商建设，学校节省了相关资金投入	（1）排斥其他运营商，形成垄断
		（2）学校控制力度弱，运营商按照“小区宽带”的模式建设“校园网”
		（3）由于运营商的逐利导向容易把学校宿舍网建设成为“大网吧”模式，而非帮助学校开展教学和提升管理效率
		（4）不好管控学生网络行为
		（5）运营商很难协调，后续服务无法满足学校日益增长的需求
学校自建	完全自主，属于学校自己可控可管理的网络	（1）资金受限，很难一次性完成整体建设
		（2）维护量大，需要扩大专业维护人员队伍
第三方投建	（1）学校未来8年以上校园网络建设、维护零投资	（1）资本：第三方有否足够的资本去支撑整个学校网络的持续投资
	（2）引入多家运营商参与服务竞争，杜绝垄断，让利给广大师生	（2）经验：第三方有否足够的经验和专业设计能力去规划整个校园网
	（3）动态建设，按需更新，持续投资	（3）专业：第三方有否足够的技术支持能力和服务经验确保网络服务质量
	（4）无缝衔接，提供更多优惠与便利	（4）价值：第三方有否能力去构建其他获利模式，而非仅是把学校当大网吧收取学生上网费而获利
	（5）健全学校信息安全体系，满足国家相关要求和信息安全要求	（5）开发：第三方有否足够开发能力去解决产品问题而非简单的采购其他设备商的产品组合成为方案
	（6）学校可管控，可参与各类信息分享、管控，确立主导地位	（6）证明：第三方有否有足够多的案例来证明自己的实力和确保客户信心

（2）校园信息化建设模式从开发的角度看主要有独立开发、合作开发、外包三种。独立开发需要学校良好的政策、很强的技术能力和专业人才，开发的产品具有自主知识产权，可以转化为成果，这个在很多双一流学校都有案例；合作开发一般是软件开发商按照学校的要求、与学校一道进行开发探索，如复旦大学与江苏金智公司开发的数字化平台就是很好的应用，既提升了学校的信息化水平，同时公司也研发出实用的软件并进行推广，这种情况下，学校和公司都拥有知识产权；外包就是公司按照学校的要求进行开发，一般是选型，这种情况下的产品是标准的，很难适应学校的要求。

（3）智校园建设的领导主体来看，主要有三种类型的智慧校园建设模式，即技术人员、管理人员、教研人员主导的智慧校园建设模式，见表4–2。

表4–2　按建设领导主体的建设模式的优缺点

模式	优点	缺点
技术人员	有利于新媒体与新技术的应用推广，便于智慧校园的运行维护与升级改造，充分体现智校园的技术特性	容易过多追求媒体与技术的先进性，对智慧校园的管理，以及教与学的支持服务关注不够
管理人员	有利于智慧校园实现精细化管理，充分体现智慧校园的管理服务功能	容易过多追求智慧校园的管理服务功能，对新媒体与新技术，以及对教学教研的服务支持关注不够
教研人员	有利于充分体现智慧校园对学与教、教学研究的服务支持，彰显为学生和教师服务的核心价值	容易过多追求智慧校园的教学、教研的服务支持，对新媒体与新技术、管理服务功能关注不够

4. 智慧校园规划从面向管理走向服务

在数字校园建设时期的信息化建设侧重管理，而智慧校园时代则是面向应用服务，以大平台轻应用的模式进行规划。

4.1.5　智慧校园规划案例

智慧校园的规划与信息化建设规划一般由4个部分组成，第一部分是建设目标和现状，第二部分是重点工作，有的会有创新工作，第三个部分是行动计划，第四个部分是保障措施。

详细内容见附录1（XX大学信息化建设十三五规划），该规划方案是在2015年形成，作者是主要参与人。

4.2 智慧校园的功能

智慧校园的功能主要包括智慧教育、智慧学习、智慧管理和智慧生活。

4.2.1 智慧教育

1.提升学生信息素养

现代社会是信息社会，信息社会对社会成员的基本要求，即教育要面向未来、面向现代化，要求在教育实施中对师生进行信息素养的培养。信息素养也是教育信息化2.0中的要求：从提升师生信息技术应用能力向全面提升其信息素养转变、从融合应用向创新发展转变。

美国高等教育图书研究协会（ACRL）的“美国高等教育信息素养能力标准”分为三个板块：标准、执行指标和效果。有五大标准：具有信息素养能力的学生能决定所需要的信息种类和程度；具有信息素养能力的学生能有效而又高效地获取所需信息；具有信息素养能力的学生能评价信息及其来源，并能把所选出的信息与原有的知识背景和评价系统结合起来；具有信息素养能力的学生无论是个体还是团体的一员，能有效地利用信息达到某一特定的目的；具有信息素养能力的学生懂得有关信息技术的使用所产线经济、法律和社会问题，并能在获取和使用信息中遵守公告法律。[11]

对照美国的标准和我国的实际情况，通过调查发现，我国高校学生的信息素养不容乐观。杨虎民（2014）对皖北地区高校进行的大学生信息素养的现状调查表明：71.38%的大学生对自己所处的信息环境不太了解；13.74%的大学生根本不了解信息的重要作用；10.58%的大学生完全不能对信息做出正确选择；48.68%的大学生不能明确地表达信息需求[12]。王西锋（2016）对宝鸡文理学院研究表明：教师信息素养水平的高低直接影响学生信息能力培养的效果，大学生自身的信息意识和信息能力不强，还没意识到信息的重要作用，学生信息道德水平偏低[13]。田瑞（2017）对北京大学医学部、中国人民大学、北京理工大学、中央财经大学、首都医科大学、北京农学院 6 所大学进行了调查，信息意识的平均得分为 18.14，信息知识的得分为 18.32，信息能力的平均得分为 16.89，信息道德的平均得分为 20.38，认为目前大学的教育有助于学生信息素养水平的提高，信息能力的得分在信息素养 4 个方面中偏低，需要建立一套大学生信息素养教育体系 [14]。陈树良（2017）对辽宁工业大学调查发现，能理解大数据的概念占 21.5%，了解信息素养概念只有 13.5%，经常使用图书馆查询信息仅占 19%，对于在课题研究引入他人学术观点时不加出处随意使用占 61%[15]。

上述数据表明，尽管我国教育信息化取得了很大成就，但是具体到学习主体，一些大学生信息的敏感性不强，但部分区域大学生还没意识到信息的重要作用，对信息利用能力不强。这说明师生的信息化素养的提升还必须经过一个过程，必须得到培养才能提高，也部分地反映了教育信息化的一个努力方向——提高师生的信息化素养。

数字化校园到智慧校园发展，扩展和深化了教育信息化的内涵，它应当具有提升师生信息化素养的功能，也能够具有这个功能。第一，智慧校园既然是教育信息化的内涵深化，就要在一定程度上超越其技术属性，以用户为中心，让师生的信息素养有很大的进步：第二，相比于早期的校园网和数字校园，智慧校园提供了一个完整的虚拟空间，要在完全数据化的物理空间更好地学习生活，必须对虚拟空间的相关知识熟练地掌握；第三，智慧校园的“智慧”成为校园文化，能让师生更便捷、更容易、更全面地在无意识中对信息技术保持较高的兴趣，并获得所需的信息技术，最终转化为一项对信息技术的本能反应。

2. 提高教学管理智慧化水平

教学管理是学校管理的中心，教学管理的信息化是教育信息化的一部分，相应地也经历了计算机化（单机）、网络化的快速发展阶段，教学管理系统的功能模块越来越多、越来越智能，给教学管理带来了极大的便利，并有效促进了教学改革、改善了教学效果。

然而数字校园时代对数据的利用还存在一些问题：没有认识到数据作为基础资源的重要地位及其在教学管理方面的重要性，导致信息化应用还处于较低层次，大数据背景下，对哪些数据可以应用到教学管理没有相关的调查分析；教学过程拥有来源广泛的数据，缺少从数据中发现价值的能力；教学管理系统能采集到哪些数据、怎么采集那些数据、怎么分析使用数据、如何将数据分析的结果用于预测与决策以促进信息技术与教育教学的深度融合，这是一个广泛存在亟待解决的大问题。智慧校园中的智慧教学管理平台以其对数据的重视从大数据中发现价值，发挥智慧校园的教学功能。

3. 优化教学资源管理模式

智慧校园还要完成教学资源或信息化教学资源的智慧化管理。信息化教学资源是指支持教和学活动的学习材料、学习工具和交流工具等资源，是经过数字化处理或者经过再加工和制作的、可以在多媒体计算机与网络境下运行的、能够展现相关知识节点内容的教学材料。信息化教学资源对于信息化环境中的教学，培养学生发现问题、解决问题的能力，对于充分利用时间进行泛在学习，全面掌握所学内容，培养学生的创造性等都发挥着积极作用。虽然早期的资源存在缺乏系统性和整体规划、信息资源分散、资源标准不统一，制作不规范、重复建设较多、利用率较低、与学校需求脱节，或随着时间的推移教学资源所承载的知识内容变得陈旧过时，或者知识内容的表现形式或媒介类型逐渐陈旧过时而不再被人们应用于教与学活动，但在智慧校园环境中将进行优化，通过智慧教学资源平台，可以将教师电子教案、教材（文本、音视频、PPT、动画等）根据一定的要求和规则自动聚合为教学资源；而课堂自动录播系统可以自动录制和直播教学实况，并缓存或永久存储起来，成为可共享的教学资源；智慧校园中的教学资源能够自动消亡或更新，优秀的资源通过学生的使用次数、点评等得以保留，而不适合的自动退出或更新，能够去除没有意义的重复资源。

4. 精准的个性化数据管理

智慧校园以数据为基础，学习科学研究的数据方法成为大数据和智能时代的新方法，极大地推动了智慧学习实践。以大数据为基础的行为分析可以通过个体的外显行为深度洞察其内心世界，探索外部世界的未知领域，了解学习者的内心活动与情感状态，在此基础上通过情感、意志等动力因素的积极调节，可以有效促进个体认知系统的发展。例如，德国联邦教育与研究部的基于传感器的自适应学习分析项目，旨在利用数据驱动的学习分析方法智能感知物理空间信息，推测学习者学习状态，推动学习服务的深刻变革；而在国内，杨现民等提出的数据驱动教学新范式，为我国教育信息化教育教学提供了发展思路，杨现民认为：随着大数据技术在教育领域应用探索的快速推进，数据驱动逐步成为大数据时代主流的教学范式，并呈现出科学化、精准化、智能化及个性化四大核心特征，数据驱动的精准教学要求教师利用数据挖掘和学习分析技术将课堂教学与在线学习生成的数据“翻译”成有价值的信息，如学困生的识别、知识缺陷的发现、教学目标的达成等，从而为教师的“教”和学生的“学”提供更准确、及时、全面的支持。如大山教育利用“学习 8”智能平台，打造了“1+5+N”的教学新模式，即 1 个教研教学平台、5 个智能小助手、N 个在线教育内容资源提供商。该模式能够全程记录“教师 + 学生 + 家长”在“线上与线下”的互动教学轨迹，沉淀服务数据，以达到可视化分析学习需求、数据化指导教研标准以及个性化精准教学的目的，实现数据驱动的精准教学。

4.2.2 智慧学习

相较传统的学习而言，智慧学习是从传统学习到“智慧 +”的过程。它包括内部自我知识的识别定位，外部核心问题的识别定位，内外互动产生知识优化、进化，最后才是解决问题和收集意见反馈并进行改进；在此过程中，人的知识水平呈螺旋式上升，同时问题得到持续优化解决智慧学习与传统学习不同，它是基于信息化、全球化和协同创新与知识融合的全新学习方法[16]。

在大数据或“互联网 +”时代，信息爆炸，知识呈几何级增长；在智慧校园平台上学习内容也繁多，如何有效学习就显得非常重要。

1. 智慧学习的内涵

智慧学习是一种“复杂的、数据驱动的、非线性的指导和纠正方式，可以调整机器为学习者提供人机交互和示范演示，并对学习者在某一特定时期需要什么类型的内容进行预测，从而做出及时的跟进”[17]。根据韩国教育科学部（Ministry of Education，Science&Technology，MEST）定义，智慧学习包含了五个要素[18]。S：自我导向（self-directed）。这意味着学生由知识的接受者转变为知识的创造者，教师的角色亦转变为教学的促进者，而不是主导者。M：兴趣激发（motivated）。学习更注重的是学生的体验过程，“从做中学”，培养学生创造性的问题解决能力，教师采用的是个性化的评价方式。A：适应性的学习（adaptive）。智慧学习具有基于个人偏好和职业预期的灵活性和适应性。R：丰富的资源（resource-enriched）。智慧学习拓展了学习的资源，突破了“学校围墙”和教室物理空间的限制，与全球范围的学习者共享学习资源。T：技术融入（technology-embedded）。智慧学习环境能够适应人们“任意时间、任意地点、任意方式、任意步调”学习的诉求，以支持学习者轻松、投入、有效地学习。

智慧学习通过构建智慧学习环境（Smart Learning Environments），运用智慧教学法（Smart Pedagogy），促进学习者进行智慧学习（Smart Learning），即培养具有高智能（High Intelligence）和创造力（Productivity）的人，利用适当的技术智慧地参与各种实践活动并不断地创造产品和价值，实现对学习环境、生活环境和工作环境灵巧机敏的适应、塑造和选择[19]。智慧学习的本质特点为“以人为中心，以学习任务本身为焦点”，可以让学习者实现从“被动学习”到“主动学习”的转变，是目前全球各国教育领域都认可并极力推崇的先进理念。

2. 智慧校园下的学习方式

（1）自我导向的学习。在网络时代，知识是分散于每个人手中的，云平台技术的应用把个人手中的知识整合成一个脉络清晰、互相关联的知识群，供所有用户共享，彻底改变了知识的封闭孤立的状态，为学习者提供了丰富的开放的学习环境和模式。传统课堂教学“一刀切”（one size fits all）的教学和学习模式，没有考虑到学习者的个人已有的知识与经验，不够适性化和弹性化。智慧学习是对学生的学习和教师的教学进行“放权”的过程，是一种智能化、个性化的学习系统，是一种学生自我导向的、以生为本的学习方式。智能教学系统支持学生基于自己的学习状况和个人认知水平、认知风格和偏好，自主进行自我探究式的学习。学习系统的“智能化”一直是计算机和教育领域的研究者们所关心的问题，早在20世纪80年代，研究人员已经开发了智能教学系统（Intelligent Tutoring Systems，ITSs），它也被称为“自适应学习系统”，支持学生根据自己的学习需要自行选择学习材料、自定学习进度。无线网络通信技术的发展和移动设备的普及促进了“移动学习”的产生，使人们能够不受时间和地点的限制，随时访问互联网资源并与教师和其他学习者进行互动。之后，GPS、RFID（电子标签）和QR（快速反应）等传感技术的出现，进一步使学习系统能够监测学习者的真实学习情境，能够为学生提供及时的和必要的学习指导、提示（hints）、工具（tools）或者学习建议。智慧学习被定义为一个以学习者为中心的人本主义学习系统，为学习者与教师之间、学习者与学习者之间的互动提供了平台，支持学习者自我导向的学习。相比较于单向度的在线学习，智慧学习不是由内容和技术驱动的，而是由知识和学习者驱动的。

（2）情境化的学习情境。教学理论认为，学习者必须在真实的情境中，通过与所处环境的互动，主动建构知识。在传统教学中，学生无法置身于真实的情境中进行学习，计算机辅助教学被认为是实践情境教学理论的有效工具。随着移动、无线通信和传感技术的进步和普及，研究人员试图在真实的学习情境中提供个性化的学习指导和支持，将智能学习技术应用于真实的学习情境已经成为技术辅助教学的一个重要而有挑战性的话题。智慧学习的本意是在不同的时间和地点，为学生提供个性化的与学习情境相关联的学习材料，通过这种情境学习模式，更有效地突出和实现“以学生为中心”的学习概念，帮助学生缩短在网络上搜索学习资料的时间，提高学习效率。智慧学习利用计算机为学生呈现真实世界的模拟情境，使学生能够身临其境体验学习对象，增强学习兴趣和动机，有效地识别学习情境，包括学习时间、学习地点、学习伙伴和学习内容，辅之以同步或非同步的社群互动，使学生真正主动参与和探索知识的过程。例如，美国凤凰城大学投资10亿美元开发了智能学习系统平台“在线校园课堂”（E-campus classroom）。该平台类似于社交网络，能够根据学生的学习兴趣、学习成绩和学习目标对学生进行学术评级。又如，密歇根大学的Gradecraft在线学习平台，利用游戏化的方式，鼓励学生通过多种路径来达到学习目标。这种游戏化的学习方式增强了学生的现实感和参与感，减少了游戏与学习之间的界限，有助于提升学生的探索和解决问题的能力，使学生学会从多个视角看待问题。智慧学习以学习者为中心，强调合作学习，具有较好的灵活性、互动性、自我导向性和较强的情境性，学习者需要运用他们的知识和技能解决问题，在真实的语境中实现目标。

（3）个性化的学习。在传统课堂中，教师会根据自己的观察和经验来确定适合的教学方法和风格，而在Web教学环境中，学生的学习行为和习惯都会被记录在Web系统中，教师可以根据学生的学习状况及时进行策略调整。虽然混合式学习策略的应用和网络学习共同体的形成，极大地提高了学生之间以及教师与学生之间互动的频率和水平，但是仍然没有根据学生的学习历程来定制个性化的课程和教学方式。信息技术被视为提高教育质量和教育变革的重要工具，信息技术在教育中的应用也带来了教育和教学范式的转变。智能学习系统分为两种，一种是适应性的内容呈现（Adaptive Presentation）。由于学生间的个体差异较大，即便是同一个学生，他的认知水平也在不断变化之中，智能教学系统会根据学生个体表现分配练习题和提供补充材料，解决的是满足学生个性化学习的问题。另一种是适应性的导航支持（Adaptive Navigation Support），主要针对的是学生认知负荷的问题。心理学家的研究表明，一个结点和链接丰富的超媒体系统容易带来“认知过载”和“迷航”的问题，从而增加学生的认知负荷。智能教学系统可以根据学生的浏览路径推荐相关的学习内容，大大提升学生的学习效率[20]。

“互联网 +”时代对学生个性化需求的关注逐渐增多，教育旨在为学生提供多样化和个性化的选择，智慧学习是指通过对学生学习数据的分析，基于学生的需求和兴趣以及已有的知识经验等个性化指标，对教学内容进行编排和设计。在这个过程中，智能教学系统会根据学生的学习完成情况自动地进行内容调整，更好地促进学生的发展。智慧学习结合了智能学习和个性化的学习，除了能够满足学习者的不同学习需求和学习风格外，还可以提高学习者的交流、思考和解决问题的能力。

3. 智慧学习的新发展——大数据驱动的智慧学习

在人工智能的影响下，数据驱动的智慧学习实践范式将释放学习大数据的潜力与活力，推动智慧学习价值落地，是有其理论依据的，具体表现下：

（1）智慧学习环境与学习行为大数据富含大量的时空特征信息，为进一步揭示学习者的心智模式、认知规律、行为特征、兴趣偏好等个性信息，并挖掘其活动场景和位置等属性信息提供了可能。

（2）沿循“行为—数据—信息—知识—智慧”这一连续体，深度学习等算法模型借助其日益增强的学习能力，从广度和深度上拓展智慧学习分析方法和技术，推动形成完善的学习分析理论体系。以认识论为基础，人工智能等新技术为人类行为、数据表征、信息存储、知识创新与终极智慧之间建立了重要关联，形成了这样一个连续统一体，实现了技术与教育的融合发展；脑机接口（Brain Computer Interface，BCI）是其中的代表性技术，它能够解码人的心理活动并直接作用于由认知、情感和意志决策之下的大脑机制。例如，使用脑电图记录神经信号并构建相应的分类和预测模型，将学习者的认知负载水平保持在最佳范围内，该研究已成功地应用于算术练习的课堂教学之中[21]；BrainCo 基于脑机接口技术的 Focus EDU 脑电波检测头环，教师可以实时获取学生的课堂专注度和参与度情况，提高了课堂教学效果。

4.2.3 智慧管理

当前，信息化成为教育事业发展的战略选择，教育信息化已经到了深度应用与融合阶段。智慧校园的智慧管理功能主要体现在用信息化工具即信息技术，主要是新技术优化学校资源配置提高学校行政和组织效率，对教育教学进行预测和规划，促进管理方法的科学化和管理模式的优化与转变，进而形成新的管理模型，提高学校的管理水平。学校管理工作的水平关系着学校的教育质量和发展前景，信息化时代则取决于学校的信息化管理模型能否建立和有效利用。袁贵仁部长在全国教育管理信息化工作视频会议上的讲话指出，加快推进教育管理信息化，建设好国家教育管理公共务平台，全面、准确地掌握全国学生、教师和学校办学条件的动态数据，对于提高教育服务水平、支撑教育科学决策、加强教育管理，都具有十分重要的意义。

1. 数据管理

大数据时代，数据成为基础性资源，校园内产生的数据可称为大数据，其种类繁多、数据量大、非结构化。数字校园时期，各应用系统主要由校内各部门自己建设、管理，信息孤岛现象比较普遍，统一规划的智慧校园通过统一数据交换解决了这个问题。统一数据交换旨在打破校内信息孤岛，规范数据的描述存储，减少数据的冗余和不一致性，改变原始的数据传递的交换流程和方式，提高数据的准确性，提高工作效率。

智慧校园的数据包括：人事信息数据，如教职工信息，所有部门和教学从人员入校开始就统一使用其身份、职称、工龄、科研、政治面貌等数据，及时更改人员变动信息；学籍数据，如在其整个生命周期即从入学到毕业，多数使用同一身份、成绩、健康状况等数据，及时变更变化信息；图书、国资、设备等资产信息，统一使用或射频标签，既方便信息录入，又方便管理查询和盘点；教务数据，如班级、教室安排、课表、考评、考试成绩等；组织机构和制度数据，如机构及其职位、规章制度及其发行和适用范围等；金融数据，如学生消费时间、消费内容、消费地点，物资采购价格，人员工资，奖助学金，投入与支出财务数据等。除此之外，统一数据交换平台具有灵活的兼容性和接口，方便数据类别更改添加。

在系统组成上，统一数据交换平台由中央数据库系统、元数据管理、数据交换引擎、数据标准、数据安全等组件组成，通过定向开发或者连接教务、人事、科研、学生管理、财务、一卡通、统一门户、OA、图书馆、Mai系统、国资、医疗等的数据库，为其提供统一的数据，实现基础数据在全校的共享。统一数据交换的功能即提供基础数据服务、实现数据统一管理。同时这些数据也可以为每年填报的高等教育基础表、教学状态数据库等提供数据支持。

2. 业务处理

数字校园时代，校园业务处理部分通过办公自动化（OA）实现，然而OA只能处理简单的行政公文，而且多数是自上而下的，各管理单位职责内的人财物管理业务没有统一的定义，各自管理本部门的信息管理系统。

智慧校园业务处理主要通过协同办公系统和基于大数据的决策系统实现。协同办公系统是基于学校组织机构的管理信息系统的智慧融合，统一的校园教务、学生、人事、财务、国资、后勤、科研等管理数据，极大提高了管理层的运行效率。实现流程审批、协同工作、公文管理、文档管理、信息定向发布、会议管理、关联人员、系统集成、门户定制、通讯录、工作便签、问卷调查等。

基于大数据的决策系统主要为校园决策层服务：洞察和预测。教育教学的发展方向及校园人财物等资源配置，决策办学方向。通过无处不在的计算和传感器，大数据能够解析存在于现实校园、虚拟校园及虚实融合校园的复杂网络关系，并适时做出判断和决策。这种决策模式遵循数据转变为信息、信息转变为知识、知识涌现出智慧的流程。因此，智慧校园可以说是一个非线性的、去中心化的、自下而上的、发现群体智慧的管理模式。

智慧管理功能涵盖人、财、物，如行政机构和人员、流程管理、教学资源和教务行政、科研数据生成、科研项目管理、智慧图书馆、智慧教室、平安校园、校园节能等。智慧校园管理要充分发挥信息化最新思维即互联网思维：更好地协作，使所有人员有机会了解校园管理每一个具体细节并能发挥相应作用，对行为结果进行预测，从而进行科学决策。需要注意的是，智慧校园的功能并不是要全面“接管”校园，而是为管理提供更科学的手段，更高效的流程。

4.2.4 智慧生活

生活服务功能是智慧校园教育教学、管理功能之外的另一个重要功能，生活服务包括校园内的食、住、行、用等，智慧校园的这一功能主要通过掌上校园和一卡通系统来实现。

1. 信息获取

随着无线通信技术的发展，移动互联网和智能终端逐步普及，掌上校园是利用移动互联网和智能终端，提供校园信息查阅、业务办理、交流沟通等应用的APP，由移动管理平台和客户端两部分组成。掌上校园不仅仅是把PC端的应用在智能终端上实现，更是为了方便师生的校内外生活、提升用户体验。通过移动管理平台对数据的集成、应用的管理和用户的权限设置，用户账户登录可以自定义自己的快捷应用，不同角色的用户能够访问权限内的应用系统自动推送重要的通知及各应用系统的提示信息。

教师可以查看考勤信息、奖惩信息、考评信息、工资、个人报账信息，日程管理、邮件提醒、学籍信息、财务信息、健康情况，进行公文处理、移动OA办公等。

学生可以通过在线咨询功能进行提问，与老师进行互动：查询校园卡消费明细、在线挂失，查询宿舍，水电费缴纳情况、卫生检查结果等，查询自己的学分、课程表，成绩、考试安排、论文、辅修课程、空闲教室，进行教学评价等；可以进行移动学习；学生可以方便地下载到学校发布的各种教学资源，访问智慧图书馆学术资源数据库，真正做到移动学习。

掌上校园基于移动互联网，充分充分利用了智慧校园的基础网络和应用资源，实现了智慧校园生活服务和移动学习无缝覆盖功能。

2. 校园消费

在校园内，凡有现金或需要识别身份的场合均采用一卡通来完成，导入一卡通可以是实物卡，也可以是虚拟卡，“一卡在手，走遍校园”实现用校园卡代替就餐卡、借书证、上机证、学生证、考试证、工作证、出入证等各种卡证，达到一卡多用的目的。通过与市内公交公司的合作，可以实现校园卡校外刷卡乘车；通过和第三方支付比如支付宝、微信等合作，可以实现校园卡充值、校外消费的功能。校园一卡通既实现了对师生员工日常活动的管理，又为教学、科研和后勤服务等提供了重要的数据信息，同时又是智慧校园中信息采集的基础系统之一，对学校的管理和决策支持具有重大意义。

3. 校内泛在导航

地理信息系统（Geographic Information System，GIS）通过使用地理信息综合管理应用平台，可以实现智慧校园 GIS 校内导航功能。GIS 服务是大型空间数据库管理平台，存储空间地图数据及业务系统相关的专业空间数据，实现空间数据的共享和统一管理，并对相关数据进行综合展现业务系统可以通过统一的 GS 接口调用 GIS 地图服务，访问 GIS 地图数据。其主要功能是三维虚拟校园展示，支持新生和校外来访人员的引导，如校内地图、建筑物和教室介绍及路径与空闲时间查询、校园信息发布等。可以支持 PC 端、手机端和固定位置触摸屏等展示。

4.3 智慧校园建设内容

4.3.1 基于智慧感知的校园环境

便捷、协作、节能的校园环境，是智慧校园对校园物理环境的基本要求。这个物理环境实际上融合了网络和数据，目的是给学习及其辅助要素提供最高效、最简单、最易用的空间和环境，包括基础网络、环境感知与泛在导航、门禁与号牌识别、能源监管系统等。

智慧校园基础网络要达到泛在网络的程度，即网络无所不在，为泛在学习和移动学习及移动办公提供网络支撑。包括有线和无线覆盖：有线网络技术成熟、稳定、带宽高、相对安全，无线网络部署灵活，有线和无线网络相结合能发挥各自的优点，无缝覆盖形成泛在网络，基本能满足移动学习和办公的需求。有线网络用于室内网络覆盖，在一个园区用户采用统一网络接入，即在校园内任何地点、任何时间，使用任何智能终端，只需一个账号登录一次，就能访问权限之内的所有信息和服务，比如选课、缴费充值、成绩信息查看等。统一网络接入的前提是泛在网络，实现途径是统一认证系统，以使用笔记本电脑、平板电脑或者智能手机等智能终端。

环境感知利用物联网覆盖，视频图像识别技术、射频技术、无线网络技术（WLAN，移动互联网、WPAN、WBAN、Zigbee）、二维码等，实时感知人或物附近环境或学习者动态。提供导航服务，如教室排课情况、图书馆座位，图书借阅信息的查询，外来人员服务如校内 GIS 地图导航、办事流程查询、科室职责查询等；提供学习者个性化学习服务，如捕获并分析学习者学习状态，提供个性化辅导、资源等，帮助提高学习者的学习效果；楼宇与室内环境的智能调控，如温度、湿度、亮度等；门禁系统主要针对楼宇各出入口，通过指纹识别或者一卡通识别或者其他方式，对校内正常出入人员进行身份识别后放行，方便了人员出入，减少了不必要的安全力量；车辆号牌识别系统用于校门或者校内区域性的车辆出入或停靠的自动识别、放行、泊车。

能源监管系统主要用于技术上的节能管理，通过部署智能水表、电表等，用校内各房间或楼宇用水用电等进行智能监控，发现问题，提前预警；通过感知系统，控制路灯、教室、会议室等的照明系统。管理人员通过智慧网络随时查看系统运行情况，掌握能源使用状况。

智慧校园的校园环境不再是信息化技术和设备的简单应用，而是通过先进的理念，应用先进的信息技术和设备，实现人与人、人与物、物与物的全面、充分的协同，同时采集大量数据，通过对大数据的挖掘获得有价值的指导，对未来进行预测，指导教学、指导校园治理乃至指导教育决策。

4.3.2 基于个性推荐的智慧教学系统

智慧校园环境是基础，智慧校园建设的目的支持教学。这种支持可以是直接的，也有部分是间接的，智慧教学系统是大数据背景下必不可少的校园信息化主要组成部分。

智慧校园中的智慧教学系统不同于数字校园孤立的多媒体教学和数字化教学平台，除了数字校园时代便捷性、网络化、泛在化（不受时空限制）特征，其功能和组成均有较大拓展：包括以大数据为基础，以学习分析为手段的个性化教学，可协作、自适应、友好的线上社区，基于定制的信息推送如掌上校园，对教育教学资源的管理，对教学资源的分配预测等，具体来说，应具备一些新的特性，如能涵盖教学相关的所有环节（教学计划、教师分配、教室安排、编班、排课、备课、上课、课后互动、辅导答疑、协作学习、考试、作业提交批改、评教、听课教研活动等）、数据统计分析、支持个性化学习、资源按需获取、教学效果评价、对教学效果进行预测、对资源分配进行管理和预测。

智慧校园的个性化教学具备了关注并记录学生的个体差异及丰富其个性体验的技术基础，完全能够做到个性化教学。智慧校园中的教学管理系统能够全程感知并记录学生的学习时间、学习情境、学习状态、学习效果、学习需求等，并将之转化为大数据进行分析处理，据此为学生和教师提供基于数据分析的学生评价和诊断结果，为下一步教学安排提供依据和方向，教师据此可以有针对性地对学生进行辅导，学生可以根据自己的学习状况进行针对性的补充练习，比如可以给不同程度的学习者组合不同难度的练习题或试卷，并给出不同的频度和时间间隔，这样可以使学习者在相同的时间内完成学习进度。同时，在判断学生学习效果和需求之后主动推送合适的所需信息和资源。这样，基于大数据分析的个性化学习可以辅助个性化教学的实现。

从数字化教学走向智慧教学已成为信息时代教学发展的必然趋势。智慧教学是教师在智慧教学环境下，充分利用各种先进的信息化技术和信息资源开展的教学活动。总的来说，智慧校园提供一个智慧教学环境，智慧校园的智慧型教学系统涉及教学的全过程，克服了信息孤岛，能提供智慧教学服务。

4.3.3 基于大数据的决策系统

在大数据时代，可通过对采集到的所有实时数据和历史数据进行分析，为教育教学资源分配等提供决策支持。可预测的数据的处理系统（采集、传输、存储、挖掘）基础数据不仅包括结构化数据，还包括图像等非结构化数据，通过搜索引擎技术、超文本全文检索技术、多媒体检索技术、人工智能技术、大数据技术，对大数据进行分析，洞察和预测教育教学的发展方向、校园人财特源配置，以及决策办学方向。

4.3.4 基于云的信息化技术框架

全面将数字化校园升级到“互联网+”智慧校园，不能仅进行学校内部的信息化架构改造，还要充分利用互联网的资源整合优势与技术优势，为高校提供相应的信息化服务内容。“互联网+”智慧校园不仅要建设在学校的私有云上，还要使用公有云。在MOOC课程开始，学校和课程的界限开始模糊，部分学习在云端开展，必须相互结合，才能全方位地进行数据的收集，进而科学决策，如金智公司的云技术框架如图4–6所示。

智慧校园服务及运营平台：立足学校内部，对现有数字化校园的基础平台进行升级，不但能够解决传统平台在校内系统中的数据集成、身份集成和信息集成的问题，同时具备高度的校内应用管理能力、接口管理能力、服务提供能力和拓展能力，为高校提供信息化的统一基础运行私有云平台，使之成为智慧校园的基础运行环境。其核心作用是对数字化校园传统架构进行升级，实现学校的整体信息化体系从集成模式向云模式的转变。借助云计算的优势，更好地支撑学校后期的用户服务提供和业务流程优化。

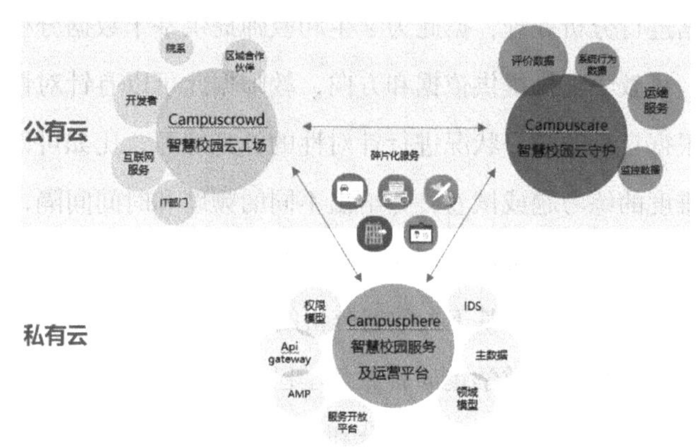

图 4-6　基于云的智慧校园技术框架

智慧校园云守护：为了更好地服务于高校的信息化，智慧校园云守护为用户提供高品质的云端运维服务。可以在线实时采集信息化软硬件运行数据、系统行为数据、用户评价数据等多方面内容，基于数据为高校提供全天候的信息化运维服务与运营服务。其核心作用是改变原先的被动运维模式，借助云端服务能力，实现不间断的运维与故障消除服务，并帮助学校信息化建设效果进行科学评估，为后期的优化迭代提供数据依据。

智慧校园云工厂：智慧云工厂通过开放服务平台，将学校应用开发过程中需要的核心能力面向外部开发者开放。同时提供对应的开发工具、技术培训、质量管控，高校将业务需求进行在线发布，由此体系上的外部开发资源帮助学校应对需求变化。其核心作用是通过互联网众包方式，充分整合外部开发资源，帮助学校实现需求变更与应用优化的快速响应，大大降低学校需求的响应时间和响应周期，同时有效保证服务质量。

4.3.5　基于内外融合的全面信息服务

高校信息化的使用者和终端用户和 10 年前已经发生了巨大的变化，大量的教职工与学生已经完全适应了互联网模式带给其的便利与快捷。因此，学校内部的信息化建设不能只着眼于校内现有的业务与内容，必须进行有效拓展，利用基础运行云平台的开放能力和整合能力，将互联网服务充分引入高校内部。

同时，我们也必须充分考虑学校的自身特色，将互联网服务与校内业务进行有机的整合，其目的在于通过互联网服务的先进性和优质资源，对校内业务进行优化，帮助学校实管理、教学、科研的全面提升，如图 4–7 所示。

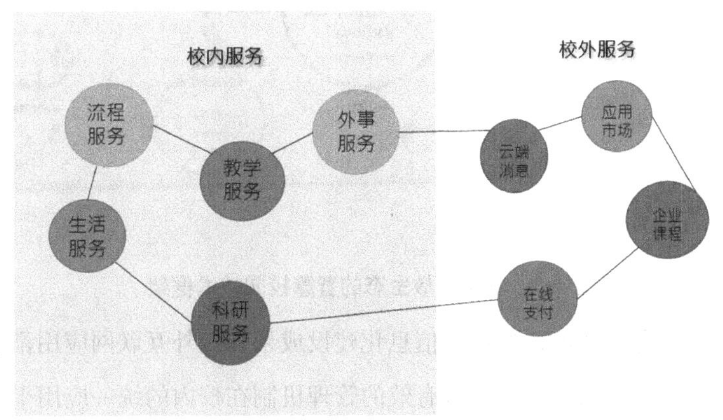

图 4–7 基于内外融合的智慧校园技术框架

4.3.6 基于开放生态的运营机制

未来高校信息化建设的核心是以面向角色的服务为导向建立整体数字化校园开放性生态体系。以先进的技术构架为依托，创造一个高开放度的信息化环境，更好地应对学校内部业务变化和外部信息技术发展趋势带来的冲击。构建这样的一种生态体系，学校需要从技术架构、建设思路、建设模式等多个方面进行转变。要做到能够同时满足技术发展的需要、学校业务的需求、供应商参与的诉求，充分利用学校在信息化方面的人力与物力投入，构建良性的、可持续发展的校园信息化生态，如图 4–8 所示。

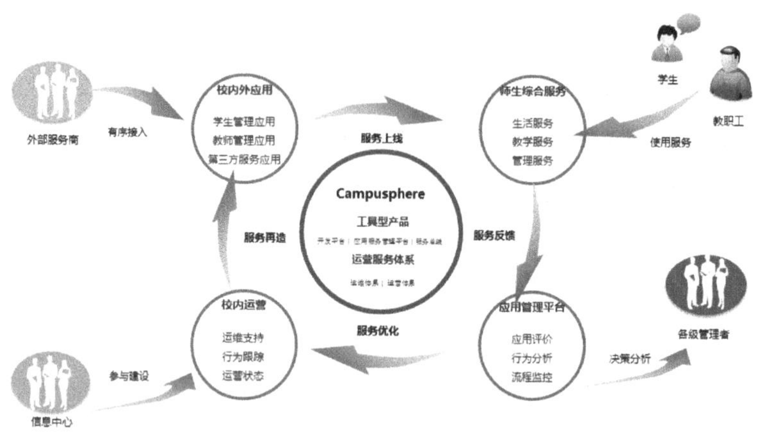

图 4-8　基于开放生态的智慧校园技术框架

基于开放的信息化环境，将校内信息化建设成果和校外互联网应用都以服务的形态进行重新梳理、重新组合，并通过有效的管理机制在校内的统一应用平台上进行注册、发布，为校内师生提供综合性的服务获取通道和高体验度的应用服务，大大增加用户黏性与依赖度。基于高使用率的综合服务，校内师生不但可以在综合服务平台上使用服务，还可以对校内服务进行评价和反馈，综合服务平台同时记录下各类用户的操作轨迹、用户行为，辅以传统的管理业务数据，为各级管理者提供全面、有效的数据分析服务，帮助各级管理者决策分析，优化业务模式。各类需要优化的应用，需要有效的运营机制保障，在校内建立长效化、持续化的运营机制，保证校内应用和服务的升级与迭代。在运营机制的保障下，借助快速建模工具和快速开发平台，让信息中心、建设方和服务提供商都可以基于完善的运营机制参与其中，共同提升校内信息化水平。

如此一来，为学校的学生、教职工、管理人员、校领导以及校外服务提供商和社会人士提供一个良好的生态圈，借助生态圈的形成，为围绕学校的各个角色提供优质的服务。并对各类信息系统进行有效的整合重组，提升信息化成果使用率，发挥数据积累价值，持续为学校各级领导和管理者优化管理提供数据支撑，并进行学校管理模式和服务模式的优化和再升华，达到持续更新、持续迭代的效果，保证校园信息化建设的先进性和可持续性。

4.4 智慧校园体系架构

4.4.1 研究成果

1. 李京澳的四层架构体系

李京澳等[22]结合云计算技术、物联网技术、大数据技术、泛在网络等，本着整体性、开放性、系统安全性原则，设计了包含网络架构、智能感知架构、应用架构、安全架构四大架构的智慧校园架构，如图 4–9 所示。

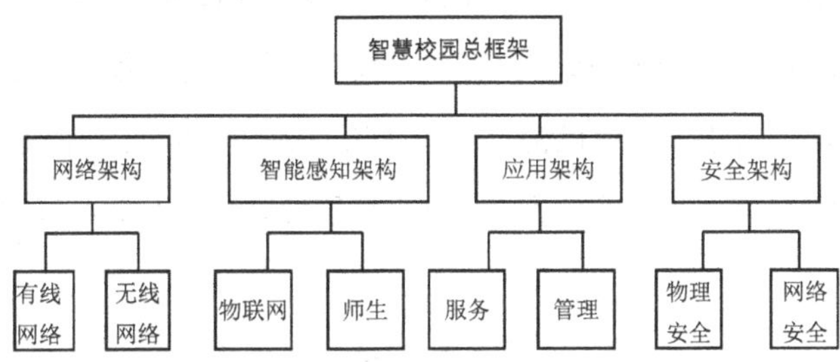

图 4–9 李京澳的智慧校园四层架构体系

（1）网络架构。网络架构可采用有线网络与无线网络相结合的双接入网络覆盖架构，同时以移动网络作为补充，各网络间无缝融合。该网络结构灵活且扩展性好，能够提供固定或移动的网络应用环境，并支持安全多样的网络接入方式。网络基础设施建设的重点是校园网络硬件基础的搭建，地理范围应该覆盖全校教学、科研、办公楼宇和教师、学生生活区，同时应具有可扩展性，能够随着校园的开发扩大而扩展网络覆盖范围，不断提高网络利用率[10]。

（2）智能感知架构。智能感知建设以物联网为基础，通过各种传感技术和视频识别技术及其他应用设备对全校所有人员、资源、设备等环境进行全面感知，从而更好地分析学习者的学习情境和学习个性特征，以帮助学习者学习与妥善保管设备，并观察资源的分享情况。

（3）应用架构。智慧校园的应用架构是全方位立体化的，应用层主要提供个性化服务、智能决策服务等。通过教务管理系统、科研管理系统、人事管理系统、财务管理系统、资产管理系统等典型业务系统，以及传感系统、视频监控系统、社交网络系统等新型业务系统，各种应用系统高度融合，构建开放的学习环境，以实现为师生提供个性化、智能化的应用服务[11]。

（4）安全架构。运行维护与安全体系是智慧校园正常运行的重要保障。智慧校园中的安全涉及物理安全、网络安全、数据安全和内容安全4个方面。物理安全包括设备安全、环境安全、容灾备份、介质安全等；网络安全包括风险评估、安全检测、数据备份、追踪审计、安全防护等；数据安全主要涉及数据库安全、数字签名、认证技术等；内容安全主要包括数据挖掘、隐私保护、信息过滤等。

2. 于长虹的利益相关者架构

于长虹等[23]在《基于利益相关者理论的智慧校园建设框架》中，在进行利益相关者分析的基础上，确立了环境、服务、管理、教学、预测与决策参与系统的基本框架，并针对利益相关者，构建了组织机构与专职队伍、制度与标准、建设原则与目标、建设内容与范围、技术方案设计、实施方案、智慧服务与运营等七个项目的完整建设框架，如图4-10所示。

图4-10　于长虹的智慧校园利益相关者架构体系

3. 王曦"六横两纵"的立体技术体系架构

王曦借鉴科技部"863"计划智慧城市技术框架，演化出"互联网+智慧校园"的"六横两纵"的立体技术体系架构，将智慧校园体系架构分为校园感知层、数据传输层、数据智能处理与存储层、支撑服务层、应用服务层、智慧应用层等“六横”，及标准与评估体系、安全保障体系“两纵”[24]，全面展示了技术及应用，如图4-11所示。

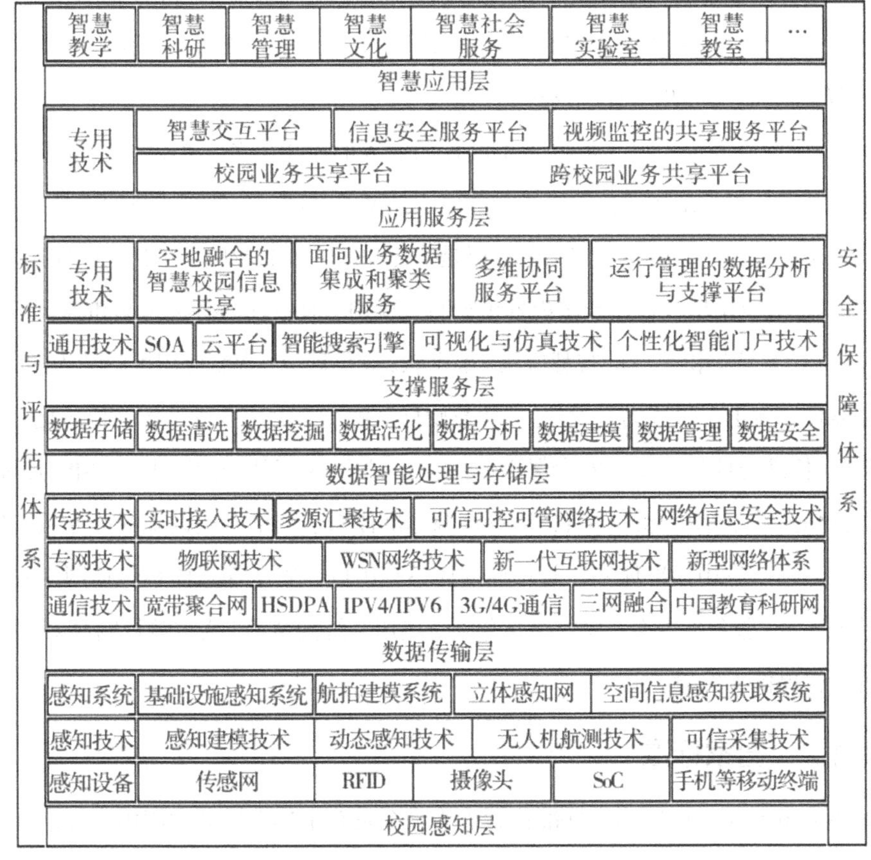

图4-11 王曦的智慧校园六横两纵立体技术体系架构

（1）校园感知层：通过感知设备、传感网和各类移动终端对校园实施实时感测，对校园内人的活动状态、物的运行状态、人与物之间的互动状态等实时感知，实时采集数据。校园感知层是“互联网＋智慧校园”架构中的先决条件和物质基础。

（2）数据传输层：采用泛在网中的有线、无线网络通信技术、专网技术、传输控制技术实现自由全面的互联，对校园中的数据、声音、图像、视频等信息进行随时随地的传输。数据传输层是“互联网＋智慧校园”架构中的网络基础。

（3）数据智能处理与存储层：利用数据的存储、清洗、挖掘、分析、活化、建模及安全等相关技术，对汇聚的智慧校园中各种数据进行处理、管理，向上层提供智能处理后的数据支持。数据智能处理与存储层是“互联网 + 智慧校园”架构中的数据基础。

（4）支撑服务层：利用各种通用、专用技术软件，构建面向各类校园应用的公共服务支撑平台，向应用服务层和智慧应用层提供共性服务支持。支撑服务层是“互联网 + 智慧校园”架构中的技术基础。

（5）应用服务层：该层汇聚了不同校园业务的应用服务，提供了连接智慧应用层的平台开发技术，是构建校园内各智慧应用领域的基础，也实现了校园内外跨地域、跨部门、跨业务的交互应用。应用服务层是“互联网 + 智慧校园”架构中的应用基础。

（6）智慧应用层：包括校园内各个智慧型应用，直接面向各类终端和各级用户，为各类用户、系统提供具体的智慧应用。根据软、硬件区分，智慧应用可归纳为两大类：“智慧软件”侧重于过程的智慧化，“智慧硬件”侧重于物理技术架构的智慧化。

（7）标准与评估体系、安全保障体系：“互联网 + 智慧校园”中，标准与评估体系主要由信息技术基础标准体系、信息资源标准体系、网络基础设施标准体系、信息安全标准体系、应用标准体系、管理标准体系等组成，安全保障体系包括网络安全、操作系统安全、服务器安全、数据库安全以及应用系统安全等，为智慧校园高效、稳定、安全的运行提供了保障。

4.4.2 国家标准

2018 年 6 月 7 日中国国家标准化管理委员会发布中华人民共和国国家标准《智慧校园总体框架》[25]（GB/T36342—2018），2019 年 1 月 1 日起实施，从此智慧校园建设有章可循。每个学校根据自己的学校特点，对照标准进行建设。

在标准中明确提出：智慧校园总体框架宜采用云计算架构进行部署，如图 4–12 所示，分为基础设施层、支撑平台层、应用平台层、应用终端和信息安全体系等。

基础设施层是智慧校园平台的基础设施保障，提供异构通信网络、广泛的物联感知和海量数据汇集存储，为智慧校园的各种应用提供基础支持，为大数据挖掘、分析提供数据支撑，包括校园信息化基础设施、数据库与服务器等。校园信息化基础设施包括网络基础设施、教学环境基础设施、教学资源基础设施、办公自动化基础设施、校园服务基础设施等。数据库与服务器是智慧校园海量数据汇集存储系统，配置管理数据库、用户数据库、媒体数据库等和与之相对应的应用服务器、文件服务器、资源服务器等。

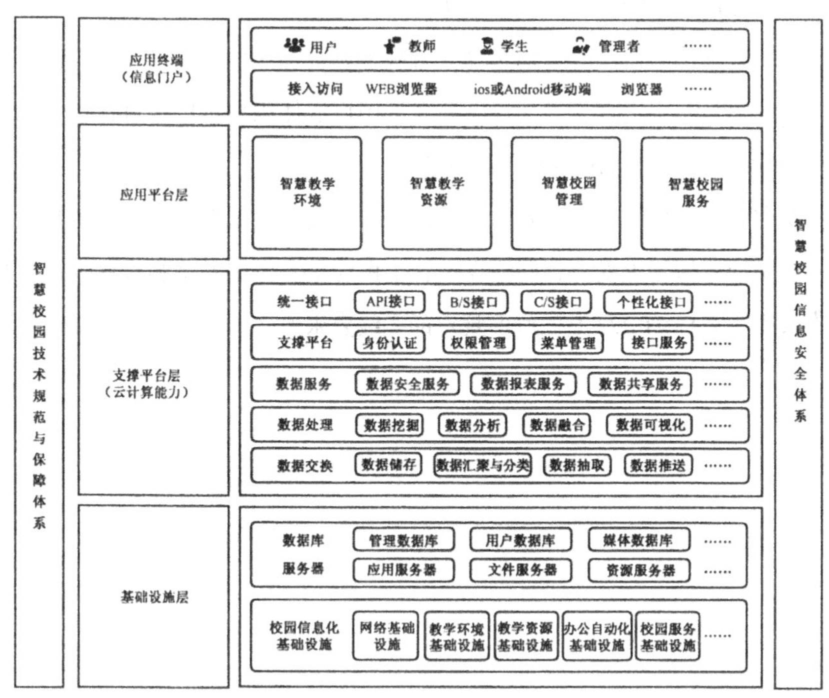

图4-12 国家标准GB/T36342-2018智慧校园总体框架

支撑平台层是体现智慧校园云计算及其服务能力的核心层，为智慧校园的各类应用服务提供驱动和支撑，包括数据交换、数据处理、数据服务、支撑平台和统一接口等功能单元。数据交换单元是在基础设施层数据库与服务器的基础上扩展已有的应用，包括数据存储、数据汇聚与分类、数据抽取与数据推送等功能模块。数据处理单元包括数据挖掘、数据分析、数据融合和数据可视化等功能模块。数据服务单元包括数据安全服务、数据报表服务、数据共享服务等功能模块。支撑平台单元包括统一身份认证、权限管理、菜单管理和接口服务等功能模块。统一接口单元是智慧校园实现安全性、开放性、可管理性和可移植性的中间件，如API接口、B/S接口、C/S接口和个性化接口等。

应用平台层是智慧校园应用与服务的内容体现，在支撑平台层的基础上，构建智慧校园的环境、资源、管理和服务等应用，为师生员工及社会公众提供泛在的服务。

包括智慧教学环境、智慧教学资源、智慧校园管理、智慧校园服务四大部分。这四个部分可以分别部署也可以耦合在智慧校园框架中。

应用终端是接入访问的信息门户，访问者通过统一认证的平台门户，以各种浏览器及移动终端安全访问，随时随地共享平台服务和资源。包括用户和接入访问两个方面。用户指教师、学生、管理者和社会公众等用户群体用户可以通过计算机网页浏览器或移动终端系统接入访问以获取资源和服务。

信息安全体系是贯穿智慧校园总体框架多个层面的安全保障系统。智慧校园系统的信息安全保护包括物理安全、网络安全、主机安全、应用安全和数据安全。智慧校园安全体系不低于 GB/T 22240—2008 规定的三级要求。

引用及参考文献

[1] 刘邦奇，孙曙辉．智慧校园的融合发展与技术实现[J]. 现代教育技术，2018，28（01）：73–79.

[2] 孙曙辉，刘邦奇．职业院校智慧校园战略规划研究[J]. 数字教育，2017，3（06）：40–46.

[3] 于长虹，王运武，马武．智慧校园的智慧性设计研究[J]. 中国电化教育，2014（09）：7–12.

[4] 任友群．以智慧校园支撑大学治理——“教育治理”视野下高校信息化的角色、共识和活力[N]. 中国教育报，2014–03–26（11）.

[5] 杨现民．信息时代智慧教育的内涵与特征[J]. 中国电化教育，2014（1）：29–34.

[6] 祝智庭，沈德梅．学习分析学：智慧教育的科学力量[J]. 电化教育研究，2013（5）：5–12+19.

[7] 宗平，朱洪波，黄刚，等．智慧校园设计方法的研究[J]. 南京邮电大学学报（自然科学版），2010，30（4）：15–19+51.

[8] 徐青山，张建华，杨立华．高校智慧校园建设的顶层设计及实践应用——以“智慧北航”为例[J]. 现代教育技术，2016，26（12）：112–118.

[9] 李有增，钊剑，周全．强化顶层设计统筹推进大学智慧校园建设[J]. 智能建筑与智慧城市，2018（09）：63–66.

[10]胡钦太．强化顶层设计打造智慧校园驱动高水平大学建设发展[J]. 教育信息技术，2016（03）：19–20.

[11]陆光华．对美国高等教育信息素养能力五大标准的分析与思考[J]. 图书馆学研究，2003（04）：86–89.

[12]杨虎民，余武．当代大学生信息素养的现状调查与思考——以皖北地区高校为

例 [J]. 教育研究与实验，2014（02）：73-78.

[13]王西锋 . 大学生信息素养培养的现状调查与分析 [J]. 大学教育，2016（03）：41-42.

[14]田瑞 . 北京市大学生信息素养调查与分析 [J]. 医学教育管理，2017，3（01）：28-31+41.

[15]陈树良 . 大数据背景下大学生信息素养的调查研究——以辽宁工业大学为例 [A]. 辽宁省高等教育学会 2017 年学术年会优秀论文一等奖论文集 [C]. 辽宁省高等教育学会，2018：13.

[16]王捷，汤继强 . 创新时代的智慧学习 [N]. 中国青年报，2015 年 05 月 04 日第 02 版 .

[17]龚志武，吴迪 . 新媒体联盟 2015 年地平线报告高等教育版 [J]. 现代远程教育，2015（02）.

[18]Taisiya Kim,Ji Yeon Cho and Bong Gyou Lee. Evolution to Smart Learning in Public Education: A Case Study of Korean Public Education[M].IFIP International Federation for Information Processing,2013.

[19]祝智庭，贺斌 . 智慧教育：教育信息化的新境界 [J]. 电化教育研究，2012（12）.

[20]陈品德，李克东 . 适应性教育超媒体系统——模型、方法与技术 [J]. 现代教育技术，2002（01）.

[21]刘智，刘三（女牙），康令云 . 物理空间中的智能学伴系统：感知数据驱动的学习分析技术——访柏林洪堡大学教育技术专家 Niels Pinkwart 教授 [J]. 中国电化教育，2018（07）：67-72.

[22]李京澳，齐振国，赵莹 . 智慧校园及其建设探究 [J]. 软件导刊，2016，15（02）：140-142.

[23]于长虹，马武 . 基于利益相关者理论的智慧校园建设框架 [J]. 教学与管理，2015（33）：44-46.

[24]王曦 ."互联网 + 智慧校园"的立体架构及应用研究 [J]. 中国电化教育，2016(10)：107-111.

[25]GB/T36342-2018, 智慧校园总体框架 [S].http://www.gb688.cn/bzgk/gb/newGbInfo?hcno=EB82492C508C0A5148B86E2C5BEE8E30.2018-06-07.

第 5 章　智慧校园基础设施

智慧校园的基础设施主要是物理、建筑物的构建，以及智慧环境构建，智慧校园基础设施主要有智慧大楼、智慧教室、智慧图书馆、智慧宿舍、智慧餐厅等。

5.1 智慧大楼

智慧大楼又称智能大楼、智能楼宇，是指在信息化技术、互联网技术、自动化技术等一系列新兴技术发展前提下形成的，以传统建筑大楼为基础的，集自动控制、自动办公、信息通信、安全监控与风险处理等高效管理功能为一体的现代化“信息岛”式建筑大楼。智慧大楼是现代建筑技术和新兴信息技术相结合的产物，美国康乃狄格州 1984 年竣工的“都市办公大楼”被认为是世界上第一座智慧大楼，日本在 1985 年 8 月也完成了其第一座智慧大楼的建设 [1]。中国智能建筑始建于 20 世纪 90 年代，最早建成的有国家科委大楼、国家体委办公楼、广州的国际大厦等 [2]。

智慧楼宇的价值不仅体现在其宏伟的结构和精美的装饰，同时还体现在它拥有一系列先进的设备系统的支持。这些系统包括布线系统、照明系统、消防系统、安防系统、可视对讲、通信系统和停车场系统等，只有这些系统都能长期协调地工作，整座大楼的舒适、安全、实用和经济性才能得到保障，这些系统的核心就是 5A 系统，即建筑设备自动化系统（BA）、通信自动化系统（CA）、办公自动化系统（OA）、火灾报警与消防连动自动化系统（FA）、安全防范自动化系统（SA）[2]，随着新技术的发展又增加了能源自动化系统（EA）从而构成 6A。

智慧大楼是智慧时代和“互联网 +”时代的产物，智慧大楼利用互联网、物联网、大数据等现代化技术，具有敏锐的视觉、感觉，听觉和触觉，能够对大楼内的信息进行收集分析，并通过智慧化系统做出智慧决策，为大楼的管理者和用户提供综合信息，为使用者提供智慧环境。智慧校园中办公楼、教学楼、图书馆、体育馆等楼宇应该建成智慧大楼。

5.2 智慧教室

5.2.1 智慧教室的建设要求

教室是学生在校学习的主要场所，教室环境的质量直接影响学生的学习效果、健康成长和身心发展。社会信息化对于革新校园环境特别是教室环境的呼声日益强烈，让学生在“绿色、舒适、美观、易用”的教室环境中体验乐趣、形成个性、陶冶情操成为社会的基本共识。智慧教室是智慧学习发生的场所，是智慧课堂的基础。智慧教室的智慧型涉及教学内容的优化呈现、教学资源的有效取得、课堂教学的良性互动、情景感知与监测、教室布局与电气管理等多个方面的内容，可以概括为内容呈现（showing）、环境管理（manageable）、资源获取（accessible）、及时互动（real time interactive）、情景感知（testing）五个维度，简写是“S.M.A.R.T”，这五个维度恰好体现了智慧教室的特征，一般称为“SMART”模型。

内容呈现表征的是智慧教室的教学信息呈现能力，不但要求呈现的内容可以清晰可见，而且要求呈现内容的方式适合学习者的认知特点，有助于增强学习者对学习材料的理解和加工。内容呈现主要包括视觉呈现和听觉呈现两个方面。视觉呈现涉及清晰度、视野、亮度、视角等多个因素。通过电子手段呈现给学生的信息能被教室内所有学生方便、清楚地看见，不影响学生的健康。在听觉方面，良好的听闻环境可以保证语言交流的顺畅，有利于师生之间的互动。

环境管理表征的是智慧教室的布局多样性和管理便利性。智慧教室的所有设备、系统、资源都应该具备较强的可管理性，包括教师布局管观、设备管理、物理环境管理、电气安全管理、网络管理五个方面。

资源获取表征的是智慧教室中资源获取能力和设备接入的便利程度，涉及资源选择、内容分发和访问速度三个方面。在资源选择方面，智慧教室应该能够提供丰富的教学资源，以便于灵活支持教学活动，计算机、智能手机、平板电脑、手持式PDA、投影机、电子白板等多种设备都可以很方便地接入，并且支持在教学的过程中对资源进行互动、操作和再生成。在内容分发方面，与学生学习相关的课程设置、教学计划、教学内容、教学手段等都应该很方便地分发到学习终端。在访问速度方面，资源的获取和终端的接入速度均应该以不影响教学活动为前提条件。

及时互动表征的是智慧教室支持教学互动及人机互动的能力，涉及便利操作、流畅互动和互动跟踪三个方面。在便利操作方面，智慧教室应该能够支持人机的自然互动，所有互动设备及界面具有操作简单、功能全面的自然互动。在流畅互动方面，智慧教室的硬件条件能够满足多终端、大数据量的互动请求。在互动跟踪方面，智慧教室能够记录并存储师生、生生以及人机的互动轨迹，为学习分析提供基础数据，从而为教师的决策和学生的自我评估提供技术支持。

情景感知表征的是智慧校园物理环境和学习行为的感知能力。空气、温度、光线、声音、颜色、气味等是环境的物理因素，这些因素直接影响教师和学生的身心活动。智慧教室里布设的传感器可以实时监测室内噪声、温度、气味等物理参数，根据预设的理想参数，自动调节窗帘灯具、空调、新风系统等相关设备，将教室里的声、光、温、气，调节到适合学生身心健康的状态。学习行为的感知是指能够获取学习者的位置、姿势、动作、情感等方面的数据，以便能分析学生的学习需求，提供适应性支持。

中国的华育迪赛于2014年4月推出了新一代智慧型多媒体教学平台华育智慧教室，智慧教室的“智慧性”涉及教学内容的优化呈现、学习资源的便利获取、课堂教学的深度互动、情境感知与检测、教室布局与电气管理等方面的内容，可概括为基础设施（infrastructure）、网络感知（network sensor）、可视管理（visual management）、增强现实（augmented reality）、实时记录（real-time recording）、泛在技术（ubiquitous technology）六个维度[3]。

5.2.2 智慧教室建设模型

智慧教室以物联网技术为基础，以光载无线交换机为核心，构建 Wifi 无线局域网，覆盖智慧教室，加上教室的有线网络交换机、网络路由器，从而建立融合有线网络、无线局域网的物联网网络支持环境，声、光、温、气等各种传感器件通过标准模块 Wifi 设备服务器（串口通信 RS232 转 Wifi 无线网络）无线接入物联网。同时，其他内置 Wifi 模块的各种手持设备（便携式计算机、智能手机等）也能无线接入该智慧教室网络，成为智慧教室物联网网络设备的一部分；其他支持师生教学、科研实践开发的感知模块也可以通过与标准的 Wifi 设备服务器连接，也能轻易接入智慧教室，完成测试和验证。

智慧教室是自动化、智能化、集控化的管理系统，可以同时对多个教室的教学活动过程进行录制、直播和点播；可以对教室的设备进行集控式的管理；通过电子班牌对智慧教室的内容和环境状态进行发布；通过互动教学平台实现教学资源的管理和推送。

5.2.3 智慧教室的主要功能

（1）环境监测和管理。通过安装在教室内部的监测设备（温湿度、二氧化碳、光照度传感器等）对教室环境进行实时监测和数据记录，通过后台控制系统实现对教室环境的改善，也可以根据预先设置策略进行智能控制。

（2）教学过程录制。通过安装在教室内的高清摄像头对教学过程进行网络化录制和存储，云端管理平台可以按照教学课表进行自动录制，或通过教室内控制屏进行手动录制。

（3）教室设备控制。通过安装在讲桌里的教室工作站，对教室内教学设备（互动教学一体机、投影、音响、功放等）进行统一控制，教师可以选择一键开关设备，也可以通过控制屏进行单独控制，从而降低设备操作复杂性。

（4）教室物资管理。教室设备贴二维码标签，通过手机二维码扫描识别的方式进行教室设备盘点。

（5）远程集中控制管理。智慧教师管理平台为 B/S 架构，可以通过远端登录对每个教室内设备实现单独控制，同时可以实现这个教学楼的集中控制。

（6）教学互动管理。智慧教室教学视频课件通过云端进行发布，学生可以通过网络进行自主学习，对老师的课件进行点评和互动，老师可通过在线互动的方式实现教学互动。

5.2.4 智慧课堂教学模型

智慧课堂教学模型是在智慧课堂的教学理念上设计的，对教师与学生都提出了新的教与学的要求。

在课前，老师对教学内容与学情进行科学详尽地分析。编制前置学习材料发放给学生，前置学习材料包括导学案、辅导资料、练习题、视频等。学生根据前置学习材料自主学习后，完成课堂前测，并整理出问题在课中提问，在这阶段完成了知识的传递。教师把学生课堂前测情况上传至“clouDAS 云端诊断分析系统”，根据学生的学习数据形成最终的诊断分析报告，据此进行详尽的学情分析，然后针对本班学生特点确定教学目标，制订教学计划，同时编制课中巩固提高用的学习材料。同时，也可根据“clouDAS 云端诊断分析报告”对个别学生进行个性化辅导。

在课中，教师与学生把发现的问题在课堂上提出来，由学生采用小组学习形式进行讨论交流。教师结合相关教学材料进行引导，然后有针对性地对学生的薄弱之处进行巩固练习。课堂上教师利用“IRS 即时反馈系统”进行即时统计学习情况，做出即时评价并即时调整教学计划。在课堂上让学生完成了知识的内化，发挥了教师的引导作用，突出了学生的主体地位。

在课后，学生根据“clouDAS 个人学习诊断报告”找出薄弱之处，进行自主补救。学生在“IES 云端补救平台”上进行自主补救学习，在 IES 平台上据每个学生学习数据自动生成相关补救的学习资源，进行个性化辅导。可以在 IES 平台上回顾录制的课堂教学。也就是说在这阶段是学生根据自身情况完成补救、巩固、提高，也体现了学生自主学习的能力。

5.3 智慧图书馆

智慧图书馆利用物联网、云计算、智慧化设备实现图书馆智慧化的管理和服务。2018 年中国索引学会副理事长叶艳鸣则形象地把智慧图书馆概括为：“一个会猜想的图书馆，一个懂你心思的图书馆。”智慧图书馆是利用大数据将书、人、空间连接成一个信息生态有机体，通过对读者行为的数据分析，为读者自动推荐图书、推送资源。郑州大学图书馆馆长姚武则为高校智慧图书馆的建设提供了一个设想目标：读者不必去寻找资源的地址，只要读者能够用自然语言描述出自己要找什么，不用提供关键词也不用进行相关的搜索，就能便捷地找到想要的资源。2018 年 4 月，清华大学图书馆启动了送还智能小车，采用无人驾驶技术，用于校园内的日常图书送还服务，代替人工送还图书。有专家就猜想说：“不远的将来，就像滴滴打车一样，‘滴滴还书’也未尝不可。”[4]

智慧图书馆实现的主要功能有全方位的资源管理、智能定位及安全防护、智慧化的个性服务。核心特点可以总结为四点：全面立体的感知，广泛的互联互通，高效能的协同管理，人性化的服务。图书馆未来建设只有具备这些特点，才能更好地顺应时代的发展，胜任未来的工作。

（1）全面立体地感知。通过对互联网的数字编码感知，主动感知对象，并对其进行知识描述，把某一领域信息的单种文献，与读者、馆员等信息个体互联，拒绝信息的碎片化，智能互联前台的读者与后台的馆员。智慧图书馆还能把实际工作进行虚拟化，如通过情景感知，推送用户感兴趣的资料；通过传感设备，三维立体显示地图指引、自助借还等，以期实现全社会的感知。

（2）广泛地互联互通。智慧图书馆环境下，因为多种网络渠道、通信工具的使用，信息是泛在的、立体互联存在的，可以是图书馆与人的互联，如座位信息管理系统；也可以是人与人的互联；书与书的互联。智慧图书馆的对象，利用物联网，在感知层中自动组网，汇聚和转换各种数据，识别不同领域，跨部门和跨行业，甚至跨区域、跨国界，实现泛在的深度互联。泛在图书馆环境下，面对泛在的网络环境，以移动性支持为核心，时时处处存在的泛在服务和互联互通，便应运而生。

（3）高效智慧地管理。图书馆的管理对象主要是：馆内文献资源和用户，因此智慧化的管理可表现为：一是借阅和打印、扫描馆藏资源，以及图书逾期款的支付、座位预约等，还包括对图书馆建筑中的灯光、温度、湿度，电梯、门和安保摄像头等物理环境及日常维护和管理；二是对用户的管理，包括用户个人借阅信息的智能化分析、用户行为的跟踪等，目的是为其提供深层次的个性化服务。智慧图书馆广泛、立体的感知和互联，不仅使馆内实现物物相联、物人相联，更主要的是为图书馆深层次的智慧管理和服务提供了帮助，而且高效的智慧管理是智慧图书馆的主要特征之一。例如日本某图书馆，通过馆内安装的温控传感器，可以实现馆内温度的智能化控制，不仅为用户提供舒适的阅读环境，更可节约电量。

（4）人性化的服务相对于数字图书馆，智慧图书馆融入了更多技术，但仍坚持“以人为本”的理念，因此，其功能特点的实现是以提供人性化的服务为目标。不同于以往的图书馆，智慧图书馆能够主动感知用户需求，为其提供个性化的智慧服务；同时，智能化的馆舍，从温度、亮度、湿度等方面都进行了严格而精准的调控。

为读者创造一个舒适的环境，更有一些馆内自助设备、通借通还以及 3D 导航等服务模式，都将图书馆人性化的服务理念体现得淋漓尽致。因此，人性化服务，不仅是智慧图书馆的一大特点，更是图书馆未来发展建设的终极目标。

5.4 智慧宿舍

当前很多学校的学生宿舍管理往往落后于数字化校园建设水平，虽然大学生数量不断增加和对居住环境需求不断提升，但是大多数学校宿舍管理仍然停留在采用人工管理、手动记录与查询数据的阶段。显然，宿舍管理数据变动需求较大，数据量较为庞杂，传统的人工记录与人工管理的形式已经难以满足日益增长的宿舍管理需求，利用基于物联网技术对宿舍进行管理将有效地节省工作时间和提高工作效率。

基于物联网的宿舍管理主要依靠环境信息感知设备进行，如控制板、传感器等，由控制板控制烟雾、温湿度、图像、红外等传感器分别对宿舍温湿度、红外、烟雾状况以及对主要楼道视频进行监控采集的宿舍环境信息，同时作为设备网关通过有线/无线方式接入互联网，与智慧校园建立连接，将环境信息实时传送到服务器存储并进行分析和预警。

利用智慧宿舍设备不但可以很好地管理、做好防盗防火功能，同时还可以限电（宿舍房间内的电源定时进行供电，充分确保学生获得休息；合理限定宿舍房间内部的用电量，确保安全用电；对出现违章电器的宿舍房间进行准确判断识别，并且及时切断电源；去除违章电器后延迟10秒自行恢复供电；保证宿舍房间人走断电）和控制学生的起床等作息。

5.5 智慧餐厅

智慧餐厅是利用物联网技术、大数据技术、无线网络技术打造的智慧性用餐环境，智慧餐厅可以显著减少工作人员数量，降低经营成本，提升管理绩效，提升服务品质。

2018年是高校智慧餐厅元年，先后出现了很多应用：

2018年10月9日报道[5]：北京某大学食堂实现了合理选餐，自助结算，大数据决策。餐者可根据自己的喜好，选择已经盛放在餐碟中的菜品，同时，在菜品的下方的LED屏上，显示着菜品价格、克数，甚至还标明了该菜品的营养成分。每个盛装餐食的餐具均内置了一枚RFID射频芯片，芯片可通过出品终端反复写入菜品信息而食堂实现智能设备结算后，用餐者的数据将被收集起来，通过这些数据能够精准直观地掌握用餐者的口味偏好、菜品的售卖情况、就餐人数的变化等。与此同时，通过对这些数据进一步分析，可有效地对菜品进行上下架调整，帮助菜品推陈出新做决策，而且通过现在的售卖数据，可成为后厨人员的绩效考核依据，最终优化后厨管理；另外，智能结算系统所提供的大数据还为后厨采购提供了重要依据。据了解，智慧餐厅不久之后还将实现小份菜结算，跟踪用餐者每日摄入和消费情况等功能，将引导用餐者更加科学、健康、合理地健康用餐。

2018年3月8日报道[6]：天津某大学食堂实现了机器人炒菜、精确称量、遏制浪费。

学生们在多个窗口间精心挑选各种菜品。没有一般印象中食堂售饭员与学生之间对话的嘈杂，该食堂工作人员很少，学生们都是“自助”取餐，定量计费。在自助贩售机上打菜的过程，用勺子从盛菜器皿中舀出菜后，机器会根据减少的菜的重量计算出相应的费用，每个菜甚至可以只选择要几角钱的量，米饭也是一样，且均可使用手机支付。该大学后勤管理处处长李某表示，饭菜自动称量系统和自动打饭机的投入使用解放了售餐员，食品售卖环节人员投入较传统的售餐方式降低了75%。“售菜从‘定份’到‘定量’的转变，在满足学生多样化需求的同时，明显遏制了浪费粮食的现象，食堂收集的残食泔水重量比以往减少了50%。”中央厨房：智能作业保质提效，机器人炒菜，师傅按照机器人电子屏幕上提示的配比要求，将各种原料放进圆形的“炒锅”中，点击电钮启动后，机器人便开始自己转动，不一会儿，青椒土豆丝、西红柿炒鸡蛋等菜就可以大量出锅了。

2018年2月28日报道[7]：浙江某大学食堂实现了刷脸吃饭、自助结算、健康指导。就餐者只要按需取餐，餐盘放在菜品的结算区域，菜品的名称、金额、重量、卡路里信息会显示在菜盘上方的显示屏中，并进行刷脸自动结算扣费，并不需要人工操作。就餐结束以后，还可以通过食堂的微信公众号了解自己的营养元素摄入量。同时，还能根据你个人的身体状况进行进行营养分析，并同时进行健康饮食指导和运动建议。

引用及参考文献

[1] 高慧，邓世凯 . 智能楼宇发展现状研究 [J]. 电子世界，2016（12）：34.

[2] 茅毅文 . 基于 BIM 的上海市 X 政务大厅智慧大楼运营管理体系研究 [D]. 桂林：广西师范大学，2017.

[3] 中国教育装备采购网 . 智慧教育点燃教育的大革命 [EB/OL]. https://www.caigou.com.cn/news/2014071444.shtml.2014-07-14.

[4] 大河客户端百家号 . “懂你心思的图书馆”长啥样？专家热议智慧图书馆 [EB/OL]. http://baijiahao.baidu.com/s?id=1605067888859161131&wfr=spider&for=pc.2018-07-04.

[5] 一卡通世界 . “拔草”人大智慧食堂：告别人工，3 秒结算的“黑科技”[EB/OL]. http://news.yktworld.com/201810/201810091532443492.html.2018-10-09.

[6] 天津职业大学网站 . 新华每日电讯》（11 版）. 天津高校：“智慧食堂”遏制舌尖上的浪费 [EB/OL]. http://www.tjtc.edu.cn/info/1354/5797.htm.2018-03-08.

[7] 百度百家号 . 别人家的大学食堂，真的是靠刷脸吃饭 [EB/OL]. https://baijiahao.baidu.com/s?id=1593616246717054281&wfr=spider&for=pc.2018-02-28.

第 6 章 智慧校园系统建设

智慧校园系统是硬件和软件相结合，软件比硬件重要；平台和应用相结合，应用更重要。一般说来应用系统指基于云平台和大数据平台基础上的应用。比较重要的应用系统由大数据中心、云平台、服务门户、网站群系统、学生事务平台、科研服务平台等，在此基础上还应该有决策分析系统。这些系统建设不是购买单一的软件，而是要在 1 个大平台 +N 个应用的智慧校园框架上架构，树立淡化业务系统只有应用服务的理念，以服务总线的模式建设，从顶层设计开始，全局规划，分布实施，全线考虑，分点完善。

6.1 智慧校园应用系统构成

从实践的角度来说，智慧校园应用系统构成简单来说就是 7 个“一”的建设，即一卡一库一表（标）一网一厅一应用。

一卡，一张一卡通走遍全校园。通过一卡通建设实现食堂消费、电费缴纳、超市消费、校车乘坐、小额费用缴纳等金融功能；实现学生证、考试证、门禁等身份识别功能。建立与实体卡相对应虚拟卡（如采用 @edu.cn 账号），既可以在在校时间使用，毕业后也可以继续以校友卡使用，实现图书借阅、食堂消费等功能，同时利用该功能可以长久地跟踪毕业生的就业去向等，实现学生全过程的数据跟踪和分析，为学生的成才、培养方案、教学质量等提供决策支持。

一库，这个库是指数据库，特指经过数据治理后的大数据中心数据库。大数据中心数据库包含在数据标准的基础上经过清洗后的结构化数据库，也包含非结构化数据，如地理位置、上网日志、平安校园视频、智慧教室学习行为等。大数据中心数据库是大平台轻应用的基础，也是服务门户的基础，是智慧校园建设的重点，也是智慧校园建设的成败关键点。

一表，是智慧校园的最需要的服务，用一张表完成跨业务部门的流程。师生及各类用户通过一张表提交可以解决问题，如学生的请假，学生在线提交，辅导员审核，院系书记审批，数据将进入教师的课程点名、教务的上课人数、学工的上课情况等应用和平台进行记录；如教师年度考核，教师发起填写，系统自动汇集教务系统和研究生系统的教学工作、科研系统的科研数据、教师发展平台的参加学术活动、自动填写来自人事系统的教师的基本信息（学历、工龄、年龄）、教师填写德勤能绩四个方面的自评以及其他说明，提交后经过述职后部门领导给予级别的评定，然后进入人事系统的教职工考核结论，最后以电子文档的方式在档案馆存档，所有的过程都有痕迹和印鉴；教师调课程序，教师与任教班级协商补课时间，教师发起流程、学生在线认可签字、院系审批、教务处领导审批、进入教务系统、学生老师课表体现、教学督导听课查询、年末学校调课次数统计等，实现了学生、老师、管理部门之间的流程的快速办理，再也不用多跑路、等待领导签字了。一张表是流程或流程再造的结晶，是服务意识的体现。

一标，是指智慧校园建设的信息化标准。标准包含国家标准、行业标准，以及学校制定的标准——校标，在数字校园时代，各个业务系统都是企业或者开发人员构建，没有统一的标准，在信息化集成的时候就存在问题，必须要经过数据交换和清洗才能被下游的系统或数据中心采用。标准的建立是数据流转和数据分析的基础，没有高质量的或可识别的数据基础就无法实现高可用的服务。如学生的学号，有的学校采用入学年份加流水号的方式来实现，实现起来容易，但数据分析起来很困难。如某校学生本科学号，系统内部 20 位学号，学生使用 15 位，效果较好，用 5 层 15 位数字码，第 1，2 位表示学生类别；第 3 到 6 位表示入学年份；第 7 到 12 位表示学科专业代码；第 13 位表示自然班号；第 14，15 位表示流水号；而教师采用系统 15 位，老师采用三层 10 位数字码，第 1，2 位表示教职工类型；第 3 到 6 位表示进校年份；第 7 到 10 位表示流水号。数据的标准化可以快速地生成所需的数据，如专升本三年、本科四年、土木五年毕业年份可以快速在各类应用系统做标记，提前在服务门户推送学分差距信息、离校时借书未还等信息，同时在管理后端，相关人员也会及时处理信息。如年薪制教师的考核和薪酬发放、柔性人才的科研考核、人事代理教师的社保核算等。

一网，是指全校或全园区一张网，统一出口统一管控的一张网。现在很多学校都是多网并存，管理混乱，安全界线不清，不容易管控，容易发生安全事故但无法追溯。按照国家保密相关的文件，一个园区建议一个统一出口，最多不超过二个。由于历史原因、资金、管理和意识，学校的校园网多由运营商投建，同时为了减少垄断因素，不同的片区有不同的运营商建设，没有统一的身份鉴权机制（有的学生有多个运营商账号，还有学校分配的账号），学生在校园内发出的信息没有经过学校的上网行为审计系统、没有经过与公安部门对接的系统，无法及时溯源，同时有可能会存在通过非密网络传输涉密信息的情况。

一厅，是指一个服务门户或办事大厅或服务平台，一个服务门户是各类信息高度集成的展示，用户在门户查询所需信息、如课表、成绩、一卡通余额；提交学生成绩、科研成果、申请奖助贷；按照提供的 API 接口，进行应用的开发等。服务门户的服务都是基于数据中心来完成，如教师职称申报，系统自动收集基础信息，收集从上一职称开始的教学、科研、获奖等数据，这些数据按年度是经过了职能部门的审核，此时直接提取，不需要再次签字确认；如研究生导师考核，系统自动提取考核年度的科研、教学，自动按照本年度的各项分值进行核算，导师可以查看数据有无遗漏（可以补充数据），系统最终计算出分数给出考核结论；学生贫困奖学金的申请，学生提交后系统会自动判断该生在学生的消费属于哪个阶段，如果消费过高自动会终止申请等。同时服务门户要提供 App 或基于微信的服务。

一应用，是指一批应用，是智慧校园的支撑。没有了应用也就没有了数据源，也就不会有智慧校园的智慧性，就不能发现和洞察，进而进行决策支持。

智慧校园的应用一般以角色视角重构校内业务应用，完成服务化转型。基于现有的信息化建设成果，在校内通过服务封装和流程重组的方式，将原先各类业务系统、信息系统的功能提取出来，利用基础支撑平台或服务门户的组件化能力，组装形成新的业务功能模块，为广大师生提供服务。针对包含教师、学生、职工、管理人员等几大角色，提供除了原有行政管理类外的全维度服务，覆盖生活、工作、教学、科研等诸多方面。让学校的信息化建设真正面对全校人员发挥作用。提升信息化建设成果的使用价值，增加全校人员对信息化建设成果的依赖程度。同时，收集大量传统管理信息化建设无法获取到的校内数据，为后期决策分析提供数据支持和数据基础。主要有学生、教师、教学、办公、公共等5类服务。

6.1.1 学生类服务

学生类服务其实就是高校学工系统的概念，从招生开始，到校友结束，全生命周期覆盖。对于自主招生的高校一般还应该有招生系统，包含招生计划编报、招生宣传管理和招生录取管理。

1. 迎新服务

迎新是每年的重点工作，一般8月中旬完成录取工作，9月初报道，需要完成分班、编学号、分宿舍等工作，如何进行统筹、规划、管理迎新工作非常重要。一般分为事前准备、事中控制、事后分析。

（1）事前准备。事前准备也就是网上迎新阶段，主要完成如下工作：

1）数据准备：完成招生数据的导入，招生办从上级部门招考系统导出数据；迎新系统管理人员按需导入数据，按照放暑假前7月份教务处准备的学院、班级等数据完成分班编学号工作；宿管部门人员导入可分配宿舍信息（如果有宿舍管理系统，数据直接抽取），各个学院为每个学生分配床位，特殊学生手动分配，其他学生一键自动分配；迎新系统管理人员提供账号或提供数据（此时已经完成根据学生类别、专业、宿舍级别等数据进行各类计算）给财务处以便进行学费的代扣、给保卫处进行军训的安排、给校医院进行体检的准备；同时推送数据到相关的下游系统，如一卡通、图书馆等，以便学生入校就可以使用一卡通进行就餐、图书借阅、门禁等。

2）迎新系统的配置：完成迎新流程配置、学生数据准备、权限分配功能。按学生类别自主定义迎新流程、进行新生到校后各环节办理权限的分配、配置新生在家即可完成的各类事项。新生到校前就可以在线登记个人信息、购买商品、预订军训服装尺码、到校信息登记（方便学校安排接站）、申请绿色通道、完成财务缴费。通过新生服务的提供，大大减少了入校后的办理事项，缩短办理时间。

（2）事中控制。事中控制也就是现场迎新或现场报道，主要完成如下工作：

通过对到站信息的统计，方便学校安排人员车次接站。同时为各环节负责老师提供现场在线办理的功能，应用支持与外部扫描、读卡设备集成，快速定位学生、快速办理。并为办理人员、院系领导、学校领导提供各环节办理进度实时预览功能。提升现场办理效率。

（3）事后分析。主要完成如下工作：

提供总体报到情况、各环节实际办理情况的统计，并可以按照全校、院系、专业、生源地、民族等维度进行细分查询分析。为管理人员和校领导提供对于新生和迎新整体工作的直观数据展现，提供决策分析和迎新各环节流程优化支撑。同时生成未报到人员数据到各个院系进行核实，核实后的未报到学生的数据上报教育厅。

报到结束后迎新系统的使命结束，报到后的数据再次推送更新下游系统的数据，从此后学生的数据源就是教务系统。

2. 学工服务

学工服务系统的主要功能是考核和奖惩。从数据中心获取到的全面、准确的学生基本信息可以进一步统计出有效的数据，从而为学校领导制定全校策略、开展规划工作提供准确完整的数据依据。主要包含学生评优评奖服务（推优入党、评优、奖学金）、学生违纪教育管理（违纪处分类型设置、处分上报、处分撤销、统计报表等）、困难生服务（认定、申请、资助、持续关注）、助学服务（助学金、助学贷款、勤工助学、困难补助）、学生日常管理（学生基本信息扩展维护、学生预警、寒暑假留校）、心理测评服务（心理测评、危机干预）、思政队伍管理（带班信息、辅导员、评奖评优、宿舍走访、学生谈心）、第二课堂（校园文化、学生社团、社会实践、创新创业）。

（1）奖学金服务。奖学金应用主要解决以往评定过程中工作复杂、流程不透明的问题，在实际的应用中按照学校或学院的评定文件，灵活设置评定的条件、评定的流程以及为各个院系分配名额，能够使得整个奖学金评定过程更为有序、可控的进行，评定结束后可为管理人员自动生成奖学金业务的统计分析及相应报表，大大减轻日常数据汇总和调整的工作量。

（2）违纪处分管理。主要解决对所有在籍在校学生的违纪处分管理及统计工作，简化违纪申报与审核流程，把原本线下的烦琐流程转变为简便的线上流转方式，将以往的数据全部保存在应用中，给日后的查询工作提供便利的途径。

（3）困难生服务。主要解决对所有在籍在校学生的困难生认定及后期的信息维护管理工作，建立起权威的困难生库，如评奖评优资助等业务提供最基础的数据依据。

根据之前认定过程方式的配置，学生在学校规定的申请时间内网上填写困难生认定表格上的相关信息，或在线填写调查问卷。申请提交后可查看申请的处理状况。

（4）助学金服务。助学金应用主要解决以往评定过程中工作复杂、流程不透明的问题，在应用中可灵活设置各个奖种的评定条件、评定流程以及各个院系的分配名额，能够促进整体评定过程更为有序、可控的进行，评定结束后可为管理人员自动生成助学金业务的统计分析及相应报表，大大减轻日常数据汇总和调整的工作量。

（5）勤工俭学服务。主要解决对勤工助学的岗位管理、上岗审核及报酬发放等工作。学校管理人员对勤工助学流程、开放申请时间等进行设置；设置学校各个部门需求及联系人；学工部门审核上报的各类岗位，对学生的各种岗位申请做出终审；审核校内各个单位上报的勤工助学补贴发放数据，查询统计勤工助学的工作、考勤、考核等相关数据。班主任、辅导员或院系负责人可查询勤工俭学学生的上岗情况。

（6）助学贷款服务。主要解决学工部门对贷款相关工作进行管理。学校管理人员设置贷款相关参数、终审学生贷款的申请、对助学贷款的数据查询统计、管理学生还款情况、管理学生的生源地贷款数据等。学生在线申请贷款并查询审核进度，在毕业后可查看还款情况。班主任、辅导员及院系负责人参与学生贷款的审核工作。院系负责人可对本院系内学生贷款情况进行查询统计。

（7）困难补助服务。困难补助应用主要解决以往评定过程中工作复杂、流程不透明的问题，在应用中可灵活设置各个奖种的评定条件、评定流程以及各个院系的分配名额，能够促进整体评定过程更为有序、可控的进行，评定结束后可为管理人员自动生成荣誉称号业务的统计分析及相应报表，大大减轻日常数据汇总和调整的工作量。

（8）学生预警服务。针对辅导员、院系负责人等群体负责学生多、缺少统一的学生全方位信息总览和关注平台的情况，提供针对性的预警工作平台。通过与其他业务应用、系统的对接，实现信息的集成和共享，将重点关注学生群体及其日常异动情况主动推送到管理人员的工作桌面，保障辅导员的日常工作更有针对性，并通过对于学生的多维度数据汇总和分析实现学生情况及时预警的功能，综合达成对于学生的精细化管理。

（9）寒暑假留校登记服务。主要解决学生寒暑假留校登记，以便学院、学校了解学生去向，如在寒假进行新春慰问，在暑假的雨季进行安全预警等。

（10）心理普查服务。主要解决学校心理健康中心日常所面对的心理普查、心理测试的管理与服务。应支持约2000人为测评批次的普查安排，授权用户可随时查询普查进展情况，便于督促院系开展工作。

（11）带班信息管理。包含辅导员的基本信息、联系方式等，院系书记、学工人员可以在必要的时候联系到人；记录所带班级学生的所有信息以及重点关注人群；记载老师与学生交流的时间、地点、主要内容等事项，通过门禁系统和LBS信息自动记录走访宿舍信息等。

（12）学生社团管理。主要解决各类学生组织的审批、运行、参加人员、学生干部、社团活动等。学生社团是学校校园活动的关键，也是学生参与度最广泛的。有效地对社团进行认证管理，规范活动将有利于大学生健康成长，有益于社会实践活动的开展，有助于创新创业项目的申请。

（13）校园文化活动。由具备相应系统权限的教师维护校园文化活动，在活动发布的规定时间内，学生可以在网站上进行申请；学生可以上网查询并申请参加活动；实现学生活动现场签到功能，现场刷卡，程序获取活动开始时间和结束时间，自动判断学生是否签到。

3. 宿舍服务

（1）宿舍房源管理。学校宿舍管理人员可以用数据、可视化的方式对学校的宿舍片区、宿舍楼栋、宿舍房间号等基本信息进行有效的管理，具体内容包括：校区、宿舍楼栋编号、单元号、楼层号、房间号、床位号、住宿费标准、宿舍所住学生性别、备注等信息，从而使得学生宿舍房源管理工作变得更高效、更规范。

（2）学生住宿管理。围绕着学生的入住、日常住宿管理、调宿、退宿进行。其中一般在新生入住或老生搬迁的时间段内工作量较大。因此学生住宿管理应用主要包括批量住宿安排、学生宿舍申办、日常住宿管理几个部分。

（3）宿舍日常管理服务。

1）宿舍住退调：为学校管理人员提供按学生在校住宿期间的住退调业务办理，可批量给学生做退宿处理及并对宿舍管理平时的异常进行处理，可查看全校宿舍日常动态的日志信息，并能对入住、退宿及调宿按照筛选条件进行统计。

2）宿舍卫生管理：为宿管人员提供对于日常卫生检查的电子化记录功能，改变传统的线下工作方式，从而保证宿舍日常管理工作变得更高效、更规范，同时业务积累的数据也可为学生评奖评优等业务提供依据。

3）宿舍违纪管理：宿舍违纪应用可为宿管人员提供对于日常违纪检查的电子化记录功能，改变传统的线下工作方式，从而保证宿舍日常管理工作变得更高效、更规范。同时业务积累的数据也可为学生评奖评优等业务提供依据。

（4）宿舍报修服务。围绕对于师生宿舍报修业务的服务及整体流程的管理，宿舍报修应用提供了师生在线申请报修及进度查看、维修负责人在线受理和派工、业务管理人员在线管理、监控办理进度和查询统计等功能。结合线下维修及结果反馈，提供完整的面向报修业务场景的应用。

（5）在线选房服务。由于当前大学生自主性强、服务要求高，传统宿舍分配学生入住的模式已越来越无法满足需求，学生自主选房、选择室友的呼声也愈加高涨。针对此项需求，通过学生选房应用的提供，既能够保证管理人员的房源管理工作有序进行，也能够保证学生的个性化需求得以满足。

4. 就业服务

（1）生源管理。毕业生生源数据准备是系统一切相关就业功能的前提，生源信息包括毕业生生源和非毕业生生源；教务处提供本科生的生源数据，研究生院提供研究生的生源数据。学生在系统核对本人的生源信息是否正确，若信息有误，在线提交申请并提供证明材料。生源信息的统计，统计报表能够按照学院、专业、学历类别、生源地等条件自由组合使用；生成的报表可按照学校的不同需要导出成需要的格式。生源地上报一般分为教育厅就业指导中心和教育部两种生源数据上报。

（2）推荐表管理。推荐表分为本科生推荐表和研究生推荐表两种模板。学生在本人生源信息确认后方可填写推荐表。推荐表经院系审核后在就业网上发布，供用人单位查询。审核通过后的推荐表学生不可修改，若需要修改，必须经过院系的反审核流程。各院系或毕业生本人可打印、导出推荐表。就业中心能够制作全校学生推荐表。

（3）毕业去向管理。毕业去向主要包括就业协议、出国、升学、未就业、灵活就业、隐性就业等方式。不同的就业去向填写的信息有所不同。学生在本人生源信息确认后，可进行毕业去向的在线登记，院系或就业中心也可对学生的去向根据就业协议进行代填。能生成就业去向报表，对就业协议进行统计。

（4）招聘管理。用人单位网上注册必须账号，注册时须准确填写单位名称、地址、联系人等信息。注册信息经过就业部门审核后，就可以发布相关信息、查询毕业生信息，并在学校进行宣讲会和现场招聘会等。

5. 离校服务

（1）离校管理。根据学校的实际离校手续安排，为每一类学生的离校流程在应用中实现规则的固化，从而实现离校业务在信息化层面的初始化。主要提供包括类别信息维护、离校流程配置、环节办理人员授权、毕业生离校服务配置。

（2）离校办理服务。通过之前的权限配置，各环节负责老师在离校办理应用中可对学生离校需办事项进行核对和办理，应用提供了简洁的办理操作，能够以图形化的方式实时显示当前环节的办理进度，为办理人员的工作提供依据。离校办理一般包括财务学费结算和项目经费结清、图书归还和超期罚款处理、保卫处户口迁移、组织部组织关系转移、学院按照之前的办理情况发放两证等环节。

（3）离校单服务。为学生提供电子离校单服务。学生可快速了解整个离校环节，离校系统以不同的颜色图标直观告知学生哪些未办理、哪些已办理、哪些无需办理、哪些必须现场办理的环节。对于未办理的环节，可以清晰地查询到此环节由哪个部门进行办理、办理地点在哪里、什么时候可以办理以及办理时所要满足的条件等。

（4）离校统计。通过离校统计应用，业务过程及结果数据无需手动维护和线下共享，简单易用的权限分配功能，保障业务进展数据随时可取可查，信息孤岛得以完善解决，并能够以完整准确的数据辅助各项决策。

6. 校友服务

校友系统是智慧校园的最后一个应用，接受和管理数据中心推送的相关信息，为校友总会、二级校友会的及时联系提供数据支持，增强了校友会工作的效率，更好地服务了校友。同时，校友系统作为学校与校友、校友与校友之间沟通联系的桥梁和平台，达到增进校友之间、校友与母校之间的感情。

（1）校友管理。校友的信息由数据中心自动推送，使用学校提供的虚拟校园卡账号和密码即可。校友信息通过自己和朋友提交修改，确认后变更，如工作单位、所在地区等。校友统计分析支持常见的柱状图和饼图等多种统计分析图表。校友信息统计分析应至少包括从事行业、居住地等的统计，以及各类自定义属性统计分析，包括校友属性、信息可信度、密切度等的统计。

（2）校友会管理。校友会包括院系二级校友会的管理、二级校友会成员的管理、地方校友会机构的管理和地方校友会成员的管理。校友成员按入学和毕业的学院、系别、专业、班级和班级成员的方式管理。

（3）校友网站。校友网站的主要栏目包括母校概况、校友会、通知公告、校庆专栏、校友活动、校友风采、校友办、校友企业等，同时包括校友的登录、注册入口和校友社区、校友服务及回馈母校相关栏目。

6.1.2 教师类服务

教师服务类是教职工的人事管理应用，覆盖了校内、校外各类人员入职前、入职、在校、离校等环节的全生命周期管理，为学校人力资源业务提供全维度的管理与服务功能，如图 6–1 所示。

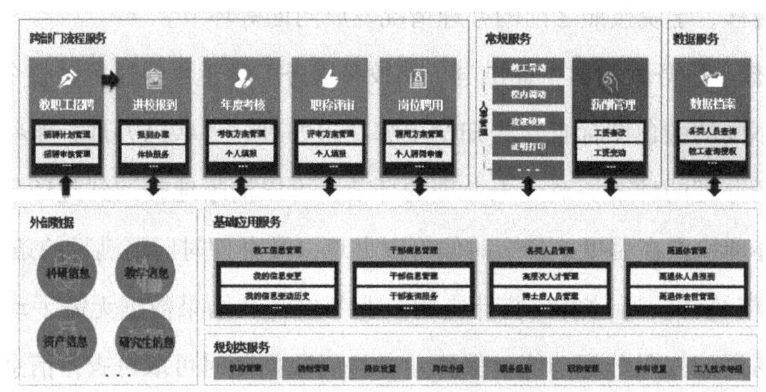

图 6–1　智慧校园教师类服务模型

（1）教职工招聘。教职工招聘应用是为学校解决每年的学校教师岗、管理岗、辅导员岗的人才招聘问题。系统通过内、外网的结合，实现了网上招聘的管理。需要应聘学校各个岗位的人员通过服务网站提交简历；管理人员也可以通过系统对简历进行筛选、审核。初审通过后的人员进入待考核状态，审核流程以工作流的方式可以自动转到对应的审核环节，并由审核人进行线上线下的办理，大大减轻了招聘管理的工作量。同时，教职工的招聘工作和教职工入职业务自动对接，教职工报到时信息可自动获取应聘时填报信息，再通过新进教职工报到服务办理进校相关事宜。

（2）新教职工报到。新进教职工注册报到应用是为学校解决新进教职工进校过程的应用。新进教职工在招聘环节进行了账号的注册，录用后信息自动转入系统，人事部门人员再次按照报到单进行材料审核，审核通过后自动生成职工号，相关信息推送到数据中心，数据中心将数据推送到服务大厅、财务处、一卡通、图书馆、教务系统、网络认证系、邮件系统等，切实优化了报到流程。

（3）教职工管理。教职工管理包含各类人员管理应用，如事业编制人员、非事编人事代理、聘期制人员以及离退休人员等。教职工管理应用为学校解决人事档案的统一管理和分析。个人可以查询和分析自己的相关档案信息，人事处可以对在职教职工进行查询统计和分析、对各类人员进行查询及对教职工查询的授权。学校授权人事部门对教职工信息进行统一的管理，并作为人力资源的权威数据源，教职工基本信息按照国标和校标进行，只要包括基本信息、求学经历及工作经历、在校信息、岗位职务变更等信息，每块信息均可按照角色进行最小粒度的权限设置和划分。同时提供教职工的信息变更渠道，教职工可自行修改自己的信息，院系和人事处可进行审核，院系也可对自己管辖范围内的教职工直接进行信息维护或提交人事处审核。提供个人信息变动历史查看可追溯。还包含了系统的维护、管理、查询和各种情况的统计，包括信息管理、信息查询、年龄、性别、学位、岗位、职称等的统计分析。

（4）个人数据中心。教职工个人可在服务门户查询自己的数据，如我的个人信息、科研信息、教学信息、资产信息、财务信息等，同时服务门户会根据历年的数据给出趋势预测。

（5）年度考核。年度考核是解决上级部门及学校每年对每个教职工进行德、勤、能、绩四个方面的量化认定工作。按照传统的模式，人事处制定考核方案、教职工填报、各单位考核并给予评语和考核等级、各个部门上报人事处、人事处发布考核结论。利用服务门户，考核在线下进行，数据在线上运行，很快就可以完成考核结果的统计，同时可以很容易地查阅考核过程、监控考核进度、登记和发布学校考核评定结果等。

（6）职称评审。职称评审应用是为了解决高校每年教职工的职称评审工作。人事处先进行职称评审方案的制定，教职工按照职称评审方案进行职称申报表的个人填报，各部门人事秘书进行职称申报表的审核，人事处代表学校组织职称业务、监控职称评审进展情况并再次审核相关部门审核通过的人员。职称评聘环节可以分别设置评议组、学科组、高评委专家和评议秘书。各学院评议组分别进行评议，网上查阅各学院申报人材料；各学科组按照学科分别进行评审，网上查阅各学科申报人材料；高评委对审核通过的人员进行评审，高评委秘书对投票结果进行录入，最后人事处代表学校统一公布职称评审结果。

（7）薪酬管理。薪酬管理可以根据学校不同的人员类别、用人方式或者状态等进行管理，按照上级部门政策和事业单位工资体系进行包括薪资信息、工资信息、薪酬标准等的管理。薪酬管理可以依据员工的岗位级别、薪级工资级别等各个标准级别来自动计算薪资标准和标准的变化；可以根据学校教职工信息的变化自动提醒各管理员办理起薪、停薪、复薪、离退休业务；可以对各项薪资款项的数据进行确认，提交人事处领导进行薪酬月度发放的审核，审核通过的薪酬数据可对接财务。

（8）离退休管理。离退休管理应用是为解决学校离退休处对退休人员办理退休后的一系列报到和人员管理，包括对离退休人员的信息维护、慰问管理、退休人员去世管理和相关统计分析。服务包括离退休管理和离退休分析。

（9）证明打印。证明打印应用是为了解决教职工出国、贷款等需要开发的基于智慧校园的小应用，可在线打印在职证明、收入证明、年收入证明等，同时提供英文版。可以直接到人事部门进行打印盖章，或者在自助打印设备刷身份证或一卡通进行打印。

6.1.3 教学类服务

1. 学籍管理

为教务处提供对学籍的基本管理功能，包括新生信息、学籍信息、新生选拔、学籍变更/异动、学籍注册等。

2. 课程管理

课程管理应用模块主要管理课程的整个生命周期，维护课程的基础信息，包括新开课申请、课程管理和课程查询。

3. 培养方案管理

培养方案是教务教学核心功能，教学都按照培养方案进行教学安排，培养方案贯穿整个教学过程，包含参数设置、方案模板、培养方案管理和培养方案审核功能。同时，系统向学生个人开放个人方案查询服务，让学生可以在线查询和了解自己本人的培养方案情况。

4. 执行计划管理

执行计划是对培养方案的信息按学期进行汇总，生成出指定学期的执行计划。执行计划管理是学校每个学期必做的一个过程。每个专业通过培养方案制定学期的执行计划，执行计划制定完成后，就可以汇总成学校的开课计划。执行计划包括：执行计划管理、执行计划变更、执行计划变更统计、校公选课计划申请和校公选课开课申请。教师可以在线申请每学期要教授的校公选课，由院系进行审核后开放该课程。院系和教务处也可以直接在线添加公选课。

5. 教学任务管理

学校依据执行计划自动生成学校的开课计划，再依据开课计划生成教学任务。教学任务包括开课计划管理、教学任务管理、教学任务检查、教学任务进度查询、重修人数统计、历年任务查询、教学日历维护、开课情况统计、体育项目维护和分级教学。教学任务管理包括参数设置、教学班维护、教学任务导出和打印开课任务书。教学日历维护包括参数设置、教学日历维护和个人教学任务。教师登录系统查看自己的教学任务。

6. 教室资源管理

教室资源管理实现对校区、教学楼、教室等基本信息的维护，以及教室借用的登记和维护。系统还向全校人员提供空闲教师查询服务，查询当期的空闲教室情况，可以按时间、教室类型、校区、教学楼、教室容纳人数等条件进行查询。

7. 排课管理

排课管理是对教学开展过程中需要的相关资源（包括课程、教师、教室和时间等资源）进行有机的组合，在满足学校教学活动正常开展和尽量满足学生选课需求的前提下，找到上述资源的最优组合，实现教学资源利用的最大化。系统提供按班级、教师、教室三个维度的课表查询功能。

8. 选课服务

提供包括分级教学管理、选课管理、学生网上选课、重修选课、免听申请、免修申请、选课结果管理、学生课表查询在内的一系列选课类服务应用，为教务处管理选课和学生自主选课提供信息化支撑。

9. 考务服务

提供包括考试安排、监考安排、考试违纪登记、缓考申请/管理、我的考试安排查询、我的监考安排查询等应用服务，为教务处、教学老师、学生等多种角色提供信息化服务内容。

10. 成绩服务

为教务处、学院、教学老师、学生等多个角色提供包括成绩录入、成绩复查、个人成绩查询、全校成绩查询、校外成绩认定、成绩统计分析、培养方案完成进度查询等众多应用。

11. 毕业审核服务

围绕毕业审核业务，提供包括毕业审核设置、提前毕业申请、毕业预审、毕业审核、学位审核、阶段审核、社会考试报名等相关服务应用。

12. 资源中心

为学校整体教学资源管理提供统一的渠道，包括学科门类、院系单位、系室信息、专业信息、班级信息、学年学期、教师资源等，便于在学校层面合理协调和分配各类教学资源。

6.1.4 办公类服务

智慧校园的办公类服务主要有公文管理、议题管理、督办管理等，如图 6–2 所示。

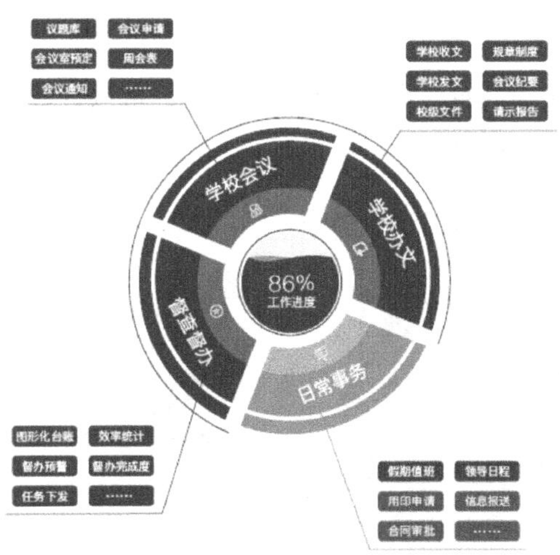

图 6-2 智慧校园办公类服务模型

1. 公文管理

（1）发文管理。实现学校发文的网上拟稿、审批、核稿、会签、编号、成文、校对、盖电子章、打印、发布、办结、归档等过程的流程化管理功能。一般通过 Word 控件支持正文的在线编辑、留痕、查看、套红等功能。发文文件内容统一采用 Word/WPS 进行在线编写。系统管理员按照公文的类型定制文件流转过程，办公自动化系统按照预先定义的工作流程进行流转，并按照定义的授权体系进行查阅。

（2）收文管理。学校收文管理主要对学校外部来文的收文登记、编号、主任拟办、校领导批示、转办、承办、查询、归档等过程进行流程化的管理，并提供收文监控，统一管理和查看所有收文办理情况。

（3）部门发文管理。实现部门发文的网上拟稿、部门领导审批、会签、编号、套红、盖电子章、发布、办结、归档等功能，并通过 Word 控件支持正文的在线编辑、留痕、查看、套红等功能。

（4）文件查阅。校级文件，按照流程经校领导签发后形成，发布时可选择全体发布或部分范围发布。可以设定校级文件的发布规则及自定义目录，并且可以进行文件的目录转移以便后期存档；部门文件同理。规章制度，学校和部门制定并审批后可以直接在办公自动化系统发布成规章制度文件，可以自定义规章制度目录，并且进行规章制度目录转移。

2. 议题管理

完成各类议题的网上起草、审批、归档等功能，可以查看本部门已经议题审议情况及所属会议，如图 6-3 所示。

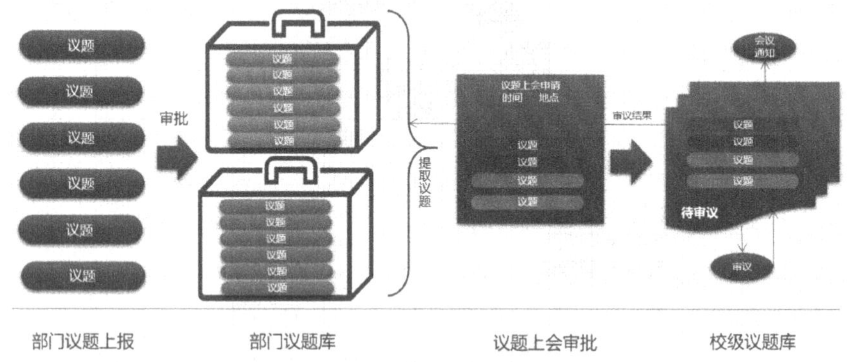

图 6-3 智慧校园议题管理模型

完成议题的汇总审批，并且进行议题的通知和审议状态的反馈，并设置资料提交时间，议题相关人员可在截止时间前上传上会材料。

3. 督办管理

督办管理主要服务于高校年度重点工作、重要会议（党委会议、校长办公会）、上级来文的督办分解落实，实际督办事项的批示下达、协作、督办跟踪等督办业务管理。系统实现督办单制作、通知、跟踪、承办人承办、督办结果反馈、查询等功能。

同时可以对督办任务进行进度管理。督办任务的拆解、阶段完成情况汇报查看、审批、归档；督办拆解任务的审批干预及进度条设置。

6.1.5 公共类服务

公共类服务主要是基于服务门户提供的服务。下面进行具体介绍。

1. 在线咨询

为学校管理部门和师生之间提供交流和信息互通平台，开辟咨询区，师生可以进行提问，管理员给予及时答复。在线咨询可以对咨询回复情况进行统计。

2. 消息推送

当部门有通知需要告知学校所有人或部分人，群发送消息通知时，可以直接编辑简单文字或发送通知链接地址、附件等；发送方式可以选择指定用户组或发送统一点对点的提醒，并且可以方便地查看消息的已读人数和未读人数，以便统计和再次提醒。

3. 校园黄页

外来人员以及本校师生办事需要找人找地点时，需要查询相关部门的办公电话和地点，目前学校有些是在网站上贴出办公电话和地点，但分散在不同的页面，而且不能查询，不方便找到，有些是发的纸质册子，受数量成本限制和数据更新频率限制，需要提供一个可以维护和查询办公电话和地点的信息平台，解决信息不对称的问题。当人员信息发生更改或部门调动，信息需要及时更新。如果需要人工维护，更新较慢，工作量也大。信息从校园的组织机构、办公人员的基本信息数据源，无需人工维护，与数据源保持一致。师生可以随时随地接入学校内部网络后查询学校办公地点、电话、邮箱等公开的相关信息。

4. 通知公告

学校各部门通过统一的渠道，做到消息内外有别发布通知公告，师生则可以通过这个平台统一获得需要的通知公告内容。

5. 个人日程

师生对于学校内日常安排的事情，包括校级的公用日历安排，如会议安排、请假、课程数据等数据分布在不同的业务系统中，当需要查看课表时需要到教务系统应用中查看，当查看会议安排时需要到 OA 办公系统中查看，实际这些数据都是一个个事件，分布在日历中的分散事件点，通过日程安排应用聚合在一起，并且个人可以添加自己的日程，设置日程类型公开或不公开，便于事务安排和信息共享。下级人员要找上级领导办事或处理时或帮助安排事情时就会需要查看上级的日程。师生查看学校校历安排公共日程及个人日程信息，可以新建事件，增加提醒，导入课程信息、会议日程信息等第三方日程数据。

6. 邮箱自助开户

每年都有新生和新进教职工入校，很多学校都是信息化管理部门在新生入学前会批量创建账户，教职工入校后需要拿着有效证件跑到信息化管理部门处去开通邮箱，对于漏掉的学生也需要拿着有效证件去信息化管理部门开通。对于新生和教师，有些并不知道自己已开通邮箱，并且有些已开通邮箱很多人没有使用，造成邮箱资源的浪费。为了解决信息互通，利用数据中心推送的数据实现邮箱自助开户，师生用自己信息进行激活，简化了流程，提高了效率。

7. 我的校园卡

对于钱的事情，大家都会比较关心，在学校主要是通过一卡通进行消费，一般都采用数据接口的方式提示最近的消费记录，或登录到一卡通系统查看全部的消费明细，是基于时间维度的查询，没有做到多方位的分析和展示消费情况，比如类别维度、金额维度等，让用户了解自己的消费分布。我的校园卡能够为师生提供一卡通消费的多维度统计分析，并以形象的图表展现。

8. 后勤/网络报修

当师生在使用校园网络或信息系统服务发生错误或异常等故障问题时，可以通过电话、网上、移动端直接进行报修。当报修后需要查看报修处理进度时，可以在手机端或网上进行查看。当网上报修内容有处理时可以给予通知提醒，报修处理后可以进行反馈评价。不同网络故障的管理员可以网上查看和回复自己需要处理的故障问题，对线上线下报修信息进行管理。

9. 失物招领

失物招领为全校师生提供统一的失物招领平台，捡到物品可以发布，丢了东西可以快速查询，并且对于有明确信息的一卡通和学生证等，可以利用共享数据进行查询，快速定位失主信息，精确匹配物品信息，提供寻物者与招领者之间信息的链接，提高物品归还的效率。

10. 体育场馆预约

当师生需要预订体育场馆进行体育锻炼时，可以登录体育场馆预约，选择锻炼项目和时间，根据目前场馆安排进行预约。预约后会收到提醒，也可以查看我的预约。体育场馆的管理人员可以维护体育场馆的具体信息、占用场馆情况及开放申请设置，可以根据时间、类型、场馆、查询和统计场馆安排情况。

11. 临时人员业务申请

学校各部门有外聘或合作的外部人员，需要开通学校的一些资源权限时，各部门的人事秘书可以通过登记临时人员基本信息，选择需要开通的业务，会自动发起权限审批，审批结束后自动推送数据到各个业务系统。如有权限变更，可以发起权限变更申请；应用管理员可以根据学校实际情况，设置审批流程及人员。

12. 自助打印

为校内师生提供自助式的证明类材料打印服务，用户可通过身份证、校园卡、校内账号等多种方式登录到自助服务终端，并选择对应的打印内容，系统会自动打印相关内容并自行取件，无需人工干预。系统通过电子签章、二维码防伪等多种手段保证证明类材料的合法性和有效性。

6.2 智慧校园大数据中心建设

智慧校园大数据中心建设包括三个方面：一个是大数据中心机房建设，属于工程类的建设；一个是智慧校园云平台建设；一个是基于云平台的分析平台建设。

6.2.1 大数据中心机房建设

大数据中心机房建设主要解决智慧校园平台中数据的存储、传输、使用、分析等的物理环境。从能耗和可扩展的角度来看，建议使用模块化机房，不要再建传统机房。

1. 模块化机房的优势

（1）高可靠性。模块化机房在布局、结构设计、设备选型、日常维护等各个方面进行可靠性的设计和建设。在关键设备采用硬件备份、冗余等可靠性技术的基础上，采用相关的软件技术提供较强的管理机制、控制手段和事故监控与安全保密等技术措施提高机房的安全性。

（2）易扩容性。模块化机房有良好的灵活性与可扩展性，能够根据业务不断深入发展的需要，扩大设备容量和提高用户的数量和质量。能够在不影响现有设备运行与保障投资的前提下，按需扩充机柜、配电、制冷容量，以提高用户的数量和质量。

（3）高维护性。模块化机房由一体化配电柜、行级空调、机柜系统、密闭通道组合而成。机柜系统主要容纳 IT 和网络设备，无需维护。密闭通道为气流遏制系统，主要用于冷热气流的隔离，无需维护。一体化配电柜包含 UPS 系统和负载配电系统，主要功率器件均支持热插拔，平均维护时间小于 10 分钟。行级空调用于模块内制冷，空调电源、风机均有冗余，便于维护。

（4）高密度性。传统机房制冷采用上送风或下送风方式，单柜功率密度通常小于 3kW/r，在较高功率密度时，会导致局部热点而引起设备宕机。模块化机房建设，采用行级空调近端制冷，可有效消除局部热点，单柜功率密度支持 21kW/r。

（5）经济性。模块化机房采用模块化 UPS、行级空调等先进的设备，通过 UPS 功率模块智能休眠、空调精确送风等先进手段，可以大幅度降低 PUE，减少机房的运营成本。以较低的成本、较少的人员投入来维持系统运转，提供高效能与高效益。

（6）管理性。在建设机房时，随着业务的不断发展，管理的任务必定会日益繁重。所以在模块化机房的设计中，建立了一套全面、完善的管理和监控系统。所选用的设备具有智能化、可管理的功能，同时采用先进的管理监控系统，实现先进的集中管理监控，实时监控、监测整个中心机房的运行状况，实时灯光、语音报警，实时事件记录，这样可以迅速确定故障，提高运行性能、可靠性，简化计算机房管理人员的维护工作，从而为计算机房安全、可靠的运行提供最有力的保障。

2. 建设的内容

（1）需求的明确。要根据具体建筑面积和实际需求计算机柜的需求，按照各类 IT 设备、安防、监控、照明、制冷等计算用电量的需求和 UPS 的总容量。

（2）空间的布局。按照需求，在保障数据中心各类设备环境参数的基础上、满足安全等级的要求、合理布置改革配套功能设施，减少系统之间的干扰，做到布局科学、装修完美。

（3）机柜及密闭冷通道系统的规划。这是模块化机房的关键，包含机柜的技术方案、机柜内气流的组织、天窗组件、骨架设计、抗震加固、消防等规划。

（4）供配电系统的规划。对于数据中心设备的供配电系统的规划，应先纵观总体金字塔管理体系，再从末端应用层到应急自备发电机和不间断电源系统以及市政高压输变电。供配电系统按电力的保障要求对负载进行分类，定义负荷等级进行分类保护。如精密空调、消防系统就需要高级别，而机房照明、新风系统可以定义为二级等，减少服务器及应用的宕机，如图 6-4 所示。

（5）UPS 配置。模块化 UPS 支持热插拔。

（6）UPS 电池的配置。按照恒功率算法进行计算电池组的个数。

（7）防雷接地。一般为感应雷防雷系统，仅对机房的电源系统进行感应雷的防范。

（8）空调制冷系统。制冷容量规划及空调配置、列间空调室内机、室外机组等进行设计。

（9）微模块布线系统。包含微模块内的布线装置和成套线缆。

（10）集中管控平台。能够通过 TCP/IP 网络、RS232/RS485、GPRS 等媒介实现对中心机房、分散于不同地域的机房等场地内的动力环境设备进行有效的集中监控，监控对象包括动力设备（UPS 电源、蓄电池组、发电机）、精密空调、室内空气质量检测、低压配电柜、精密配电、新风机、环境系统（温湿度检测、漏水检测、防雷监测、消防监测等）、机房灯光自动控制系统、能耗监测。

（11）门禁系统。通过生物识别技术，记录来访者，并做好授权访问。

（12）服务器规划。可以按需规划。

（13）网络设备规划。可以按需规划。

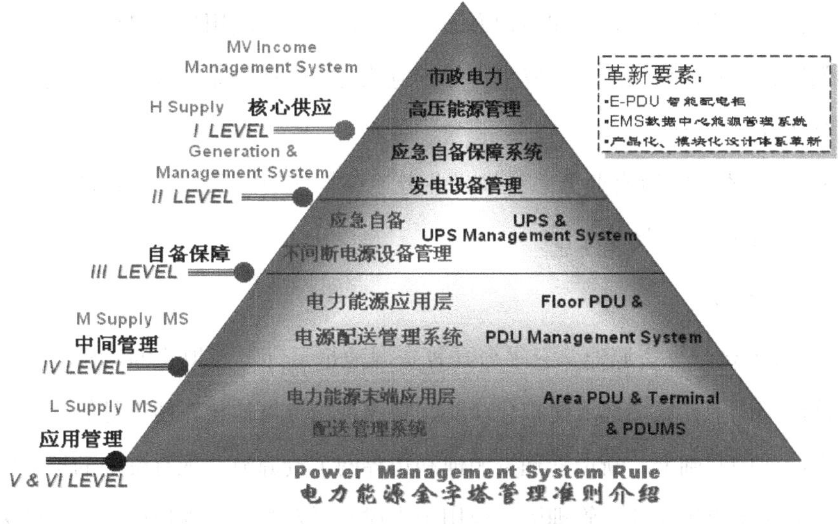

图 6-4　智慧校园电力能源管理准则

6.2.2　智慧校园云平台建设

智慧校园云平台的建设主要是虚拟化技术的选型，关于虚拟化技术在第 3.3 节已有详细的论述。

1. 建设的目的

（1）快速交付。可以快速部署虚拟机，完成应用基础设施的交付。再也不需要找启动盘、做 RAID（Redundant Array of Independent Disks，独立磁盘冗余阵列）、装系统几个小时才完成，基于模板几分钟之内就可以装好虚拟机，配置好操作系统的安全策略。

（2）扩展性好。利用虚拟化技术，可以及时针对业务变化进行快速调整和部署。

（3）安全性高。利用虚拟化技术，实现计算资源、存储资源、网络资源、安全资源池化，可以进行云平台的全网有效管控，提高安全度和可靠性。

（4）自助服务。管理员通过自助式门户和目录向终端向用户或租户提供的预定义基础架构和桌面服务，使用者通过界面进行自动化调配。能够提高用户的敏捷性以及降低 IT 成本，同时使用模板的定义还能确保符合行业和单位的法规和策略。

（5）易运维。云平台实现了统一调配、集中运维，对管理员而言，只需通过一个管理界面就可以完成对数据中心内所有服务器的安装配置、性能监控等管理任务，并全面地了解基础设施所有层的情况。通过标准化、专业化和流程化手段提供运维水平，降低信息化管理人员投入和培训方面的开销，有效解决用户信息化维护力量相对薄弱的问题，提升了架构应对突发事件的响应能力，使业务系统远离宕机威胁，保障业务持续运行。

（6）低成本。把所有业务系统纳入业务连续性保护体系，消除存储单点故障，实现业务系统的高效、连续运行。

2. 建设的内容

（1）云平台计算资源池。云平台计算资源池也是计算虚拟化的基础，在现有物理服务器的基础上，底层部署虚拟化产品，将物理服务器池化，使得计算资源成为整体；在资源池的基础上，新增管理资源池和边界网关资源池。现有资源的扩容以便为更多的业务系统提供支撑。管理资源池用于支撑云平台管理类虚拟机，边界网关资源池用于支撑边界网关虚拟机。

（2）网络虚拟化。支撑虚拟化基础架构以及云平台，云平台的网络拓扑要具备安全、可靠、可扩展、能与云平台软件联动等特性。通过网络虚拟化，数据中心的各类应用所需要的网络功能都可以快速、便捷的由数据中心 X86 Hypervisor 来实现。

同时通过网络虚拟化功能，许多虚拟网络可以快捷地复用到一个单一的数据中心 IP 转发物理网络上。通过网络虚拟化建设，进一步完善云平台，包括：进一步推动网络系统的软硬件分离，改变传统物理网络的组建和管理维护模式，加快虚拟化系统的部署以及提升资源池安全防护力度。

（3）云平台运维管理。传统的监控运维都是设备或软件独立的、相互之间无任何关联，例如服务器、网络和存储都是各自厂商的产品提供的软硬件进行监控，管理起来复杂麻烦。而且对于软硬件的监控都是事后报警，处于被动状态，不出问题不知道系统存在风险，一旦出了问题也不知道如何去定位，尤其针对于容量问题的出现。在系统建设之初，没有合理规划，可能导致在系统运行过程中，计算、内存、网络和存储资源存在瓶颈，无法满足系统业务量的快速增加。因此，传统竖井式的监控运维管理体系存在很多限制，业务敏捷性受到严重影响。在云计算平台上，服务器、网络和存储都形成为资源池，中间件、数据库及应用都是在资源池上共享运行，对于监控运维管理的方式从竖井式变为水平化，分层次全方位的监控，监控的对象包括硬件的服务器、网络和存储，也包括虚拟化层、操作系统、中间件、数据库、应用以及桌面。同时，借助智能数据分析技术，对于系统的容量、健康度以及风险实现预警机制。

（4）存储资源池。解决现有存储资源无法满足业务增长所带来的存储危机，增加共享存储，同时考虑未来可扩展的分布式存储，满足实现云桌面、视频、图像、网盘等一些结构化和非结构化数据，满足高速存储应用需求、数据备份需求、数据共享需求以及数据容灾需求。

（5）安全资源池。解决云平台安全问题，如防病毒、防火墙等，三层以下可以用系统来完成，3 ~ 7 层需要部署安全产品来解决，同时可以解决东西向的流量问题。

6.2.3 大数据中心应用建设

大数据应用是基于云平台的计算资源来开展研究，其建设基本上没有完全标准化的解决方案，因为大数据的需求是个性化的，如经济学院要做金融大数据分析、大健康学院和校医院要做大健康大数据分析、计算机学院要做可信网络大数据分析、图书馆要做教师学术行为大数据分析、学工部要做学生画像、就业处要做就业主题，每个部门的要求都不一样，同时数据来源差异很大，有购买的、有爬虫获取的，有结构化、半结构化、非结构化的等；应用系统使用的时间点、使用频度等也有差异，信息化管理部门一般提供云平台，并对需求进行合并，尽量归并到智慧校园平台，如图书馆的教师学术行为大数据分析可以和科研服务平台进行耦合；学工部要做学生画像、就业处要做就业主题这两个就是属于学生类的大数据分析可归并处理等。

针对智慧校园大数据而言，一般应该有大数据身份管理平台、应用门户、主数据管理平台及移动端、数据服务总线平台、大数据底层平台、数据分析工具等。

大数据应用建设数据采集平台、数据展示平台等都可以复用，但每一个算法分析都有差异，需要依靠科研人员或产商协助完成。具体建设可参考第 6.7 节。

6.3 智慧校园服务门户建设

智慧校园服务门户是智慧校园智慧性的体现，每个学校的叫法都有差异，如信息门户、校园门户、服务门户、服务大厅、一站式服务大厅、一站式办事大厅等，其实就是在智慧校园提升学校各类信息资源集成和交换水平的基础上构建的管控学校各类网上服务的信息平台，开发建设各类网上服务业务，满足学校各类人员网上一站式个性化信息服务和事务办理需求，实现以线上办理为主、线上线下结合的新型学校管理与服务模式，从而简化师生服务程序，方便师生办理事务，提高学校办事效率，提升学校整体服务水平，为学校全面发展提供有力支撑，包括综合信息服务门户、统一身份认证平台、统一通信平台、数据管理平台、系统管理、应用开发平台、业务系统集成、一站式服务大厅等囊括了智慧校园应用系统的全部内容。

1. 建设的目标

服务门户实现三个转变：“师生跑腿”为“信息跑路”、“师生来回跑”为“部门协同办”、“被动服务”为“主动服务”。

服务门户实现三个目标：建立教职工、学生的服务目录，建设教职工、学生数据库，建立跨部门的信息互通共享机制。在研究梳理服务流程体系的基础上，实现“一站”申请，简化师生办事流程。建立学校服务事项优化管理机制，建立一站式服务大厅，整合构建统一服务门户，实现跨系统数据共享、交换，构建网上网下一体化服务体系，实现“一站”受理，创新师生服务模式。构建师生统一身份认证体系，构建师生服务“一张网”，以大数据创新推动服务新模式，实现了“一站”通办、畅通服务的方式渠道。

2. 建设的重点和难点

（1）信息开放共享。在大数据平台的基础上，科学梳理数据资源，建设统一的基础数据库，建立共享交换机制，利用大数据辅助决策分析，实现数据的开发融合服务。在服务办理过程中，已有的数据自动填写，用户需求的数据精准化推送。

（2）服务模式转变。服务模式由线下的等待服务转变为线上的主动服务，如图 6–5 所示。

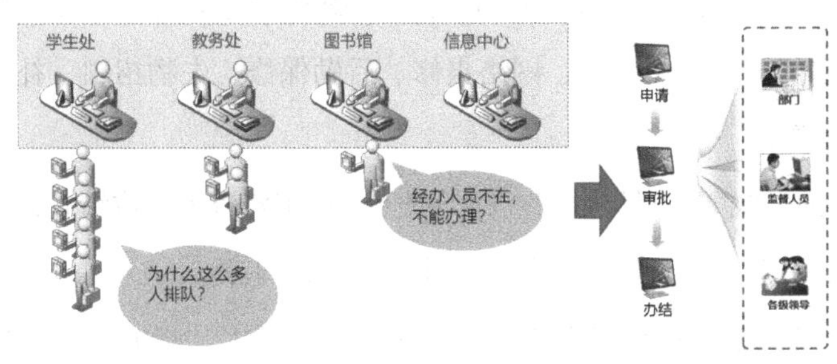

图 6–5　智慧校园服务模式

（3）办事效率提高。实现事项的分类导向，由单个事项转变为以用户需求为导向的服务化分类方式；实现事项办理的标准化，通过标准化服务流程引擎，按照事项分类提供的一站式服务内容和方式；实现了数据服务统一化，利用单点登录、关联查询等配套数据接口，如图 6–6 所示。

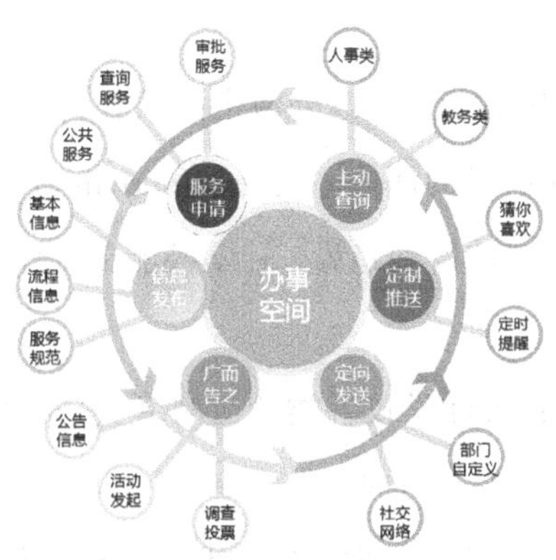

图 6–6　智慧校园一站式服务模型

3. 建设内容

（1）全校统一的服务入口。实现一个入口完成全部事情的办理。

（2）服务按人群定时定向推荐。

（3）支持多维度搜索，服务信息清晰明确。

（4）数据自动填写，审核进度一目了然；多渠道待办提醒；在线审批，信息一目了然；办理结果自动提醒，随时掌握办理进度；流程服务监督评价。

（5）可视化的服务统计。

（6）公共服务建设，其主要内容如下：

1）业务流程类服务：提供部门内业务流程服务和跨部门的业务流程类服务，如上课请假、教室借用、场馆申请、网络报修、后勤保修、失物招领、补考服务、出国申请、学生休学等。

2）数据查询类服务：提供数据查询类服务，如工资查询、成绩查询、课表查询、校园黄页、校园活动、班车服务、考试安排、消费查询等。

3）系统链接类服务：在实现统一鉴权认证的基础上，集成系统链接类服务，通过单点登录实现业务服务的跳转。

4）流程指南类服务：提供办事流程指南类服务，提供办事流程的介绍、跨职能部门业务流程图、资料下载。

（7）大数据分析建设，通过采用微服务架构，插件式开发模式，提供插件在线管理功能，支持在线 AES 证书认证、在线模型说明管理，同时具备聚类、分类、预测、关联分析的能力，具体内容如下：

1）聚合分析服务：提供对校内、校外特定网站和新闻网站以及论坛进行先分类再聚类模型构建，并进行正能量的评估，应用 Apriori 和 FP-growth 算法，能够全面监测热点新闻、话题、事件的整体发展趋势，让学校能更好地对校内外网络的内容安全进行控制和引导。

2）中文热词工具服务：关注学校各类社交网络及平台提及的关键词，深入洞察师生心理，帮助学校及时了解舆论方向。

3）热门推荐工具服务：采用大数据挖掘技术，实现对推荐服务进行标签化管理，并结合服务的分类划分提取潜在的热门服务，为学校师生提供最热、最新的服务推荐，如视频推荐、应用推荐、课件推荐、课程推荐、图书推荐等。

4）贫困生识别服务：在学校丰富的业务应用深度整合的基础上，将对学生学习、生活等各类数据进行监测统计，根据大数据挖掘算法进行建模，实现对学校贫困生的识别，并提供预警服务。

5）关联分析服务：采用主流的大数据挖掘算法，以学校数据中心平台丰富、全面、权威的数据为基础，将分散在各部门的数据集中到一起，以教师、学生角色为主线，支持面向主题的多维查询和个性化查询与分析，为用户提供跨部门立体式的人事、教学、学工、科研、设备资产、财务经费等综合信息服务，如学霸养成分析、消费与学生学习关联分析、生活与学生学习关联分析等。

6）预测趋势分析服务：基于 Logistic regression 算法，可在结构化和非结构化数据中使用以确定未来结果的算法和技术。可为预测、优化、预报和模拟等许多其他用途而部署，也可为规划流程提供各种信息，为学校管理和决策提供有效的数据支撑。

6.4 智慧校园站群系统建设

学校门户网站不仅是学校形象的代言人，同时是一个学校宣传的阵地，也是学校全媒体的基础，聚合校内各级各类网站的信息，打破一报（学校校报）一网（网站）一端（移动端）没有完全成为融媒体的局面[1]，全方位地作为学校主流媒体。

2019年1月25日，习近平总书记在中共中央政治局第十二次集体学习时，深刻诠释了“全媒体”的概念：“全媒体不断发展，出现了全程媒体、全息媒体、全员媒体、全效媒体”。“全程”，突破了时空尺度，零时差、“五加二”“白加黑”，传播随时随地都可以发生；“全息”，突破了物理尺度，所有信息都可以变成数据，用一个手机就可以获得；“全员”，突破了主体尺度，从“我说你听”的一对多传播，变成了多对多传播，互动性也大大增强；“全效”，突破了功能尺度，集成了内容、信息、社交、服务等各种功能，成为“信息一条街”。[2]

原有的网站都是一个部门、一个学院、一个研究所、一个研究课题一个网站自行进行开发，无法实现信息的交换，同时在建设中存在诸多问题，利用站群将统一发布信息，实现各个部门信息之间的流转，做到有效管控，减少安全风险。

6.4.1 站群建设的必要性

1. 高校网站建设的现状

（1）网站关系松散，建设水平参差不齐，不具备统一的对外形象。校园网站是学校对外宣传和展示形象的窗口，是媒体、学生、家长了解学校规模、师资力量、办学水平等方面的主要渠道。

随着学校的高速发展，学校众多网站存在设计不美观、风格等对外形象不统一、功能及定位已无法满足学校日益增长的需求等诸多问题。如何提升学校的品牌辨识度，保障学校整个网站体系能够更好地宣传学校的品牌形象，满足学校信息发布的需要，为各类用户提供高质量的在线服务成为学校亟待解决的问题。

（2）网站管理对技术及管理人员严重依赖，难以提升管理效率。学校众多网站缺乏统一的管理运维平台，有些网站采用不同的技术架构，使用不同的管理后台、不同的数据库，系统维护方式也各不相同，部分网站存在建设难、改版难、维护难的问题，网站间信息无法充分共享。现有一群网站的维护和管理占用了管理人员大量的精力和时间，而且难以提升管理的效率。

（3）缺少统一的安全运维平台，时刻面临挂马、篡改各类攻击行为的挑战。分散建设的网站出入口很多，且每个网站的安全设置与安全标准不尽相同，难以进行统一的安全运维管理。整个校园网站的安全性无法统一保证，网站运行存在着较大的安全隐患。

（4）智能移动设备的普及，网站移动化成为趋势。移动终端的普及化，使用户也越来越习惯通过移动终端访问网站，网站全面移动化已成为学校网站群建设的未来趋势。没有进行移动化的网站，用户的移动设备访问体验较差，如过小的字体、不清晰的图片、不适合手机浏览的界面、浏览时难以操作等问题，将会导致用户失去访问兴趣。

2. 站群建设的目标

搭建一个符合学校特色和校风的网站群管理系统，以主站加子站的信息发布体系，完成学校所有信息发布类网站的资源整合；建立学校级别的网站群建设与管理制度；

培养校级及二级网站运维队伍，在公司方或校级管理员提供技术支持，保障网站群可持续发展。

建设学校网站群，就是将各站点连为一体，支持全部站点的统一管理，将现有的各职能部门的信息联系起来，使得同一组织内各个站点之间不再相互孤立。以统一的门户协同为来访者提供服务，来访者可方便地通过一站式服务平台获取信息和服务。网站群管理是实现统一权限分配、统一导航和检索。

3. 站群的价值

（1）全面提升学校网站的安全、防护及性能。采用网站群模式，只需一套平台就可满足整个学校所有网站的建设需求，进行集中统一的管理，可整体对网站群制定备份、防病毒、防黑客攻击的安全措施，避免被挂马、钓鱼等。

（2）便捷高效的网站管理与维护，提升网站维护效率。通过统一平台进行信息的发布就可以管理好二级网站，大大降低了二级网站开发的难度，同时按照站群系统的功能也可以在关键时间节点进行网站的换肤、关停等，极大地方便了管理。同时通过站群系统，可以实现新闻的共享，如院系将重要的新闻推送到学校主站，学校审核修改后新闻将在主站和子站同时出现，再也不用通过办公自动化或线下方式提交新闻稿件。平台化的统一管理与维护，使学校的网站运维更加简洁高效，大大减少工作量，降低工作难度，提升工作效率。

（3）展现学校的“软”形象，提升学校社会影响力。互联网时代，关心学校的人员都已经习惯于从学校网站及子网站上了解学校教学、科研、招生、就业等各方面的情况，运行良好的校园网站群不仅仅包括学校主站，也包括各个子网站，可以在网上长期宣传学校，覆盖面广，成本低，效果好。可全面提升学校的对外形象，有力地促进学校教学、科研、招生、就业工作水平。

（4）一步到位解决学校网站全面移动化过程中的移动版网站的建设、管理、内容维护等问题。采用网站群移动版，与现在的网站群系统一起集中部署和管理，可满足学校网站群电脑版和移动版的建设。能够为各个部门单位在统一的平台上快速建立高质量、符合自身需求的手机网站，一次性解决了学校未来各个院系手机网站的建设问题，最大程度地减少手机网站建设的低水平重复投资。统一多类型网站的运维管理及内容维护，大大提升网站相关人员的工作效率、降低工作量及工作难度。

6.4.2 站群建设模式

站群的建设模式很多，各个学校从自身特点出发选择合适的建设模式。

首先必须明确的是站群传播的是面向社会公开在互联网发布的信息，禁止传播任何涉密信息，因此站群的主要功能是发布；其次站群（门户网站）系统按照网络安全法等要求必须通过信息系统等级保护三级测评；最后站群要实现50个以上网站的管理。

结合以上原因，我们认为站群建设模式有以下三种。

（1）按代码的开源性分，分为商业站群和开源站群。现在部分学校网站建设采用商业站群系统，虽然不完全符合学校的特色和期望，但适合管理人员少、技术要求不高的学校。这种方式建设后网站的界面取决于软件供应商的开发能力，同时存在和其他学校界面一模一样的情况；若软件供应商售后服务跟不上，会存在重大安全风险。若出现校方认为很简单的问题都必须多次与原厂商沟通才能解决，如某校网站被教育部科技司通报存在信息泄露的问题，经核实是新闻中的一个链接的附件中包含了诸多学生身份证、电话等信息，但通报网站发布的信息是从学校其他网站复制过来的，就无法定位信息源。在多次沟通后，站群公司通过漏洞报告的链接查询后台数据库才获得原始文件的出处并删除，远远的超过了48小时的限定，没有在有效的时间内解决。究其原因，就是站群系统没有做附件的监控机制（市场上还没有做到监控各类附件的站群系统），不能做到溯源，给用户带来了很大的麻烦。

另外一种就是采用开源软件，华南师大的做法值得学习，利用开源的PHPCMS系统，实现了支持自定义模型和字段的强大灵活功能、支持中文标签和万能标签进行数据调用的模板制作、支持可视化预览和编辑的门户级碎片功能，实现了门户级别的站群管理模式。但采用开源软件需要有较好的技术开发能力和开发团队。

其实如果不考虑成本和二次开发，可以采用商业站群。查询了各级政府采购网，50个左右网站的软件中标价格大概是50万；网站逐年增加，还需要增加授权和模板，质保期过后还有不低的维保费，很多学校站群建设投入成本基本达到小型数据中心成本。

（2）按部署方式方式分，分为本地端和云端。站群系统发布的都是非密信息，如果学校数据中心或出口承载能力有限，可以部署在云端，并在校内做好镜像和数据备份。如果学校有丰富的网络带宽和多个互联网出口，同时有完整的数据中心和安全防护措施，建议放在本地端。

（3）按使用模式分，分为购买和租赁。站群系统公司不愿意为学校做二次开发，作为一个标准化的产品完全可以采用按年付费、购买服务的方式来实现。

现在网络安全形势严峻，必须要做到有效管控和及时处置，同时门户网站必须每年进行信息系统等级保护三级测评。若将站群放在教育云或公有云，教育主管部门购买站群系统（现在大多数学校购买的是西安博达、北京通元、南京苏迪等公司的站群系统），校方按年付费，云端整体做安全防护和等级保护测评，这样就可以规避部分学校由于经费等原因安全措施不到位导致网站保护不力的问题，大大降低关键时间节点出问题的几率。

6.4.3　站群主要功能

1. 站群的要求

（1）专业的系统平台。选择主流的产品、用户规模大的、成熟的专业的系统。

（2）纯 B/S 管理架构。前后台、数据库分离，用户可以通过浏览器登录到界面进行信息的发布和管理。

（3）全面的安全设计。系统自身具备较为完善的安全体系，在防护、检测、响应、保障层面提供网站群的全方位安全防护策略，最大化保证了系统的安全和稳定。①网站安全：防攻击、防入侵；②数据安全：备份、恢复机制，关键数据采用 MD5 加密方式，密码不可逆；③登录安全：账号/密码/验证码三重确认机制、管理员 IP 限定；④传输安全：传输过程中采用 SSL 加密，支持 CA 认证；⑤网络安全：支持结合第三方网络安全产品，共同保障学校网站网络安全。

（4）开放的设计理念。系统应基于 J2EE 的构件化、面向对象的设计，可做到灵活扩展，具有优秀的跨平台特性，同时，系统具备高度的开放性，提供标准的接口，保证了建立在统一标准之上的移植、整合、可重用，对一些后续的需求，能够方便地进行扩展与延伸。可以方便地集成在服务门户中进行权限和功能的管理，同时系统也可以集成主流的一些建站系统，如 wordpress 等。

（5）良好的兼容特性。系统应该支持主流的操作系统，如 Windows、Linux 等；

兼容主流数据库，如 SQL Server、Oracle、Sybase、MySQL、IBM DB2 等；兼容主流应用服务器，如 Tomcat、Apache、WebSphere、WebLogic 等；兼容多种浏览器，如微软 IE 版本浏览器、谷歌 Chrome、360 浏览器、苹果 Safari、火狐 Firefox、欧朋 Opera 等。

（6）网站的组件构建。组件化的构建方式，网站页面设计采用组件拖拽的方式，页面元素可以自由组合，而且只需被设计一次就可重复利用，并可任意地放置到不同的页面上，可快速进行建站与改版。

（7）全效的终端显示。使用智能手机、平板、计算机访问网站群，借助“多屏展示”技术，网站群系统会自动识别用户访问设备，并为用户提供最佳的适配界面，使用户享受到流畅的浏览体验。信息展示、操作习惯、互动应用进行全设备优化，兼容多种不同分辨率（屏幕从 2.5 寸至 6.5 寸，分辨率从 240 × 320 至 1920 × 1080），兼容全部终端设备的浏览器及主流操作系统。通过平台的设备特征匹配机制，可以快速识别出设备类型，从而推送与之对应的网页，实现一个域名访问多种类型的网站，移动网站与电脑版网站共享了域名的权重，网站在各种设备上访问体验得到了统一。

（8）可视的移动组件。通过移动化组件、内置手机模拟器、多设备模板同步映射、智能数据读取等技术，使移动版网站的建设变得更快捷，满足了网站群大量网站移动化的建设需求。

（9）灵活的栏目配置。手机版网站创建时可自动继承电脑版栏目，并可自行对手机版栏目进行增、减、删等操作，系统栏目支持无限层的树状方式管理，可以进行移动操作。用户可根据需要自主设定栏目的层次结构，可任意排序，也可以更改到任意节点层次上。

（10）信息的同步更新。实现内容一次发布，PC、手机、平板多设备内容同步更新，大大提升管理效率和用户体验，降低了内容管理的难度。

（11）方便的在线交互。PC 版和手机版完全支持信息公开、在线办事、互动交流、在线咨询、在线评论等多种交互功能，增加用户的交互体验，提高移动站的宣传及服务力度。同时可以与微信集成，完成信息的推动和接收。

（12）二维码的自动生成。系统内置二维码组件，可以自动生成网站的二维码，也可以自动生成文章页面的二维码，方便网站和文章的扫描与分享。

2. 站群的管理功能

（1）分层次分布式站点管理：在一个平台或体系下实现多个子站的管理，各子站既可独立运作又可共享资源。

（2）统一用户/认证服务管理：对网站群内所有用户进行统一管理，统一赋权，内含单点登录系统，可集成多个应用系统，并可支持独立的统一认证服务管理。

（3）完善细致的权限管控体系：系统对站点的维护功能提供详细的用户权限设置，更好地支持多角色协同工作，支持多级权限管理、多维度权限分配。

（4）备份恢复：对系统数据和文件进行备份与恢复管理。提供多种备份方式，可以制定备份计划，按计划时间定时备份或一次性执行备份。

（5）日志系统：系统记录详细的用户操作，对操作人、操作时间、登录IP、操作对象、操作内容描述等信息详细记录，对日志记录支持模糊查询。

（6）系统配置：对系统进行配置管理，包括系统运行环境、配置的显示，数据库连接配置，数据库查询（支持跨数据库查询），数据包的恢复安装。

6.4.4 站群部署和数据迁移

1. 站群的部署

系统支持单机部署、双机部署、集群部署、管理机与发布机的分布式部署、物理隔离部署和远程分离式部署等多种部署方案。支持多机多服务器发布功能，可以设置发布方案，从网站群系统灵活管理服务器，并可设置备份服务器，用作容灾备份。具备专门的多机发布系统，用户能够灵活增加服务器配置方案。

部分部署方式如下：

（1）多机发布：多机发布可有效降低前端服务器访问压力，规避单台服务器故障风险，提升网站群整体访问速度。

（2）双机热备：双机热备可有效提升网站可用性，确保网站管理服务器 7 × 24 全天候正常工作，避免管理服务器单点故障。

（3）集群式部署：集群式部署是网站群针对性能和安全的全面部署方案，不仅可以降低单台服务器负载提高访问效率，同时也可以避免服务器单点故障对网站群造成的影响，可以极大提升网站群系统整体性能和可用性。

2. 数据迁移

数据迁移是将多个原有网站的关键数据迁移到新平台，并兼容原有的应用系统，进行统一平台管理、统一部署，具体实施步骤如下：

（1）网站整体优化：根据现网站当前情况及业务变化，进行网站目录、功能优化梳理，使网站功能、栏目设置更加贴近业务要求，更加符合网站管理要求；网站页面美工优化设计，使网站更加美观大方，布局更加合理，同时支持当前主流显示器分辨率及网页浏览器；将网站数据库按需要进行升级，为网站后期发展打下坚实基础，充分考虑到后期网站数据膨胀而导致数据库无法满足需要的情况。

（2）网站数据迁入：原有网站经过一段时间的发展，其自身也积累了许多宝贵的网站数据、资料，为了将这些宝贵数据保存、沿用下来，数据迁移需要进行原网站数据迁入工作。在迁移的过程中，系统会将网站原有新闻采集到迁移后的网站，采集的范围包括新闻的正文、图片、表格、以及其他相关数据。如需更换数据库，则同时将网站数据库由原来的数据库系统迁移至目标数据库系统，同时在迁移工作结束后，要对资料数据进行完整性测试，保障迁移工作顺利完成，而不是留给用户自己解决。

（3）安全检测：网站纳入站群系统后，配置网络入侵检测防御及防火墙等统一安全防护，为网站安全运行提供全面安全保障；同时要在完成之前迁入文件的病毒和木马查杀处理的基础上，开启文件的实时安全监测。

（4）保留过渡期：为确保系统对外提供不间断的持续服务，同时避免由于新系统运行过程中出现问题，导致系统无法正常访问，做到“新系统不稳，老系统不停”，系统正常后将老系统整体迁移至内网，以备后期查阅和存档。

6.5 智慧校园科研服务平台建设

科研成果、科研能力是对学校评估的重要指标之一，建设适合双一流要求和学校发展要求的科研服务平台，不仅能提高管理和服务的水平，同时通过数据分析将产生新的应用。如学生科研原来是作为第二课堂由团委或学工在管理，未进入学校的科研平台但在工程认证或学科评估时是要统计的；老师的教改和教材归属教务处，在学科评估的教材建设时就需要再次核实数据。以应用为主，打破部门的限定建设服务平台，将最大限度地收集数据，更科学地进行决策和分析。

1. 建设目标

科研服务平台集合了学校各级各类学科平台项目和教改、教研项目申报、审批、立项等工作；同时包含了各级各类项目、论文、专利的登记；还要对教师和学生的科研方向进行分析、科研成果进行量化考核，为学校的学科发展、研究生导师考核等提供决策数据。

2. 主要内容

（1）科研服务网站管理。各类项目申报通知、经费到账、项目结题、管理制度等的发布，同时也是其他系统调用科研信息的数据源。

（2）基础资源管理。包含学生、老师、校外人员在内的科研人员、科研团队的科研队伍管理；包含各类实验室、研究所、研究基地等科研平台管理。

（3）科研项目管理。按照纵向项目、横向项目、校内项目等进行管理。包括项目申报、项目审批、项目立项、任务书填写、合同签订、合同变更、项目结题等。

（4）科研成果管理。包含论文、著作等的录入或通过爬虫收集，多级审核后的科研成果；专利、著作权等知识产权的管理；各级各类成果获奖的管理。

（5）科研经费管理。与财务系统联动，实现到账查询、经费查询、报账查询、项目经费结余查询等。

（6）科研统计。按照各种要求可以自定义查询并导出，支持向上级部门报送数据及模板的生成。

（7）决策支持。对学校科研进行细粒度的分析，发现优势科研项目和科研人员。

6.6 智慧校园学生事务服务平台建设

智慧校园学生事务平台建设，实际上就是学生从录取到毕业到校友全周期管理服务，部分内容参见第 6.1.1 节。

1. 建设目标

为迎新、学工、宿管、心理健康服务等提供信息化技术支持，覆盖整个学生教育和管理工作流程，实现学生管理工作的信息化、无纸化和规范化，提高工作效率和水平。并通过学校数据平台彻底解决学工系统数据源与数据孤岛问题。

（1）支持各类管理工作模式：实现学生各种业务管理工作的信息化，包括迎新、学工、宿管、心理健康服务等业务。

（2）支持学校现行管理模式：符合国家、学校现行学生管理模式。支持校、院两级管理模式，实现各部门主要工作的信息化；同时，遵循学校信息标准，包括信息编码标准、代码标准、接口标准等，开放标准的数据接口，与学校数据中心实现对接。

（3）支持各种系统数据和对象。数据：支持海量信息的存储、处理等（如学生基础信息、学生测评管理等）；实现各类数据核准、上报、统计等功能；实现与校内其他相关部门的信息交换接口，实现各类信息共享。角色：支持校、院两级和部门不同类别管理人员的角色和权限分配。文档：支持各类奖学金、助学金、补助等的申请表格填写，以及各种证明材料的附件上传，便于无纸化办公。流程：实现各类奖学金、助学金、补助等申请、综合考评等工作的流程。字段：对于学生和辅导员的基本信息完全按照学校现有体系结合现有学工系统建设，系统界面美观，具有艺术观赏性。

2. 主要内容

（1）迎新系统：包括基于 PC 和移动端的迎新外网、流程和数据设置的迎新准备、录取后新生网上预报到管理、迎新现场办理、迎新办理统计等。

（2）学工系统：入学教育管理模块、学生动态信息管理、综合考评管理（如学生的学分绩点、奖学金评定等）、学生资助管理、重点学生帮扶管理、学生事务管理、辅导员管理、辅导员考核管理等。

（3）心理健康系统：心理健康中心网站、网上预约、学生咨询信息管理、心理论坛等。

（4）宿舍管理系统：宿舍资源管理、宿舍分配管理、宿舍日常管理、宿舍住宿信息管理、宿舍调整管理、宿舍文化建设、宿舍考评、宿舍数据分析应用等。

6.7 基于大数据的主题决策分析系统建设

大数据主题决策分析是建立在大数据管理平台之上，在学校的云平台部署大数据管理平台，按照需要展如教学大数据、学生行为轨迹、学生画像等分析和研究，进而指导学生的学习和个人发展，同时为学校的科学决策提供依据。

6.7.1 大数据管理平台

一个完整的大数据管理平台包含数据采集、数据治理、存储检索、实时计算、挖掘算法等，下面以 Sunm–InCenter 大数据管理平台为例来说明。

大数据管理平台（Sunm–InCenter）是一套完整的大数据平台构架，涉及 9 个关键的核心部分，包括智能数据采集中心 InCenter–DC、智能数据治理中心 InCenter–DM、智能存储检索中心 InCenter–SR、智能实时计算中心 InCenter–RC、智能挖掘算法中心 InCenter–MA、智能科研实践中心 InCenter–SP、智能统一 API 中心 InCenter–UA、智能数据运维中心 InCenter–DO，以及智能数据安全中心 InCenter–DS。整个平台的技术构架图如图 6–7 所示。

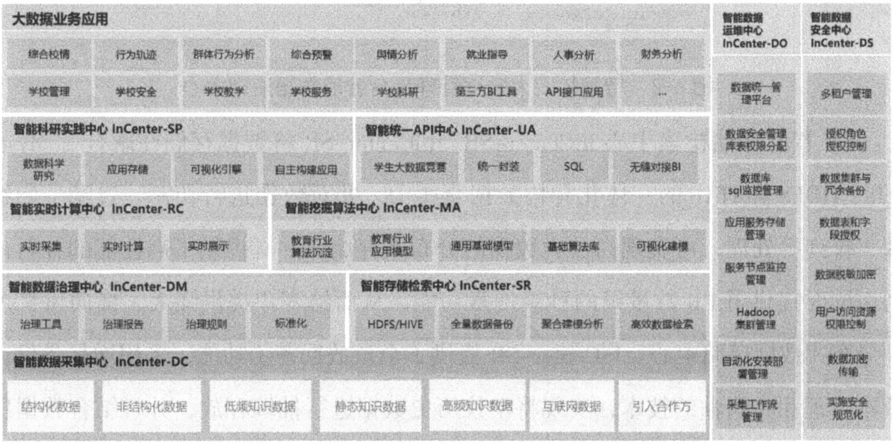

图 6–7 智慧校园大数据管理平台技术架构

（1）智能数据采集中心 InCenter–DC。InCenter–DC 通过接口读取、数据库获取、网络爬虫和智能录入 4 种方式采集学校数据，全量存储在融合 Hive、Mysql、HDFS 多种集群的数据仓库中，保证数据的原始性和多元性。此外，InCenter–DC 支持结构化、半结构化以及非结构化数据，支持 ftp、http、Oracle 和 Syslog 等采集方式。同时开创性地采用了可视化 ETL 工具设计，用户可灵活拖拽，自主设计数据采集，并提供图形化的数据报告，用于数据监控与质量追踪。

（2）智能数据治理中心 InCenter–DM。InCenter–DM 是数据管理和数据治理工具，可将缺失数据、错误数据、不可用数据等进行治理，结合学校标准和国家标准规范，以学校数据进行重新梳理，以保证大数据分析的原始数据质量。InCenter–DM 提供了数据缺失修复、数据重复处理、数据错误纠正、数据不可用适配等多种数据治理手段，实现了对高校不同数据源进行针对性的数据清洗与治理工作。如图 6–8 所示。

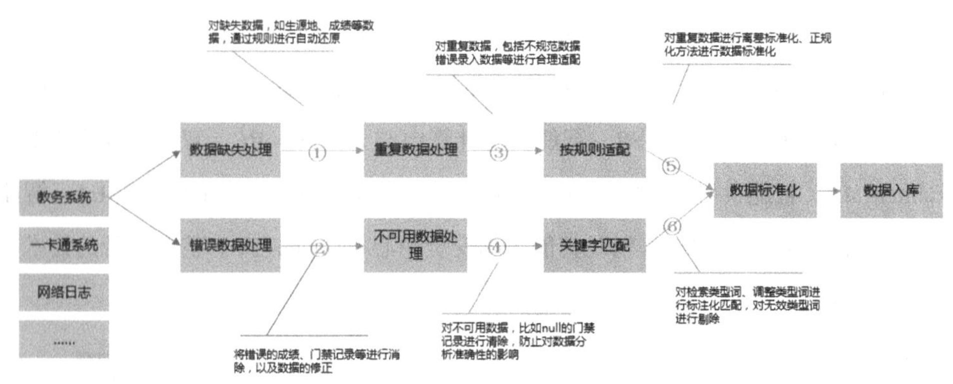

图 6–8　智慧校园大数据管理平台智能数据治理中心

（3）智能存储检索中心 InCenter–SR。InCenter–SR 将数据存储在融合了 Mysql、Oracle、HDFS 和 Hive 的一体化异构数据仓库中，并对数据进行切割、过滤、归纳、整理、排列等处理，可实现高校大数据的分布式存储，并且提供了高性能的并行计算能力，同时提供了 PB 数量级的秒级搜索功能，从而给客户提供强大、横向可扩展的大型分布式数据存储中心。InCenter–SR 提供了全量数据备份功能，采用增量备份，结合版本管理和时间轴的技术，实现将学校历史数据进行抽取存放，并且结合数据压缩技术，可以将高校大数据平台中的数据存放 10 年以上，并实现历史数据的查询与分析。InCenter–SR 内置聚合建模分析功能，提供了超过 30 种聚合模型，采用数据量化、标签化、黑箱去重等技术，将高校每天百万级的日志记录和流水记录进行数据聚合，用于实时的数据挖掘与深度分析，如图 6-9 所示。

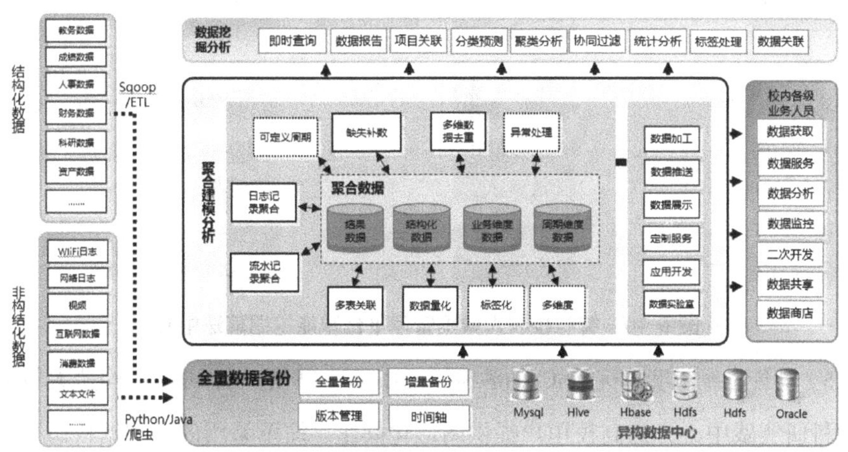

图 6-9　智慧校园大数据管理平台智能存储检索中心

（4）智能实时计算中心 InCenter-RC。InCenter-RC 采用了基于 Flume 的实时流数据采集，基于 Kafka 实现实时流调度处理，同时通过高校的实时流数据聚合技术，并采用 Spark Stream 实现实时流计算功能，实现了优秀的大数据实时计算与分析能力。InCenter-RC 可以实时处理海量数据、在线统计分析，涵盖批处理、流处理、机器学习、图计算、SQL 等多种应用模式，实现分布式存储、并行计算和自动容错等功能，提供低延迟、高性能的数据处理。

（5）智能挖掘算法中心 InCenter-MA。InCenter-MA 内置了大量高校大数据与机器学习算法，包括分类、聚类、回归、频度关联和神经网络等，形成学生素质评估、行为异常、心理异常等大数据分析模型。同时 InCenter-MA 内置超过 50 种高校行业定制优化的专用算法，用于深度挖掘分析大数据平台中的海量数据，从而快速构建基于高校业务构建大规模数据挖掘分析，如图 6-10 所示。

图 6-10　智慧校园大数据管理平台智能挖掘算法中心

（6）智能科研实践中心 InCenter-SP。InCenter-SP 是一个可快速构造大数据分析应用的科研实践中心，为高校用户提供图形化操作、简单易用的大数据科研平台。用户可通过快速选取数据源，采用内嵌的算法模型库或者自主开发算法，灵活选用饼图、折线图、散点图等展示图形，即可创建属于自己的大数据分析用应用，实现高校大数据科研分析的需求，如图 6-11 所示。

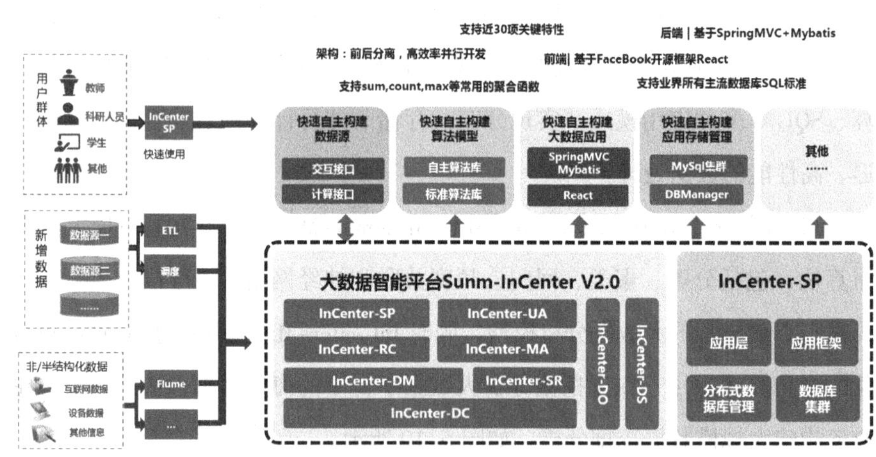

图 6-11　智慧校园大数据管理平台智能科研实践中心

（7）智能统一 API 中心 InCenter-UA。InCenter-UA 是通过整合大数据平台中各类型异构的数据库，实现接口统一封装与数据调度，屏蔽由于语言和工具导致的接口差异，对外提供标准的 JDBC 接口，同时支持 R、Python、Java 等多种开发语言，并且支持对接第三方 BI 开发工具，提高用户数据查询、数据存储管理和自主开发的易用性。

（8）智能数据安全中心 InCenter-DS。InCenter-DS 是基于大数据基础平台，采用加密、认证、审计、快照以及容灾备份等技术，有机全面建设涵盖访问安全、运维安全、内容安全和存储安全的防御体系。同时，InCenter-DS 在服务组件交互中采用 SSL 链路加密机制，以保证链路之间传递信息不会被获取，从而保障数据安全。InCenter-DS 还提供用户权限配置，可授权到字段级别，同时支持敏感字段加密、用户读写权限分配等功能，从而提高用户数据访问的安全，如图 6-12 所示。

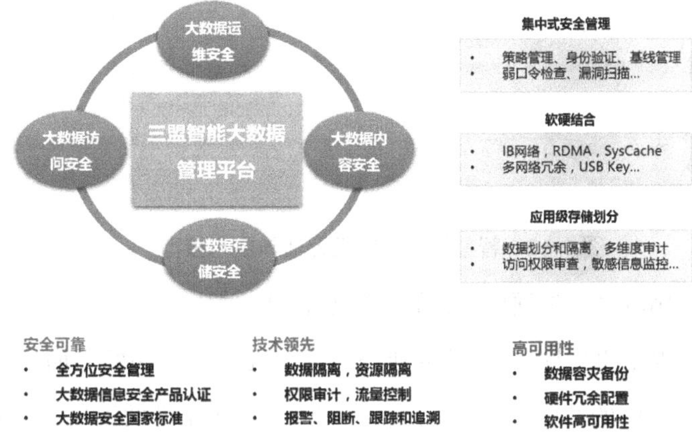

图 6-12 智慧校园大数据管理平台智能数据安全中心

（9）智能数据运维中心 InCenter-DO。InCenter-DO 构建了大数据平台的管理运维中心，负责大数据平台中的数据查询、数据管理、用户管理、存储管理、集群管理和用户管理等工作，采用图形化的工具，实现对成百上千节点的运维管理，同时支持平台性能、访问等异常告警功能并上报系统管理员，降低用户运维管理的技术难度，做到意外事前预测和事后追踪双重保障。

6.7.2 大数据评估与展示

建立学校、专业、课程、教师、学生 5 个层面，学院 - 部门 - 教研室（岗位、班级）三层级的质量分析、报告、信息发布制度，及时反馈实施、运行、管理中出现的问题，反馈质量诊断结果与改进建议；制定学院质量分析与报告制度，明确质量报告的种类、发布频次、内容、要求等；编制学校教育质量年度报告，向全院、全社会发布，接受全院师生、全社会对学院人才培养质量监督，如图 6-13 所示。

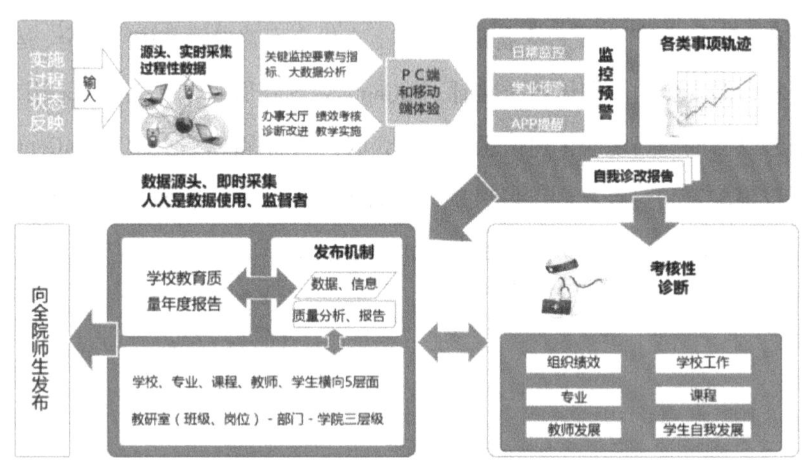

图 6-13　智慧校园大数据评估与展示模型

大数据展示应用较多的是领导驾驶舱和数据地图。

领导驾驶舱可以协助用户将关键的业务指标放在一个统一的界面中呈现给决策者，并可以实现统计图的钻取、切片等操作，直观地展现个性的视角，全方位支撑领导决策。智慧校园大数据展示如图 6-14 至图 6-16 所示。

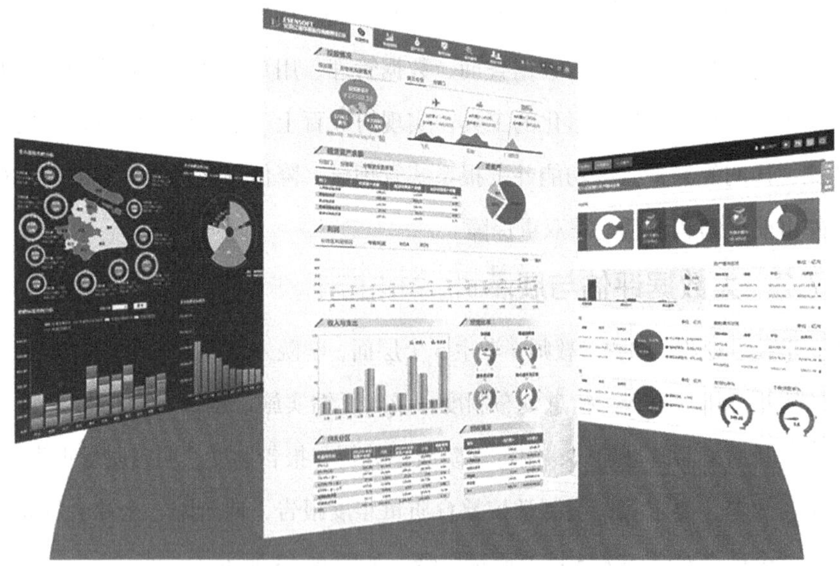

图 6-14　智慧校园大数据展示领导驾驶舱

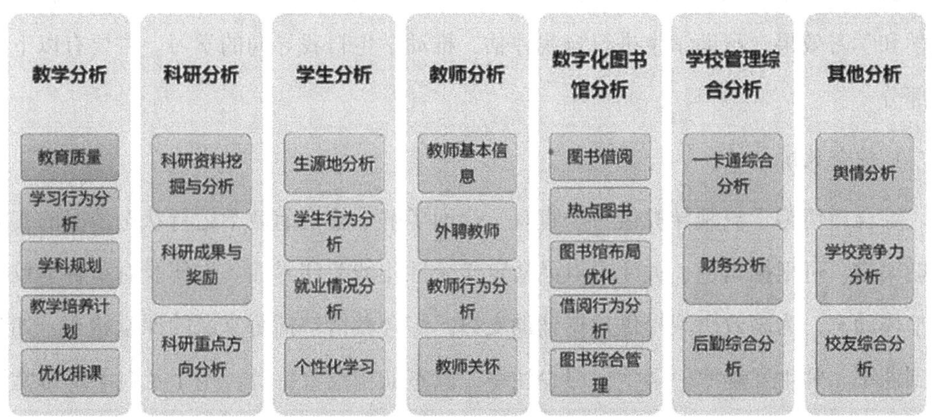

图 6-15　智慧校园大数据展示分析模型

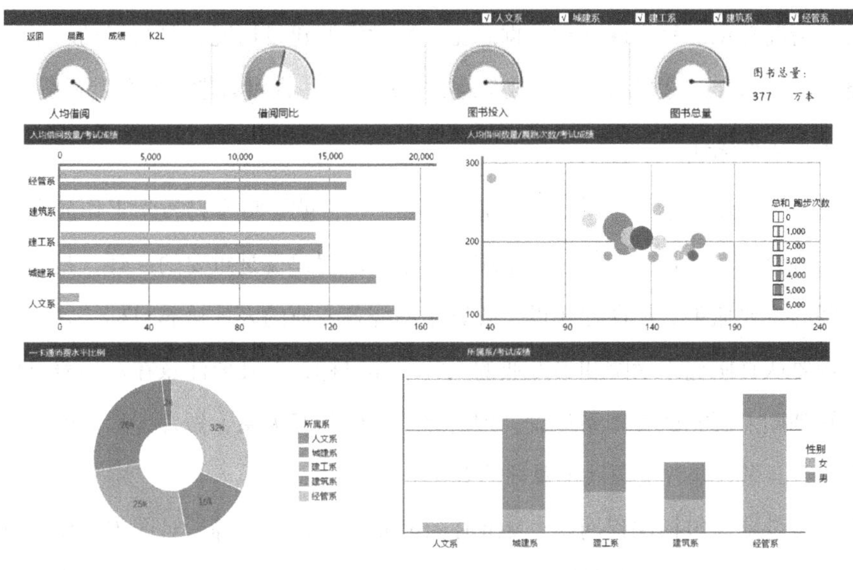

图 6-16　智慧校园大数据展示数据地图

6.7.3　教学大数据分析

教学大数据分析系统主要是从多维度、多方向收集教师教学行为和学生学习行为数据，从学校、学院、班级三个层面汇总分析。管理者、教师可设定分析参数，建设符合教学要求的分析模型，系统则会根据模型给出合理科学的预测和建议，并对教师教学和学生学习进行行为干预。通过教学大数据分析，帮助管理者评估课程和机构，以改善教学决策，预测教学效果；帮助教师反思并改进教学，实施个性化教学，预测教学和学习效果。帮助学生进行自我评估，推动学生自我导向的学习。主要有以下几个部分。

1. 综合教情

综合教情为学校领导提供一个直观、全面了解学校目前教学运行状态情况的实时反馈渠道，可根据角色、关注重点灵活定义个性化的关注界面。方便及时了解学校教学整体动态，为高效决策提供数据辅助支撑。综合教情包括每堂课的课堂状态，如学生到课率、师生互动率、学生学习专注率、教室前排空置率等，用于及时了解每堂课的整体概况；综合教情提供所有校内学院已建课程网站上的课程建设情况，提供课程总数、网站总数、MOOC 总数、SPOC 总数、翻转课堂等数据；综合教情提供各类课程的运行情况总览，每堂课互动数据总览、教学资源建设情况，参与互动教学学生情况概览，教师综合信息汇总，智慧教室综合信息概览，提供教学状态预警提醒。

2. 课程建设统计

正所谓“一流大学抓本科”，要建设一流大学，就要将本科教学工作放在重要的位置。本科教育教学是一个复杂的系统，其中，课程建设是重要的一环，是一所大学内涵发展的重要抓手。抓课程建设，要紧紧围绕各专业的人才培养目标。各个学院、各个专业要认真研究本学院和本专业的人才培养目标，尤其要注意在对培养目标阶段性的认知基础上研究课程体系建设，理清课程间的相互关系，做好课程间的衔接，构建课程体系，做好课程资源展示及评估对比[4]。

课程建设统计包括课程网站、MOOC、SPOC、翻转课堂等，对课程建设汇总，完成校内课程相关课程进行数据汇总展示，分析不同课程在校内建设占比；个人老师、院系、月度、季度等课程资源贡献排名展示，可为教师和院系考评提供数据依据。

3. 课程运行与互动

教师可以对校内所有的课程运行情况及互动情况直观了解。教学平台详细的记录了课程运行及互动量化数据，方便进行教师教学互动情况的汇总并方便同类院系及教师进行比对，总结出适合课程的互动方案。

课程运行与互动包括校内所有课程的访问频率，以及教学过程中互动使用频率最高的几个模块。提供课程网站、MOOC、SPOC、翻转课堂的完成率、优秀率及合格率统计；并对提问、抢答、考试等互动模块进行次数及使用率统计；提供课程运行及互动的院系比较、教师比较数据，为课程建设方向及互动方案提供有力支撑。

4. 资源建设与使用

通过对校内建设的资源使用情况进行统计，能够统计校内的文件占比量化数量，方便进行教师教学资料的汇总并方便同类教师进行比对，分析目前校内的习题、试卷的占比情况及知识点情况。找出资源利用率的规律，并做出调整。

资源建设与使用会对校内所有的资料汇总统计，包括习题、试卷、知识点的总数及类型占比展示。提供校内各资源的使用次数、使用率、学习时长等统计；结合使用和未使用、增长率进行多维度分析；并且还提供院系资源建设排名、教师个人资源建设排名，是校内的资源利用情况直观展示。

5. 教师教学质量

教师教学过程数据是所有教学活动数据的重中之重，教学数据分析平台能够记录教师线上线下开展的教学活动并量化，方便进行教师教学活动的汇总并可以支持同类教师进行比对，综合教师对比情况形成学院对比，对比数据要有理有据，以找到待改善教学活动与优秀教学活动之间的差别。

教师教学质量数据分析包括开展信息化教学活动教师信息汇总，按时间节点汇总教师登录教学活动建设系统的情况，明确教师在系统中关于课程建设、资源建设、课程互动的工作情况并量化，提供教师及院系排名统计。

6. 学生学习质量

学生学习质量是对教师教学活动质量好坏的重要检验标准，针对学生参与教师布置的教学活动的活跃度、每个教学活动的响应度以及响应这些活动带来的成绩变化能够量化体现，记录学生的性格数据并持续分析，记录学生性格完善的轨迹。

学生学习质量模块提供包括学生参与线上线下互动的概览信息，学生完成教学活动的统计信息，学生针对每类教学活动的详细记录，针对学生学习的走向曲线。有理有据结合学生综合学习信息进行院系排名比较。

7. 教室画像

教室是教学活动实施的最重要场所，不同的教学模式方法需要有差异化的教学环境支撑，教师能够方便地了解到目前校内所有教学环境的概要情况，以便及时选择更适合自身教学特点和教学方法的教学环境，为后续自动为教师推荐智慧教室奠定基础。

教室画像能够结合具体地理位置、教室类型、教室容量进行区分，能够查看不同教室的历史使用情况及即时状态。

8. 教学模式效能评估

教学模式是在一定教学思想或教学理论指导下建立起来的较为稳定的教学活动结构框架和活动程序。由于教学实践依据的教学思想或理论的不同，学习内容和目标的不同，教学实践活动的形式和过程必然不同，从而形成不同的教学模式。对于不同知识点的教授需要适用不同的教学模式以达到最优的教学效果，对不同教学模式的教学效果的评估需要数据量化支撑。

6.7.4 学生行为轨迹分析

学生行为轨迹分析模块主要是采集学校 Wifi、一卡通、门禁、上网、教务、故障呼叫等系统数据，数据首先进入轨迹处理计算模型，获取轨迹时间、地点和楼宇坐标等基础信息，初步形成学生个人的轨迹点；然后通过轨迹去重处理模型，结合时间、优先级、人工智能等技术手段，将学生无线点漂移、同一时间多个轨迹点等轨迹异常情况处理，保证学生个人轨迹点的合理性和单一性，并输出学生最终的校园轨迹数据。最后基于每个学生的轨迹，分析全校学生的轨迹分布情况，为学校安全预警、重点人群监控提供轨迹数据，从而帮助学校监控学生的轨迹，避免学生聚集发生斗殴等事件，进行学生失联后追踪。

通过学生行为轨迹分析，可提供全校热力分析、重点人群监控、个人轨迹查询、楼宇人流密度 4 大部分的情况。

（1）全校热力分析：基于全校所有学生的在校轨迹，挖掘学校人流密度趋势。

（2）重点人群监控：监管重点人群的轨迹分布，避免学生群集斗殴等事件。

（3）个人轨迹查询：可查询学生个人的校内行为轨迹，获取学生时间、地点、活动内动等轨迹信息，便于学校对学生管理和失联学生跟踪。

（4）楼宇人流密度：通过学校各个楼宇的热度和访问人员，整体评估楼宇的使用状况。

将学生行为轨迹分析按照群体进行分析，可得到群体学生学习、生活行为分析数据。

（1）群体学生学习行为分析。以学期为时间周期，分析以全校学生或某学院和年级为总体分析样本的学生行为习惯，可选择集群分析类型包括成绩、民族、年级、性别、培养层次；按标签化学生数据人数占比、学生准时上课比例、学生逃课比例的维度进行统计分析等；对不同群体学生每天自习时间、人数的维度进行统计分析，展示某一天展示不同标签学生的自习时间与人数的分布，总体分析标签化后学生的自习的次数、人数、自习时间段。

（2）群体学生生活行为分析。对不同群体的学生某天第一次活跃人数占比、第一次活跃时间、对应的人数维度进行统计分析，展示群体整体情况，展示不同群体学生的第一次活跃的时间与百分比。学生的每天第一次活跃时间分布，分析不同群体学生每天饭堂吃饭时间、地点、人数的维度进行统计分析，可选择按地点分析或者按时间分析，展示群体整体情况，展示不同标签学生的三餐是否规律的百分比（分析历史数据）；不同群体学生的早餐时间与人数分布或者地点与人数分布，不同群体学生的午餐的时间与人数分布或者地点与人数分布，不同群体学生的晚餐的时间与人数分布或者地点与人数分布；对不同群体学生消费总额、消费类型维度进行统计分析，展示标签化学生消费总额、不同群体学生不同消费类型（学习、就医、生活、饮水、沐浴、运动、基金、超市、餐饮、上网、其他）的消费总金额；不同群体学生上网时长、人数、流量的维度进行统计分析，展示不同标签学生的上网时长与人数的分布或者上网流量与人数的分布，不同群体学生的上网的总时长、日均时长、总流量、日均流量；对不同群体学生进入图书馆、就医、运动的次数的维度进行统计分析，展示总体分析标签化后学生的人均运动次数、人均就医次数、人均进入图书馆次数，展示不同群体学生的进入图书馆总次数、就医总次数、运动总次数。

引用及参考文献

[1] 百家号 . 中国青年报：检验媒体真假融合的四把标尺 [EB/OL]. https://baijiahao.baidu.com/s?id=1615623048497914777&wfr=spider&for=pc.2018-10-29.

[2] 光明网百家号 . 让主流媒体成为“全媒体”（人民观点）[EB/OL]. https://baijiahao.baidu.com/s?id=1624053325774084819&wfr=spider&for=pc.2019-01-30.

[3] 中国教育和计算机科研网 . 华南师范大学：校园 Web 站群管理系统开发与应用 [EB/OL]. http://www.edu.cn/xxh/xy/xytp/201508/t20150824_1306975_2.shtml.

[4] 秦磊 . 课程建设是内涵发展的重要抓手 [EB/OL]. http://blog.sina.com.cn/s/blog_5258905b0102vpby.html.2015-06-02.

第 7 章　智慧校园网络安全保障

7.1　智慧校园网络安全制度

在安全领域，用“三分技术、七分管理、十分重视”来形容一直是不过时的。道高一尺魔高一丈，安全防护很多时候是被动的，技术也不能解决掉全部的风险；而安全的风险大多来自内部，内部人员监守自盗、内部管理人员未按照安全制度进行、内网用户未进行安全接入直接访问服务器等，都容易形成风险点，而这些风险点是要靠制度和规范来约束；安全是一个系统工程，需要用户、管理员、使用部门、管理部门、产商等协同工作，而该工作必须要校领导的重视和强力推行才能做好，单靠信息管理部门是无法发动全校的力量的。

7.1.1　网络安全现状

近年来网络安全事件层出不穷，出现了如下事件：2015年3月的希拉里邮件门事件，希拉里被指在担任国务卿期间，违规使用私人电子邮箱以及利用家中私人服务器收发大量涉密邮件，2016 年 11 月，希拉里在美国大选中败选[1]。2016 年 9 月，雅虎曝出史上最大规模信息泄露事件，承认逾 5 亿用户资料两年前被窃[2]。2016 年 10 月 17 日，百度云遭“撞库”50 万账号被盗，百度云用户发现账号被盗，一夜之间网盘内所存的大量文件消失，有的甚至被塞满低俗视频[3]。2017 年 5 月 12 日，WannaCry 勒索病毒全球大爆发，被感染的计算机上大量数据文件被加密，须支付“比特币”才能解锁，100 多个国家超过 10 万台计算机遭到了勒索病毒攻击、感染，造成损失达 80 亿美元[4]。2018 年 3 月中旬，《纽约时报》等媒体揭露称一家服务特朗普竞选团队的数据分析公司 Cambridge Analytica 获得了 Facebook 数千万用户的数据，并进行违规滥用，3 月 22 日凌晨，Facebook 创始人马克・扎克伯格发表声明，承认平台曾犯下的错误，随后相关国家和机构开启调查，4 月 6 日，欧盟声称 Facebook 确认 270 万欧洲人的数据被不当共享[5]。

在教育领域也发生了不少网络安全事件。2016 年 8 月 19 日，山东省临沂市高考录取新生徐某的个人信息被犯罪嫌疑人利用技术手段攻击“山东省 2016 高考网上报名信息系统”获取，不法分子冒充教育、财政部门工作人员诈骗徐某 9900 元，致其不幸离世[6]。2017 年 6 月 1 日《中华人民共和国网络安全法》正式实施，7 月 22 日，宜宾市翠屏区“教师发展平台”网站存在高危漏洞，造成网站发生被黑客攻击入侵的网络安全事件，成为教育系统违反《网络安全法》第一例[7]；2017 年 9 月 28 日，淮南职业技术学院系统存在高危漏洞，系统存储的 4000 余名学生身份信息已经造成泄露，成为国内首例高校网络安全违法案例[8]。2018 年 6 月 24 日，受到网络攻击，黑龙江招生考试院高考成绩查询网站瘫痪，启动应急预案后考生通过电话或到学校现场查询成绩[9]。

十九大期间教育行业更是网络安全重灾区，黑客组织对教育网站挂标，造成了不良的社会影响。据教育行业漏洞报告平台（Beta）统计，截止 2019 年 2 月 1 日全国高校有 26977 个漏洞[10]，如图 7-1 和图 7-2 所示。

教育行业漏洞报告平台（Beta）

各省高校漏洞排行榜

#	省份	漏洞总数	漏洞威胁值
1	江苏省	1556	5693
2	四川省	1109	4236
3	北京市	1174	4157
4	上海市	992	3736
5	湖北省	925	3570
6	山东省	939	3514
7	广东省	970	3487
8	陕西省	731	2797
9	安徽省	690	2611
10	河南省	720	2496

图 7-1　教育行业漏洞按省份 TOP10

教育行业漏洞报告平台（Beta）

全国高校漏洞排行榜　全国

#	单位	漏洞总数	漏洞威胁值
1	上海交通大学	219	803
2	山东大学	152	533
3	武汉大学	128	487
4	四川大学	121	481
5	清华大学	135	469
6	合肥工业大学	92	392
7	厦门大学	100	372
8	南昌大学	83	356
9	东南大学	86	343
10	中国人民大学	108	321

图 7-2　教育行业漏洞按高校 TOP10

教育行业信息技术工作管理平台安全监测预警子系统显示如图 7-3 所示。

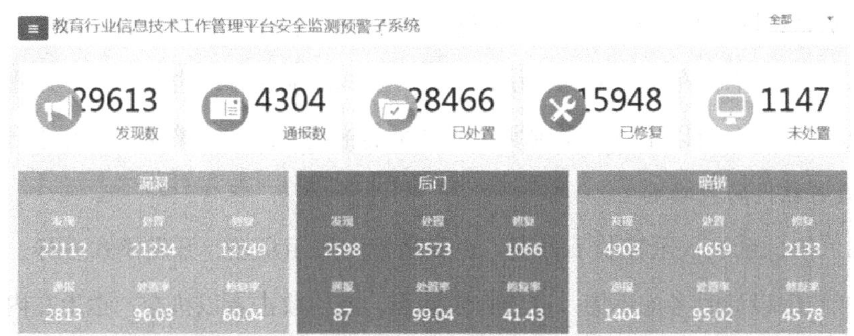

图 7-3 教育行业安全监控预警子系统数据

近两年在教育行业发生的主要安全事件有：

（1）网站被篡改。网站安全性不高，黑客容易通过 SQL 注入、跨站脚本等攻击方式，掌握管理系统或操作系统的管理权限，进而篡改网页代码或挂马。

（2）网站被 DDoS 攻击，无法访问。每年高考招生、高校重要节日期间和一些关键时间节点，相关的网站和系统极易被 DDoS 攻击，由于没有做流量清洗，导致智慧校园服务平台负载加剧，无法提供正常的访问。

（3）隐私泄露。一种是信息发布者没有意识，数据不经脱敏就直接发布，如某高校迎新系统的数据被辅导员导出，辅导员发给学生，学生又发布到 QQ 和微信群以及互联网，造成学生高考信息、高考成绩、身份证号、住宿信息、家庭住址、电话号码等泄露；还有一种是系统安全性不高，通过 SQL 注入就可以获取信息系统的数据。

（4）数据被篡改。入侵者利用系统的漏洞，入侵教务系统篡改成绩，入侵一卡通系统进行金额的修改。

（5）服务器被控制。服务器安全性不高，被黑客取得权限，植入挖矿程序、植入僵尸木马程序、植入 WebShell，导致服务器扫描、攻击别人，造成网络的堵塞。

究其原因，主要存在以下问题：

（1）系统缺乏必要的入侵防护手段。高校由于招生人数的增加以及新校区建设，网络规模扩张迅速，网络出口带宽都有了很大的提升，但在管理和维护人员方面的投入明显较少，没有购买相应的安全设备，由于网络终端太多，基本无暇顾及、也没有条件管理和维护全校所有师生的计算机的安全。一旦学生发起黑客攻击，安全产品无法感知，无法及时阻断攻击并发现攻击源，就会造成损失和引起不良影响。

（2）系统漏洞缺乏必要的控制措施。数据中心服务器众多，不仅包含云平台及虚拟机，同时还有外单位托管的系统，再者，异构的应用系统也很多，导致管理及维护方式也不相同，所以不可能做到所有的系统实施统一的安全策略（如补丁升级、防病毒、设置软件防火墙等）。

（3）信息系统权限控制不合理。由于高校内应用众多，开发模式多样，因此难免会造成权限设计时考虑不周，造成权限漏洞，或给攻击者以机会；学生在内网中即可访问各种业务资源，缺乏必要的控制措施；校园“一卡通”系统数据有可能被篡改，账号及资金缺乏安全保障；由于重要数据库的访问缺乏审计手段，一旦出现数据篡改现象，无法定性问题出现的原因和定位入侵者。

（4）新技术引入新的安全风险。智慧校园建设，在物联网技术、移动互联技术、大数据技术和云计算技术的支撑下开展，新技术的引入必然带来新的安全风险。

1）云计算安全风险：云计算、虚拟化为校园客户业务信息应用带来随需而变的好处，但同时也存在信息安全新的风险，包括虚拟平台漏洞、虚拟机管理、隐蔽通信，云中隔离、域划分，资源争用、恶意云等，云端数据的安全存储也是用户极度关心的问题。

2）大数据安全风险：大数据分析系统建设为校园用户数据挖掘和管理决策提供了科学依据，大数据平台建设必然需要校园信息数据的大集中，集中存储、集中处理、集中分析、集中呈现；数据集中也给黑客攻击提供了机会，并降低了黑客的攻击成本，提高了黑客单次攻击收益比，提高了隐私集中泄露的风险；甚至大数据分析为黑客所用，成为黑客攻击的分析工具。

3）移动互联网安全风险：随着智能手机的广泛普及，智能移动设备的安全问题则呈现爆发式增长，手机或移动互联网面临的安全问题有四类：手机系统安全（Android系统、苹果IOS系统等）、手机通信安全（无线网协议安全、无线接入点仿冒、入侵）、手机硬件及应用安全（恶意APP、恶意扣费）和手机隐私安全（隐私泄露）。

4）物联网安全风险：万物互联的物联网，给大家展示了美好的校园应用前景，去图书馆自动推送你感兴趣的书在那里，去教室上自习系统推送空座位给你选择，所有的设备都跟网络发生联系，相应的安全问题就随之而来，黑客入侵智能设备造成安全问题、物联网节点安全问题、物与物互联信号干扰问题、物联网协议安全等都是需要考虑的安全问题。

（5）校园用户上网带来的威胁。

1）用户信息安全意识淡薄：校园网用户群数量巨大，但是很多用户的安全意识淡薄，自我保护意识和能力不足，对于自己的账号及密码疏于管理随便转借；很多教师也没有离开坐席锁定操作系统和关闭信息系统窗口的习惯；网络安全没有象牙塔，也没有法外之地，这些行为对网络安全造成巨大威胁。

2）学生使用黑客工具容易泛滥：目前互联网或暗网上黑客论坛、黑客工具较多，学生群体好奇心重，缺少必要的社会责任和法律法规意识，随意利用一些黑客工具发起网络攻击，造成不良后果或网络阻塞，而学校的网络缺少必要的监控手段，当犯罪发生时难以定位攻击者，很多时候都是被动地进行处置。

3）网络病毒层出不穷：校园网由于安全防护措施不到位，很容易成为黑客攻击或潜伏的对象及各种病毒的温床。近几年黑客组织发起的攻击中有不少是学校的服务器发起的，校园网络往往已经被黑客各个攻破后成了发起拒绝服务攻击的工具，或威胁 Internet 上其他不相干的系统的平台。高校服务器众多，系统具有巨大的计算能力，一旦被控制并发起攻击，有可能造成更大的攻击力及破坏效果。另外，由于开放的互联网和开放的思维，师生上网行为复杂，容易感染病毒木马，被黑客控制，成为僵尸网络的一员，被攻击者利用后可发起 DDOS 攻击，给整个互联网造成危害。

（6）潜伏威胁隐患难以发现。边界所部署的安全防护产品能够在边界进行安全阻断与检测，但针对网络内部仍然存在安全隐患，总结为“三个看不见”。

“三个看不见”，即看不见黑客发起的内网横向攻击、看不见内部人员的违规操作以及看不见内网异常行为，其中：

第一个看不见是指攻击者绕过边界防护后，发生在学校内部网络的横向移动攻击是无法检测到的，例如通过失陷主机向内网业务系统、云平台、数据中心等发起的横向移动或者跳板攻击，包括内网嗅探、内网扫描、漏洞利用、远程控制、攻击会话等都无法被边界设备检测。

第二个看不见是指攻击者的行为往往不是病毒、漏洞利用等明显恶意行为，而是通过社会工程学、钓鱼、跳板等更加隐蔽的手段获取高级管理员的账号与权限，同时，内部潜藏的恶意用户也会通过窃取、窥探等手段获得合法权限。

第三个看不见是指攻击者在嗅探、突破、渗透、横移、会话维持、捕获占领的整个攻击链中，会将关键文件进行打包加密甚至隐写，所有的网络会话也会在加密通道上传输，而会话维持以及远程控制服务器的通信会夹杂在代理、VPN 隧道、NTP、DNS 等正常网络协议中混淆视听，从而隐藏自己的攻击行为。

在看不见的环境中与黑客较量无异于遮住眼睛与人搏斗，只有看清了全网业务和流量，对内部的攻击行为、违规操作和异常行为进行持续检测，利用威胁情报、流量监测、机器学习等核心技术有效识别内网中潜伏的威胁，才能通过可视化平台将这安全状态实时地展现给安全部门，从而让内鬼和黑客无所遁形。

（7）安全管理体系脱节。安全技术保障体系和安全治理管理体系的脱节，主要是指安全组件发现的安全问题缺乏相应的检测分析能力和追溯能力，无法提供有效的事件应对处置闭环；而安全治理所需系统状态、安全态势也缺乏相应的感知和可视手段，无法实现真正的看到和看懂。

1）事后难以追溯取证。市面上绝大多数网络安全类产品只能保持 HTTP、DNS 等常见应用日志的记录，而 ARP 请求、数据包和特殊的网络行为则无法存储和识别。这将导致日志记录太过单一，引起文件误报等行为，给用户决策带来干扰。其次，在追溯网络犯罪过程中没有原始的数据包作为支撑，当故障排查时很难准确定位问题环节，阻碍深入追溯分析的进行，给攻击目标带来无法挽回的损失。

2）单点检测管中窥豹。现如今的安全防御软件检测方式单一，如传统防火墙根据一定格式的协议对文件访问进行过滤，不能防范攻击者 IP 欺骗攻击；反病毒软件根据病毒特征或者黑白名单判断文件攻击性，无法阻止变种软件攻击等。而当前新型病毒具备多样性和高度隐藏功能，能够在不同的环境中通过合理的变形和伪装躲避反病毒软件的查杀，最终侵入系统核心部位爆发。这些新型攻击手段，显然需要防御者能够综合分析多维度的信息，进行综合判断才能进行及时的检测和处置。

3）传统 SOC 存在局限。传统的安全管理中心（Security Operations Center，SOC）无论在技术层面上还是管理层面上都无法达到预期的效果。绝大多数 SOC 功能仅仅停留在各类设备日志的收集上，如路由器、防火墙、交换机、数据库的日志，更谈不上数以千计的安全软、硬件产品的集中综合管理。

（8）系统安全运维操作难以追溯。在智慧校园建设中，一些设备需要设备商或者其他专业代维公司来运维，一般是为其开通 VPN 账号，但一旦提供账号出去，如果没有堡垒机或审计系统，无法有效地降低这些运维人员违规操作带来的威胁。

1）事故后不可溯源追责。运维人员的错误或违规操作，均可能让业务或网络设备无法运行，甚至数据被窃取。而数据资产通常都存放在数据库里，数据库出现不良行为操作导致敏感数据泄漏时，无法通过审计日志追查到相关责任人，给学校带来法律风险。

2）安全运维能力缺乏。信息安全一向是一个发展和交互的过程，使用任何一种功能再强大的防范产品都不能一劳永逸地解决日益变化的安全问题，安全是一个动态的、不断变化和发展的过程，单纯地堆砌安全产品部署无法确保整体安全。安全建设是一项复杂的系统工程，它需要顶层设计，需要规范的安全体系和合理的安全产品组合，根据实际情况规划、设计和实施一定的安全策略以及其他多种安全服务。

针对以上问题，可以通过规范的制度建设和安全体系建设降低风险点，提高安全防护能力，保障智慧校园的安全。

7.1.2　网络安全制度建设

1. 党和国家立法保障网络安全

2014 年 2 月 27 日，党中央成立网络安全和信息化领导小组，习近平总书记任组长；2018 年 3 月，领导小组改成中央网络安全和信息化委员会，习近平总书记担任主任。习近平指出：没有网络安全就没有国家安全，没有信息化就没有现代化；网络安全和信息化是一体之两翼、驱动之双轮，必须统一谋划、统一部署、统一推进、统一实施；努力把我国建设成为网络强国 [11]。

2016 年 4 月 19 日习近平在网络安全和信息化工作座谈会上的讲话指出：从世界范围看，网络安全威胁和风险日益突出，并日益向政治、经济、文化、社会、生态、国防等领域传导渗透。特别是国家关键信息基础设施面临较大风险隐患，网络安全防控能力薄弱，难以有效应对国家级、有组织的高强度网络攻击，加快构建关键信息基础设施安全保障体系。金融、能源、电力、通信、交通等领域的关键信息基础设施是经济社会运行的神经中枢，是网络安全的重中之重，也是可能遭到重点攻击的目标，没有意识到风险是最大的风险。网络安全具有很强的隐蔽性，一个技术漏洞、安全风险可能隐藏几年都发现不了，结果是“谁进来了不知道、是敌是友不知道、干了什么不知道”，长期“潜伏”在里面，一旦有事就发作了[12]。

2016 年 11 月 7 日，十二届全国人大常委会第二十四次会议表决通过《中华人民共和国网络安全法》，自 2017 年 6 月 1 日起施行，共七章七十九条，六大突出亮点，明确了网络空间主权的原则，明确了网络产品和服务提供者的安全义务，明确了网络运营者的安全义务，进一步完善了个人信息保护规则，建立了关键信息基础设施安全保护制度，确立了关键信息基础设施重要数据跨境传输的规则。

1994 年国务院发布《中华人民共和国计算机信息系统安全保护条例》（国务院 147 号令），规定“计算机信息系统实行安全等级保护”的制度框架。

1999 年国家发布实施的《计算机信息系统安全保护等级划分准则》（GB17859—1999），这是第一部强制性国家信息安全标准，也是一个技术法规。

在 2018 年 4 月 20–21 日召开的全国网络安全和信息化工作会议上，习近平指出：没有网络安全就没有国家安全，要树立正确的网络安全观，加强信息基础设施网络安全防护，加强网络安全信息统筹机制、手段、平台建设，做到关口前移，防患于未然，主管部门履行好监管责任，提高广大人民群众网络安全意识和防护技能。[13]

2018 年 6 月 27 日，公安部正式发布《网络安全等级保护条例（征求意见稿）》（以下简称《等保条例》），鲜明地指出本条例是为加强网络安全等级保护工作，提高网络安全防范能力和水平，维护网络空间主权和国家安全、社会公共利益，保护公民、法人和其他组织的合法权益，促进经济社会信息化健康发展，依据《中华人民共和国网络安全法》《中华人民共和国保守国家秘密法》等法律，制定本条例，标志着《中华人民共和国网络安全法》第二十一条所确立的网络安全等级保护制度有了具体的实施依据与有力抓手。《等保条例》共八章七十三条，包括总则、支持与保障、网络的安全保护、涉密网络的安全保护、密码管理、监督管理、法律责任和附则。相较于 2007 年实施的《信息安全等级保护管理办法》所确立的等级保护 1.0 体系，《等保条例》在国家支持、定级备案、密码管理等多个方面进行了更新与完善，适应了现阶段网络安全的新形势、新变化以及新技术、新应用发展的要求，标志着等级保护正式迈入 2.0 时代。

2. 教育系统开展网络安全及等级保护工作

教育主管部门也非常重视网络安全，在 2018 年 4 月 13 日教育部关于印发《教育信息化 2.0 行动计划》中提出：没有信息化就没有现代化；从提升师生信息技术应用能力向全面提升其信息素养转变；充分利用云计算、大数据、人工智能等新技术；普遍施行由校领导担任首席信息官（CIO）的制度，并明确责任部门，全面统筹全校信息化的规划与发展；加强党组织对网络安全和信息化工作的领导；明确主要负责人为网络安全工作的第一负责人；建立网络安全和信息化统筹协调的领导体制；做到网络安全和信息化统一谋划、统筹推进；完善网络安全监督考核机制，将网络安全工作纳入对领导班子、干部的考核当中；做好关键信息基础设施保障，重点保障数据和信息安全，强化隐私保护。同年 2 月 11 日，教育部办公厅的教育信息化和网络安全工作要点也指出：要完善教育系统网络安全制度体系（健全考核评价和监督问责机制，健全考核评价和监督问责机制，建立健全教育系统网络安全事件应急工作机制），建立健全教育系统网络安全事件应急工作机制（建立健全教育系统网络安全事件应急工作机制、建立健全教育系统网络安全事件应急工作机制），持续推进教育系统网络安全监测预警（健全网络安全威胁通报机制、健全网络安全威胁通报机制、健全网络安全威胁通报机制）。

3. 学校层面加强网络安全防范并落实等级保护测评

学校的安全要依靠学校自身和技术产商协同进行。在网络安全法的基础上落实网络安全等级保护制度，制定网络安全制度，加强关键网络安全产品部署和安全技能的提高，提高智慧校园的安全水平。

最低要求是做到履行《中华人民共和国网络安全法》规定的网络安全义务法律责任，履行备案，支持和协助配合公安、网信等部门的监督检查工作，落实网络安全保护技术措施，开展安全自查、等保测评，落实违法信息监管等六条；另外要做到，在关键时间节点出现故障时可以在极短的时间内一键断网。

根据以上要求，主要的制度应该有：制定学校层面的网络安全管理办法，以学校名义发文，建议文号用委字。以学校信息化建设领导小组的名义与各个二级单位签订网络安全责任书。梳理 IP 资产，形成信息资产全生命周期管理制度。形成学校层面的应急预案，可以是单独的网络安全应急预案，也可以是学校安全预案中的一个部分。应急预案要进行演练，形成可执行的流程；要有安全事件报告和处置方面的制度。

4. 学校信息化管理部门应制定安全管理制度和规范

信息化归口管理部门应该按照相关的法律法规、上级部门的要求以及学校的实际情况和内控的要求制定一系列的管理制度和规范，以保障人员、设备、信息的安全。

一般说来，学校层面发文的制度有网络信息安全管理办法、网站群管理办法、信息化建设项目管理办法、网络信息安全责任书等，从全局规范信息化建设的方方面面。

信息化管理部门不仅掌握着学校的各类信息系统和数据，同时也运维着各个系统，必须规范员工行为、建立可操作的规范和流程，才能保证信息不被泄露，数据不被篡改。至少应包含机房管理制度、数据中心工作流程、信息系统安全管理人员与用户培训制度、员工信息安全承诺书、保密协议、服务器管理制度、信息系统安全检查与评估制度、代维外包维护厂商管理办法、信息系统安全审计管理制度（这个是和保密的三员是一起的，分非密和涉密两个部分，按照不同的要求分类制定细则）、计算机病毒防治管理制度、网络和信息安全突发事件应急处置，信息系统应急与灾难响应制度。

7.2 智慧校园网络安全方案

7.2.1 符合等保要求

以等保保护安全框架为依据和参考，在满足国家法律法规和标准体系的前提下通过一中心三防护的安全设计，形成网络安全综合防护体系。体系化地进行安全方案设计，全面满足等级保护安全需求及单位网络安全战略目标。等级保护安全框架如图7-4所示。

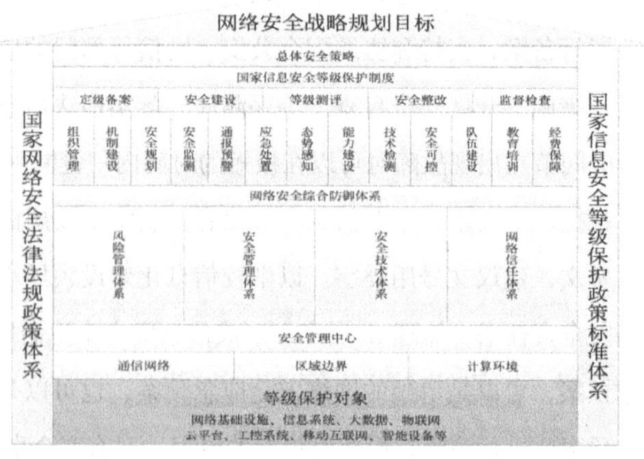

图 7-4　等级保护安全框架

2008 年 6 月发布《信息安全技术 信息系统安全等级保护基本要求（GB/

T 22239—2008）》《信息安全技术 信息系统安全等级保护定级指南（GB/T 22240—2008）》等网络安全等级保护技术（简称等保）国家标准，标志也等保 1.0 开始；2019 年 5 月发布《信息安全技术 网络安全等级保护基本要求（GB/T 22239—2019）》《信息安全技术网络安全等级保护测评要求（GB/T 28448—2019）》等国家标准，等保进入 2.0 时代。等保 2.0 覆盖工业控制系统、云计算、大数据、物联网等新技术新应用，为落实信息系统安全工作提供了方向和依据。

与等保 1.0 相比较，等保 2.0 将原来的标准《信息安全技术信息系统安全等级保护基本要求》改为《信息安全技术网络安全等级保护基本要求》，与《中华人民共和国网络安全法》中的相关法律条文保持一致；等保 2.0 调整各个级别的安全要求为安全通用要求、云计算安全扩展要求、移动互联安全扩展要求、物联网安全扩展要求和工业控制系统安全扩展要求。

等保 1.0 中网络安全有 10 个类别，5 个技术类为物理安全、网络安全、主机安全、应用安全、数据安全与备份恢复，5 个管理类为安全管理制度、安全管理机构、人员安全管理、系统建设管理和系统运维管理。等保 2.0 中网络安全也有 10 个类别，5 个技术类为安全物理环境、安全通信网络、安全区域边界、安全计算环境、安全管理中心，5 个管理类为安全管理制度、安全管理机构、安全管理人员、安全建设管理、安全运维管理。为了适用最新的国家标准，这里介绍等保 2.0 指标，具体见附录 2。

7.2.2 构建安全体系

病毒传播、黑客的攻击并不是一个静态的过程，也就要求网络安全防护系统是动态的、整体的，要真正实现一个系统的安全，就需要建立一个从保护、检测、响应到恢复的一套全方位的安全保障体系。高校的信息安全保障方案需要从体系化的角度，全面、整体、长期地满足高校安全保障的要求。由于人员、资金、资源等方面的限制，安全建设总是要求将有限的资源用在“刀刃”上，区分高校的业务系统进行重点防护是必要的；体系化建设结合重点保护的策略，是高校信息安全建设的最优选择。

1. 安全体系化建设

体系化建设通常需要从信息安全组织体系、管理体系、技术体系三个方面着手建立统一的安全保障体系，力保网络信息安全。组织体系着眼于人员组织架构，如岗位设置、职责授权、人员任用、绩效考核等；管理体系侧重在制度的梳理，制定高校安全计划并持续改进，制定运行、维护、监控制度，明确审计的内容和程序等；技术体系分成准备、预防、检测、保护、响应、监控、评价七个阶段，根据用户需求采用相应的安全防护技术。体系化建设亦须遵循 PDCA 原则，即是计划（Plan）、实施（Do）、检查（Check）、调整（Adjustment），并不断改善。体系化建设建议重点考虑遵循等级保护、安全域、应急响应，如图 7-5 所示。

图 7-5　智慧校园安全体系

（1）建立符合等级保护的体系。等级保护不仅是对信息安全产品或系统的检测、评估以及定级，更重要的是，等级保护是围绕信息安全保障全过程的一项基础性的管理制度，是一项基础性和制度性的工作。通过将等级化方法和高校信息安全体系建设有效结合，设计一套符合高校需求的信息安全保障体系，是适合我国国情、系统化地解决高校信息安全问题的一个非常有效的方法。

（2）建立符合安全域的体系。安全域服务的根本目的是为了更好地保障高校业务信息系统的安全，保障高校业务的稳健运行，保障高校信息系统业务使命的顺利达成。因此安全域的设计必须以信息系统提供的业务服务为中心，以业务安全需求为根本出发点，以抵御威胁、减少漏洞、控制信息安全风险及符合相关标准规范为根本立足点。另外，安全域的设计大多是基于现有信息系统进行的，必然要结合现有系统的实际情况，同时又要考虑对信息系统的安全建设的指导作用。因此，安全域的设计应从信息系统普遍的实际情况出发创建信息系统模型、规范和优化信息系统结构，以及便于安全防护策略的设计、实现和部署。建议高校安全域划分如下：

1）技术支撑域：包括网络中心、数据中心、电教中心、图书馆等，负责高校信息化规划和建设，对高校信息基础设施进行管理，提供信息交流与服务。

2）学生域：包括本招办、研招办、留学生办、学生处、研究生工作部、就业中心、物业中心（住宿）、各院系，主要针对学生从招生、入学、在校培养、毕业的全程管理。

3）教学域：包括研究生院、教务处、注册中心、各院系，开展教学活动及教学管理。

4）科研域：包括科研院、各院系，对全校科研项目管理，包括科研合同管理、科研成果管理、科研机构管理、科研交流与协作。

5）财务资产域：包括财务处、结算中心、会计核算中心、审计室、实验室与设备处、房产处、各院系，负责学校所有的经费业务，全校国有资产管理，实验室及其设备管理、房产管理等。

6）校务职能域：涉及学校的人力资源、后勤保障、社会服务及发展决策等职能部门，有条件的学校可以进行细分。

安全域体系如图 7–6 所示。

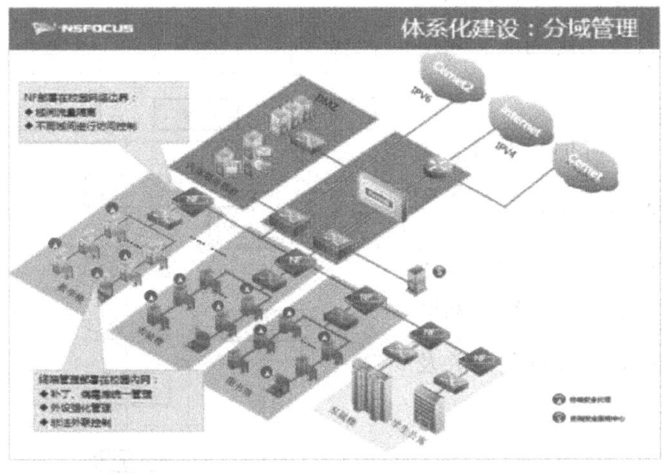

图 7–6　智慧校园安全域体系

安全域的划分可以通过物理方式，即同一个安全域中的计算机接在同一个网络交换机上，也可以通过逻辑方式，即利用 VLAN 技术，同一个安全域中的计算机划分在同一个 VLAN 上。安全域之间的边界保护，可以通过使用三层交换机的访问控制列表（ACL）来实现，对保密要求高的安全域，与其他安全域之间的边界保护，应使用防火墙（NF）或入侵保护（NIPS）设备进行访问控制，以提高这些安全域的安全性。对于不同等级的安全域间通信，禁止高密级信息由高等级安全域流向低等级安全域。

不同的安全域应分析其使用人员、业务类型、流量走向、服务对象等，对于保密要求比较高的安全域，也可以考虑在系统终端上安装终端管理系统，对终端的补丁、病毒库同步进行统一管理，监控终端主机的违规外联、违规开启服务端口，控制终端外设端口的使用等，开启主机防火墙、主机入侵保护、防 ARP 欺骗以强化终端主机安全保护，保障安全域内网络安全。

（3）建立符合应急响应的体系。针对各种可能突发的信息安全事件，建议高校制订对应的应急响应预案，预案对响应的流程进行梳理，具有可操作性，并明确专人负责，预案对安全事件进行分类分级别，不同级别事件启动相应的流程，对应不同的组织人员响应，通过该方案使损失减到最小。绿盟科技制定的应急响应体系如图 7-7 所示。

在教育行业，可加入上海交大的教育行业漏洞报告平台、教育部教育行业信息技术工作管理平台安全监测预警子系统、360 补天漏洞库等平台，第一时间发现漏洞并及时修补。

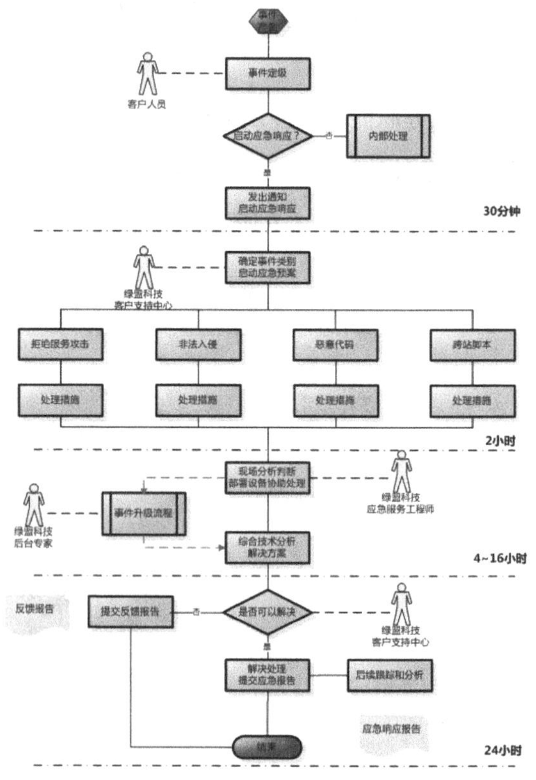

图 7-7　绿盟科技智慧校园应急响应体系

2. 安全方案覆盖重点要素

高校信息业务系统众多，为了将有限的资源用在“刀刃”上，需要对重点的业务系统进行防护。我们对学校的业务系统按照重要性和外网访问的必要性做了三个分层。第一类为学校门户网站、邮件系统、自考网、场馆管理系统、MOOC 平台等直接面向互联网全网开放的定义为最高级别，并全部进行等保测评、部署完整的安全方案；这里存在一个 1.5 层，就是定向开放的服务，如面向微信、面向上级部门、面向银行、面向第三方支付等，我们做了端口绑定、防火墙限制、授权访问等。第二类为教务系统、研究生系统、办公自动化平台、科研系统等，面向 VPN 开放，通过 LDAP 授权用户才可以访问。第三类为校内访问，如心理测评系统、审计系统等。所有的服务器管理都必须通过 VPN 进行，2019 年将取消 VPN 改用堡垒机进行，做到操作的记录和溯源。

（1）重点防护门户网站。门户网站已从一个简单的信息发布、展示平台，逐步转变为汇集了招生就业、远程教育、成果共享、招标采购等多功能的综合性业务平台。高校网站已积聚了教育信息化建设中大量的信息资源，成为高校成熟的校务展示和应用平台。

门户网站在本地防火墙和 WAF 的基础上，将增加云 WAF 和云安全平台，使安全防御更全面，安全感知更及时，如图 7-8 所示。

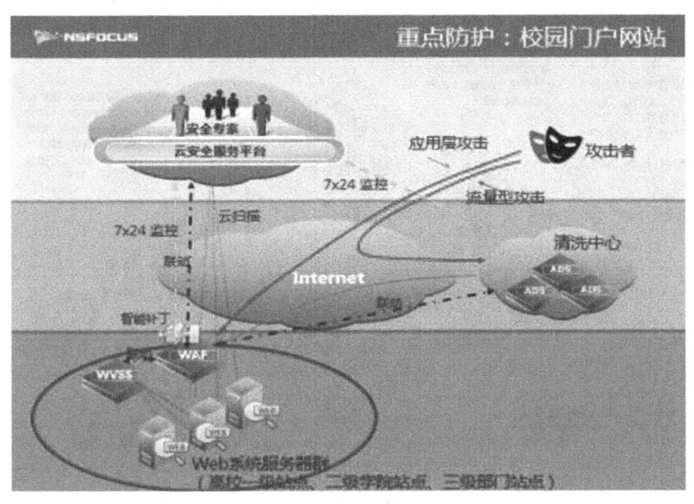

图 7-8 智慧校园门户网站安全防护模型

对 Web 漏洞防护，通过部署 Web 应用防火墙-WAF 实现对 Web 应用攻击的防护，部署在本地的 WAF 设备可以与上游清洗中心之间协同配合，实现对于应用层攻击、流量型攻击以及混合攻击的防护；通过在内网进行本地漏洞扫描，或者从云端进行远程漏洞扫描，产生漏洞报告，与 WAF 设备集成，直接生成智能补丁（Smart Patch），将漏洞的发现与防护在第一时间联动修补完成，及时防范攻击风险；云安全平台的安全事件监测引擎会对被防护的网站进行 7×24 小时的不间断监测，一旦有安全事件发生在第一时间做到捕获并通告管理员，在安全事件发生前后，云安全平台会输出事前漏洞风险评估报告，事中单次攻击报告以及事后提供安全建议的安全监测周报。

（2）重点防护数据中心。数据中心作为高校信息化的心脏，运行着高校各种业务系统，保存着这些业务系统产生的敏感数据，如试卷、学生考试成绩、学籍学历数据、科研项目的研究成果等，因而有必要对高校数据中心服务器的漏洞进行统一的管理。

1）在数据中心部署安全评估系统，对高校数据中心的网络资产进行细致深入的漏洞检测、分析，并给高校用户提供专业、有效的漏洞防护建议，及时修补漏洞，让攻击者无机可乘。远程安全评估系统将资产、漏洞和威胁紧密结合，提供了图形化的资产管理方式，并通过可量化的模型呈现，帮助高校用户对网络中存在的风险有一个整体、直观的认识，做到真正意义上的风险量化。漏洞管理能够对预防已知安全漏洞的攻击起到很好的作用，做到真正的“未雨绸缪”，如图 7-9 所示。

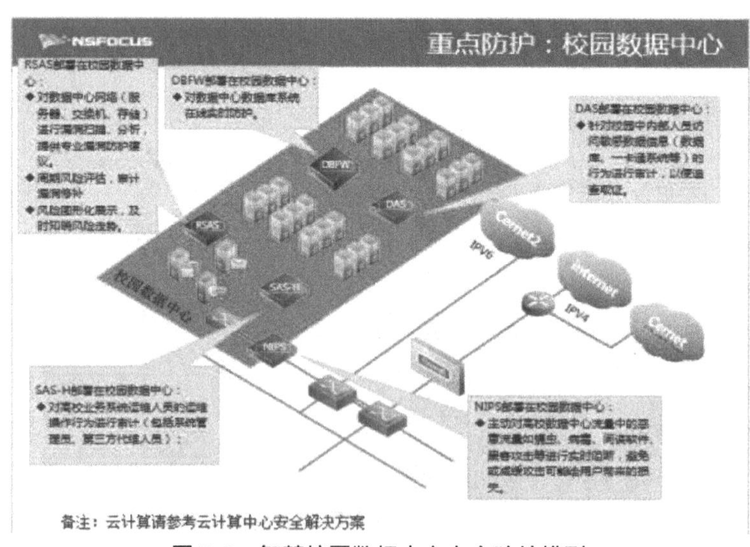

图 7-9　智慧校园数据中心安全防护模型

2）在高校数据中心部署网络入侵防护系统（NIPS）。高校数据中心主要包含“一卡通”、数据库、学籍学历管理系统等重要业务系统，针对高校内部网络用户访问数据中心的流量，提供针对性的实时检测和防御功能，过滤对服务器操作系统的攻击（缓冲区溢出攻击、恶意扫描、漏洞攻击等）、对数据库的攻击（SQL 注入、缓冲区溢出攻击、植入式攻击等）、对业务系统应用程序的攻击等流量，即 IPS 接收到数据中心外部的数据流量时，如果检测到攻击企图，就会自动地将攻击包丢掉或采取措施将攻击源阻断，而不把攻击流量放进数据中心内部，可以有效地阻断对重要数据的恶意攻击，防止重要数据泄漏和更改。网络入侵防护系统作为一种在线部署的产品，提供主动的、实时的防护，自动对恶意流量如蠕虫、病毒、间谍软件、DDoS、黑客攻击等进行实时阻断，避免或减缓攻击可能给学校带来的损失。

3）在数据中心区部署数据库安全审计系统，对数据库的访问进行全程审计。数据中心的数据库包含重要的“一卡通”资金信息，因此数据的安全级别非常高，根据等级保护的要求，必须对重要业务数据进行审计，以便日后追查取证。数据库审计系统可以提供全面细粒度的敏感信息审计功能，系统支持基于时间、用户、协议、内容等多种条件组合的信息审计策略，实时审计高校用户对数据库系统所有操作（如插入、删除、更新、用户自定义操作等），精细还原 SQL 操作命令包括源 IP 地址、目的 IP 地址、访问时间、用户名、数据库操作类型、数据库表名、字段名等，实现数据库安全事件准确全程跟踪定位，提供实时告警、信息还原功能，对机密信息外泄、越权访问等行为及时响应处理，对事后追查取证提供有力支持。

4）在核心数据库前端部署数据库防火墙系统，DAS-FW 通过专业 SQL 协议分析，根据预定义的禁止和许可策略让合法的 SQL 操作通过，阻断非法违规操作，形成数据库的外围防御圈，实现 SQL 危险操作的主动预防、实时审计；并且面对来自于外部的入侵行为，提供 SQL 注入禁止和数据库虚拟补丁包功能（Oracle 数据库防火墙所不具备）；通过虚拟补丁包，数据库系统不用升级、打补丁，即可完成对主要数据库漏洞的防控。

5）在高校数据中心部署安全审计系统——堡垒机。对数据中心的运维操作及账号提供统一的管理平台，方便运维操作审计。

（3）建立智慧校园安全监测预警平台。校园安全监测预警平台能够收集各种网络安全设备的日志信息、各种系统的日志信息，进行统一的分析和整理，提供信息发送、实时告警功能，同时进行数据的存储、分析，能够为网络安全监控预警中心带来统一监控、统一管理、统一预警、高扩展性等特性。安全监测预警平台部署在校园网络中心区域，如图 7–10 所示。

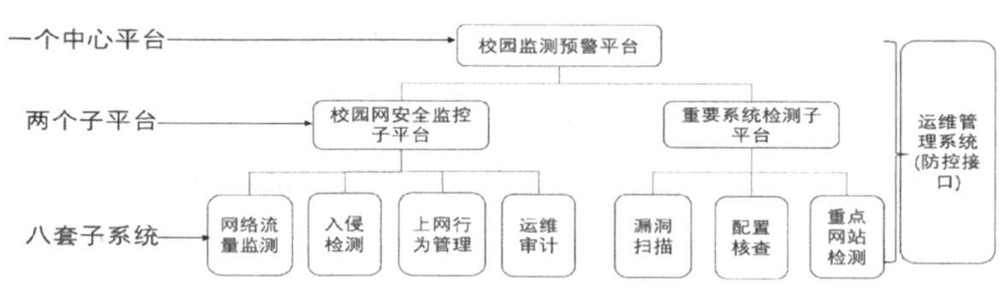

图 7–10　智慧校园安全监测预警模型

校园安全监测预警平台：实现对各子系统及外部安防系统的安全事件收集、关联分析、数据挖掘、取证。对预警信息分发、通报、接收，依据校园安防工作机制和应急预案处置和管理网络安防工作。

校园网安全监控子平台：实现对校园网网络流量和安全事件的监控，综合分析其中存在的 DDoS 攻击、黑客攻击、蠕虫病毒传播等行为。

重要系统检测子平台：实现对重点单位安全状况的检测，包括网站挂马、网页篡改、脆弱性、平稳度检测四方面。

异常流量检测子系统：实现对网络整体流量的宏观分析、监控、预警。

入侵检测（含病毒检测）子系统：实现对网络流量的细粒度检测，并实现抓包取证。

上网行为管理子系统：对校园网络用户的上网行为进行管理、监控、预警。

运维审计子系统：实现对系统运维人员、第三方代维人员的运维行为进行审计，并实现追查取证。

漏洞扫描子系统：实现对重点单位及校园网整体的网络脆弱性检测和预警。

配置核查子系统：实现对重点业务系统、网络系统、数据库等配置管理和预警。

重点网站检测子系统：实现对重点单位的业务持续性检测和预警。

运维管理子系统：实现对项目范围内系统运作的持续性检测和管理，其主要在网络管理平台实现。

引用及参考文献

[1] 百度百科 . 希拉里邮件门 [EB/OL]. https://baike.baidu.com/item/%E5%B8%8C%E6%8B%89%E9%87%8C%E9%82%AE%E4%BB%B6%E9%97%A8/19493835?fr=aladdin.2012-12-13.

[2] 网易新闻 . 雅虎曝出史上最大规模信息泄露：逾 5 亿用户资料两年前被窃 [EB/OL]. http://news.163.com/16/0923/09/C1KTAPIH00014SEH.html.2016-09-23.

[3] 人民网 . 百度遭撞库 50 万账号被盗 网盘文件丢失变成“黄片”[EB/OL]. http://media.people.com.cn/n1/2016/1017/c40606-28782909.html.2016-10-17.

[4] 搜狐网 .WannaCry 勒索病毒详细解读 [EB/OL]. http://www.sohu.com/a/142199129_354899.2017-05-20.

[5] 新浪科技 . 高盛前总裁科恩：Facebook 比金融危机前的银行更坏 [EB/OL]. https://tech.sina.com.cn/i/2018-08-07/doc-ihhkuskt2898177.shtml.2018-08-07.

[6] 百度百科 .8・19 徐玉玉电信诈骗案 [EB/OL]. https://baike.baidu.com/item/8%C2%B719%E5%BE%90%E7%8E%89%E7%8E%89%E7%94%B5%E4%BF%A1%E8%AF%88%E9%AA%97%E6%A1%88/20091304?fr=aladdin.2018-09-10.

[7] 网易新闻 . 四川查处违反网络安全法首案：一网站因高危漏洞遭入侵被罚 [EB/OL]. http://news.163.com/17/0811/17/CRIV753F000187VE.html.2017-08-11.

[8] 重庆大学网站 . 国内首例高校违法案例诞生，因未落实等保制度致学生信息泄露 [EB/OL]. http://wlaq.cqu.edu.cn/info/1006/1159.htm.2017-11-03.

[9] 央视网 . 黑龙江高考查分网站瘫了 考试院：有人恶意攻击 [EB/OL]. https://baijiahao.baidu.com/s?id=1604208409223450438&wfr=spider&for=pc.2018-06-25.

[10]教育行业漏洞报告平台（Beta）[EB/OL]. https://src.edu-info.edu.cn.2019-02-01.

[11]新华网 . 综合施策维护我国网络空间安全秩序 [EB/OL]. http://www.xinhuanet.com/politics/2014-11/25/c_127250508.htm.2014-11-25.

[12]人民网 . 习近平：在网络安全和信息化工作座谈会上的讲话 [EB/OL]. http://cpc.people.com.cn/n1/2016/0425/c64094-28303260-2.html.2016-04-25.

[13]新浪网 . 习近平出席全国网络安全和信息化工作会议 [EB/OL].http://news.sina.com.cn/zt_d/xjpqgwlaqxxhhy/.2018-04-20.

[14]中国国家标准化管理委员会 . 国家标准全文公开系统 [EB/OL].http://c.gb688.cn/bzgk/gb/showGb?type=online&hcno=D58BC3A7EFF62876D20514C359B13755.2019-02-01.

[15]中国国家标准化管理委员会 . 国家标准全文公开系统 [EB/OL].http://c.gb688.cn/bzgk/gb/showGb?type=online&hcno=CEC24F959F301862A3516CAAF117E70F.2019-02-01.

第 8 章 智慧校园管理评价

8.1 智慧校园组织机构

8.1.1 智慧校园的利益相关者分析

美国斯坦福研究所于 1963 年首次提出了利益相关者概念，来表示与企业有密切联系的所有人。弗里曼（1984）定义了利益相关者：任何一个能够影响组织目标的实现或者能够被这种实现过程影响的团体或个人，任何一个组织都有许多利益相关者，例如股东员、供应商、顾客、政府部门等，他们都对组织的生存和发展注入了一定的并承担由此带来的风险；为了保持的持续发展，组织必须要考虑各类利益相关者的利益诉求，并给予应的和补偿；组织的生存和发展取决于能否有效地处理与各种利益相关者的关系决于能否有效地满足各种利益相关者的需求[1]。

智慧校园也是如此。智慧校园的规划、建设、维护使用由多个主体参与出巨大精力，智慧校园的使用者反馈在智慧性设计和智慧功能发挥中，在此过程中，要充分考虑这些主体的特点和需求，只有这样，才能发挥出智慧校园和价值，因此需要进行利益相关者分析，辛蔚峰（2014）在确定学校信息化相关者的基础上，总结了利益相关者的需求和贡献[2]，见表 8–1。

表 8-1 智慧校园利益相关者分析（辛蔚峰，2014）

利益相关者	利益相关者需求	利益相关者贡献
主管部门	发挥资金最大效益，实现信息技术应用的价值最大化，培养满足信息时代需求的人才	发展规划、资金支持、政策支持
学校管理者	提高学校办学水平，促进师生全面发展	组织制度，管理制度，保障措施
教师	提高教学水平，提高科研能力	信息化教学实践，信息化教学资源建设，教育信息化研究

续表

利益相关者	利益相关者需求	利益相关者贡献
学生	先进的信息化环境与服务，良好的学习效果	信息化学习实践、应用反馈信息
技术支持人员	信息化设备的标准化，易于维护	信息技术设备和服务的正常运行，信息安全

在此基础上，辛蔚峰（2014）根据绩效三棱镜方法，从利益相关者需求、战略、流程、能力、利益相关者贡献五个方面对利益相关者进行分析评估，于长虹（2015）等认为，该分析评估方案的不足是利益相关者缺少企业和专家（咨询委员会专家和评估评标专家），对五个方面的分析评估不充分，进行了修订，从八个方面对智慧校园利益相关者分析[3]，见表 8–2。

表 8–2　智慧校园利益相关者分析（于长虹，2015）

	利益相关者需求	利益相关者贡献	对利益相关者的要求
决策者	实现智慧管理，满足长远需求，师生满意，效益明显	顶层设计，提供总体需求，协调后期建设各单位	具有信息化领导力，明白信息化的重要性
管理者	易用，能提高效率，应用系统安全稳定、功能齐全	提供相关数据，帮助需求分析调查，反馈使用效果，辅助改进优化	积极参与信息化技术相关培训，对信息化充满热情，相信信息化的优势
学生	便捷的生活环境，个性化学习，提高信息素养，智慧学习	帮助需求分析调查，反馈使用效果，辅助改进优化	积极参与信息化技术相关培训，提高信息化素养，积极进行移动和泛在学习、个性化学习
教师	便捷的生活环境，智慧教学，便于科研	帮助需求分析调查，反馈使用效果，辅助改进优化	积极参与信息化技术相关培训，提高信息化素养，积极进行智慧教学、个性化教学
智慧校园建设管理专职人员	实现智慧校园的智慧管理，安全稳定，便于扩容，易于维护	全程参与信息化建设及后期维护、对使用者的培训，分析用户需求，优化智慧校园运行效果	明白需求，技术熟练，关心用户体验，对项目施工有所了解
政府主管部门	实现教育信息化发展规划，信息化效益最大化，安全稳定	资金支持和政策扶植	明白信息化的必然性和战略性，提供资金支持和政策扶植
专家	个人声誉提高，为信息化建言献策	对信息化建设全程提供咨询和意见	熟悉行业情况，熟悉发展趋势，对信息化有深入的学术研究
企业	实现利润利益最大化，行业竞争胜出，知名度，信誉	询价并参与项目建设，提供优质应用，对信息化专职人员的专门培训	熟悉技术市场趋势，提供最好的产品，做好售后服务

智慧校园建设是一项复杂的系统工程，利用利益相关者理论进行智慧校园建设的利益相关者分析，并进行建设规划和实施研究。对智慧校园的智慧管理，则通过建立数据

质量管理体系、构建智慧校园智多与管理平台、确立智慧校园运维管理规范化流程实现。

智慧校园作为一个新生事物、一个系统工程，其建设是在数字校园的基础上化的范围之内，因此需要对建设框架进行概括，基于利益相关者的智慧校园工作框架见表8-3。

表8-3 基于利益相关者的智慧校园工作框架

建设框架	子项	内容与任务	主要利益相关者
组织机构与专职队伍	组织机构建设	加强组织领导，完善组织机构，明确职责，顶层设计	决策者、管理者、政府主管部门、专家
	队伍建设	专职队伍，全程参与，前期建设、后期管理维护和协调	
制度与标准	制度建设	制度保障，全过程有章可依，利于过程管理、质量控制	智慧校园建设管理专职人员、决策者
	标准建设	提高建设标准，利于质量监督，便于后期推广	
建设原则、目标		确定建设要遵循的原则，明确最终要达到的效果	决策者、管理者、政府主管部门、专家
建设内容与范围	建设内容	明确要建设的软硬件、系统	管理者、学生、教师、智慧校园建设管理专职人员
	建设范围	明确要建设的地理范围	
技术方案设计	总体方案	各建设内容的系统性方案、各分系统之间的互联互通、接口对接	智慧校园建设管理专职人员
	基础网络	构建有线无线相结合、高效稳定的智慧校园无缝网络	
	智慧数据中心	对照明、温湿度、防雷、防噪声、安保、防尘进行设计，并达到无人值守的智慧监控程度	
	支撑平台	统一身份认证、统一信息门户、统一数据库系统、统一存储系统	
	智慧生活服务、教学、管理环境	智慧教学与资源平台、协同办公平台、云服务平台、一卡通、掌上校园、校内导航、节能平台、门禁系统、智慧管理平台	
实施方案	项目论证	邀请专家对设计、实施方案进行多轮次论证优化，确保项目获得领导、管理层、教职员、学生的认同	决策者、管理者、政府主管部门、专家、智慧校园建设管理专职人员
	项目概算	询价并对整个项目及各应用系统等概算，进行前期成本分析、论证	
	项目招投标	确定参数、询价、标书撰写、招投标	
	施工组织	领导机构及专职人员对项目进行施工过程、施工完工验收进行组织和实施	
	质量控制	确保质量优化，符合各项招标要求，满足相关标准	
	运行效果分析	整体或部分完工后试运行及压力测试，后期改进与优化	
智慧服务与运维	智慧服务	智慧校园直接提供的针对校内师生的服务	学生、教师、智慧校园建设管理专职人员
	智慧运维	运行设备、线路的管理和设备与软件系统的配置与优化，运行设备及运行环境全方位智能监控和故障处理、用户权限管理等	

8.1.2 智慧校园组织机构

良好的组织架构是智慧校园建设的保障，也是智慧校园成功建设的关键。

在国家层面，为了更好地进行信息化建设，自20世纪80年代初，我国信息技术的发展开始纳入国家层面的信息化管理体制机制。在不同时期分别成立了计算机与大规模集成电路领导小组、国务院信息化工作领导小组、国家信息化工作领导小组等[4]，随着新技术的涌现和信息化的推进，2014年2月27日中央网络安全与信息化领导小组，2018年3月21日根据《深化党和国家机构改革方案》内容，“中央网络安全和信息化领导小组”改为“中央网络安全和信息化委员会”，并接手工信部管理国家计算机网络与信息安全管理中心，外界认为，这或意味着其安全保障职能将加强[5]。在此基础上，相关部门都相应地成立了网信办公室。

在学校层面，首先要确立信息化发展的战略规划，做好顶层设计，建立适合学校的信息化管理体制和制度。强有力的信息化的领导力，是智慧校园的建设优质推进、优化管理的前提。按照上级部门的要求和学校信息化建设的实际情况，各高校基本成立了学校信息化建设工作领导小组，并设立了办公室，组长一般是校长担任，要有书记和校长担任的双组长模式，副组长一般由分管信息化工作的副校长担任，办公室主任一般由信息中心（或教育技术中心或网络中心，各校实情况不完全相同）正职领导担任，组员则根据实际情况由信息中心、人事、教务、科处、财处等（人财物）相关部门兼职工作人员组成，具体工作的协调、执行则由信息中心完成。

智慧校园组织机构分为决策、管理，以及建设、应用与运维三层，如图8-1所示。

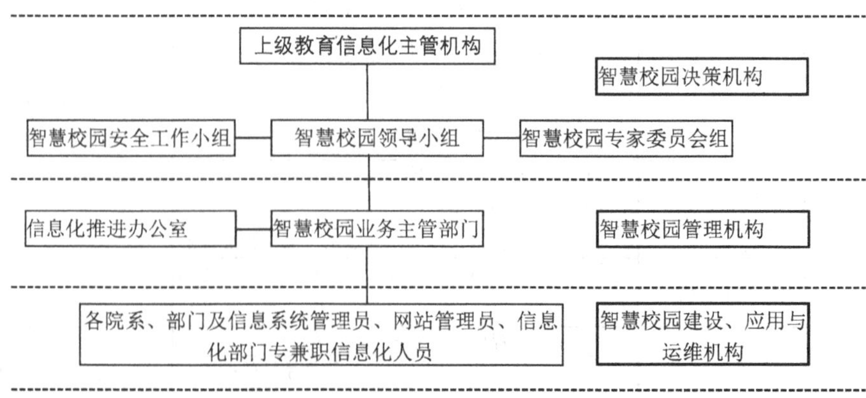

图8-1 智慧校园组织机构图

智慧校园决策机构负责学校智慧校园的规划与设计，对智慧校园基础设施、智慧应用系统、智慧数字化资源、智慧校园应用、智慧校园管理、智慧安全保障等重大事项进行决策；智慧校园管理机构具体承担学校建设标准、规范、管理制度等的制定及安全保障工作，并为建设、应用和维护开展日常工作提供指导、培训与咨询；智慧校园建设、应用与运维机构直接面向最终用户，负责智慧校园建设，推进智慧校园应用，以及智慧校园基础设施和系统的日常维护与咨询服务工作，具体如下：

建设领导小组：定期研究和解决学校信息化建设与发展中的重大问题，统筹领导学校的信息化建设与发展。

专家委员会：按照领导小组要求，对信息化建设方面的重要项目进行咨询、评议和论证。

安全工作小组：负责贯彻落实上级网络与信息安全工作的部署和要求，加强网络与信息安全工作的领导，落实工作责任。

主管部门（信息与网络管理中心）：保障校园主干网络出口通畅、负责信息安全；为全校师生提供上网服务；承担学校数字化校园的规划、设计、建设、管理和运行维护，为学校的教学、科研、学科建设和管理等提供支撑。

信息与网络管理中心网络（一卡通）服务科：负责学校的物理网络的整体规划和建设；全面规划校园网 IP 分配策略，负责校园网 IP 地址分配；负责校园网网络核心及接入层硬件设备（交换机、路由器、防火墙等）的维护、使用；保障学校各校区网络的互联及正常运行；负责处理终端用户的网络通信故障；负责学校校园卡的管理以及一卡通系统正常运行的维护和保障工作。

信息与网络管理中心技术开发科：草拟学校信息化建设方案和数字化校园信息编码标准；负责各业务系统、网站等系统的托管主机及底层管理；负责数字化校园平台和校园一卡通平台的开发、管理和维护；负责校园网信息安全管理。

信息与网络管理中心数据中心：负责对学校数据中心的规划和建设；负责对校园网一卡通数据库、共享数据库、OA 数据库等其他重要数据库的管理和维护工作；负责对全校重要数据的存储、备份以及安全保障工作；负责对数据中心机房（含配电机房）的运行环境的监控和管理工作。

各个学院按照发展制定本部门的信息化发展规划，属于学科建设的报教务处归口管理，属于学校信息化的报信息化建设领导小组办公室进行项目管理。

各个单位网站管理员、信息系统管理员做好信息发布的保密审查，做好信息系统的安全防护，在信息与网络管理中心技术开发科的指导下进行系统的维护、安全设置、等级保护测评、信息事件的处置等。

8.3 智慧校园制度建设

良好的制度是各项管理落地的保障，智慧校园的管理制度的设计一定要全面，同时要考虑可操作性和前瞻性，能够适应未来新技术的要求。其设计原则首先要从观念和思想上重视智慧校园的建设和应用，认可智慧校园建设可以促进教学；其次要让每个利益相关者都能参与并贡献自己的力量。智慧校园制度的设计也要和智慧性相结合，具有合理性、科学性、平等性和严肃性，智慧校园相关管理制度见表 8-4。

表 8-4　智慧校园管理制度一览表

类别	名称
国家和地方有关法律法规、标准	《中华人民共和国计算机信息系统安全保护条例》、《国际互联网安全保护管理办法》、《互联网信息服务管理办法》、地方的法律法规等
建设与管理总则	建设规划、管理总则，应用系线建设管理制度，信息化绩效评估办法，使用者调查制度
操作规范	设备调试，操作规范，信息发布范围
数据管理	数据采集制度，数据存储备份制度，数据分析使用制度，数据标准，建设与运行文档管理
号码资源	认证邮件，VPN 账号，域名管理，电话
接入管理	无线接入管理、办公教学实验室宿舍接入管理、智慧校园用户守则，用户安全教育和培训制度
信息管理	信息发布制度、网站及站群管理规定
设备管理	设备管理制度、各类 IT 资产的管理和使用制度，网络管理和维护制度
教学资源	教学资源建设管理规定、教学资源使用规定、教学资源奖励与评价制度
安全管理	基础网络安全、数据安全、服务器安全、数据中心安全管理制度、信息安安全管理全、违法案件报告与协查制度、安全事件等级响应制度
工作职责	建设与管理领导小组工作职责、办公室工作职责、专家咨询委员会工作职责，信息化工作各岗位职责、各部门信息化工作要求
运行管理	运行管理制度、故障处理流程、设备与线路检修巡检制度、流量统计分析运行管理月报及年报，设备与线路故障应急预案、用户故障报修管理制度、运行评估制度
公共服务，应用系统管理	公共服务管理制度，智慧教学平台、车辆出入管理、能源监管、平安校园监控系统、办公自动化平台、邮件系统等

8.4 智慧校园建设管理

智慧校园的数据来源于校内业务系统的权威数据源系统以及各个部门人员所产生的数据，因此智慧校园的建设关系到全校的所有人，是一项复杂的系统工程。"三分靠技术，七分靠管理"，智慧校园管理显得非常重要。因此，有必要对建成以后的管理进行研究，包括相关利益群体即相应应用系统的使用部门和人员的分析、应用培训；智慧校园的管理制度建设；管理主体的组织机构建设；最终实现对智慧校园的智慧管理。

智慧校园的智慧稳定运行的前提是对它的智慧管理。所谓智慧管理，就是信息化工作人员采用智慧型的管理和技术手段，对智慧校园进行管理维护，主要通过构建智慧校园的智慧服务与管理平台、确立规范化运维流程实现。智慧校园管理具体包括智慧校园项目管理、建设过程管理、建设经费管理、设备设施管理、应用系统管理、资源管理、评价管理、运维管理等。

8.4.1 建设智慧校园数据标准

经过多年的发展，尽管学校的教育信息化建设取得了长足进步，注重信息化系统硬件、建设，但对软件、应用系统、业务流程等要素管理不够重视，一些部门按照自己的想法定义数据并依此开发应用系统，没有遵循数据标准，存在随意性强、缺少全局规划、无标准可循的特点，导致信息系统中数据质量不高，后期数据清洗和治理困难。

智慧校园数据的特点是数据量多且复杂，结构化、非结构化数据并存。数据是智慧校园能够发挥智慧性的基础，要在技术上实行利用统一的数据交换平台将所有信息系统的数据进行采集、清洗、转换、存储到共享数据库或数据仓库以便调用；同时利用大数据分析平台进行数据的分析及可视化展示。教育部发布的与教育管理信息有关的 7 个教育信息化标准为智慧校园建设的数据标准建立提供了依据。

教育信息化标准有 5 类：国家教育信息化标准、教育信息化行业标准、地方教育信息化标准、企业教育信息化标准和团体教育信息化标准，全国信息技术标准化技术委员会教育技术分技术委员会暨教育部教育信息化技术标准委员会发布了指导类、学习资源类、学习者类、学习环境类、教育管理信息类、多媒体教学环境类、虚拟实验与学习工具类、电子课本与电子书包类等标准文库，有力推进教育信息化标准化事业发展[6]。

2012年3月15日，为建立教育信息化标准体系，以保障教育信息化健康有序发展，实现数据互通、资源共享，教育部研究制定了《教育管理信息教育管理基础代码》《教育管理信息教育管理基础信息》《教育管理信息教育行政管理信息》《教育管理信息普通中小学校管理信息》《教育管理信息中职学校管理信息》《教育管理信息高等学校管理信息》《教育管理信息教育统计信息》7个教育信息化相关标准，这些标准为智慧校园共享数据库建设以及为企业或学校的信息系统开发制定了标准和规范。

学校要在采用这些相关标准的基础上，建立适合自己学校的标准，以覆盖全部的数据，以便于后期的大数据分析应用。

8.4.2 构建智慧服务平台

建立智慧服务平台目标是智慧服务，以物联网和校园网络为基础，通过PC端、移动端、微信端等，实时可视化、有关联地查看各类数据，进行全方位监控，并能智能预警和处置。

数据对接所有智慧校园平台应用系统的数据和大数据分析平台的数据。如每年设备处开展的资产清查工作，传统的方式就是设备处发资产清单，各个部门核实资产，设备处再来抽查，效率低，容易遗漏；采用智慧校园平台将各类数据对接，通过平台就可以看到各类设备在哪里，谁在管理，直接查阅系统并到现场核实，每次核实无误后做好标记，几个周期下来，全校的资产将一清二楚；在核实过程中设备存放地点和使用人如果存在差异，要求部门必须整改并在系统修订，这样的数据就一直保持更新，在上级部门各类评估中就可以很快完成数据的统计。再如信息化管理部门的光缆和后勤基建部门的管道进行对接，利用BIM技术、物联网技术可以实时、可视化的感知到管道、光缆的状态，再也不会因为施工导致光缆中断而遭到用户投诉才知道。智慧服务平台是全校的、全方位的，以物联网技术、互联网技术、大数据技术等为依托，全面感知全校一切事项，不仅服务于教学、科研和管理，同时为学校的科学决策提供依据。

8.5 智慧校园评价

8.5.1 智慧校园评价流程

智慧校园评价是智慧校园建设过程中的一个重要环节，评价可以作为项目建设的最后验收前的一个环节，也可以是整体系统建设的一个评价，智慧校园评价流程如图 8-2 所示。

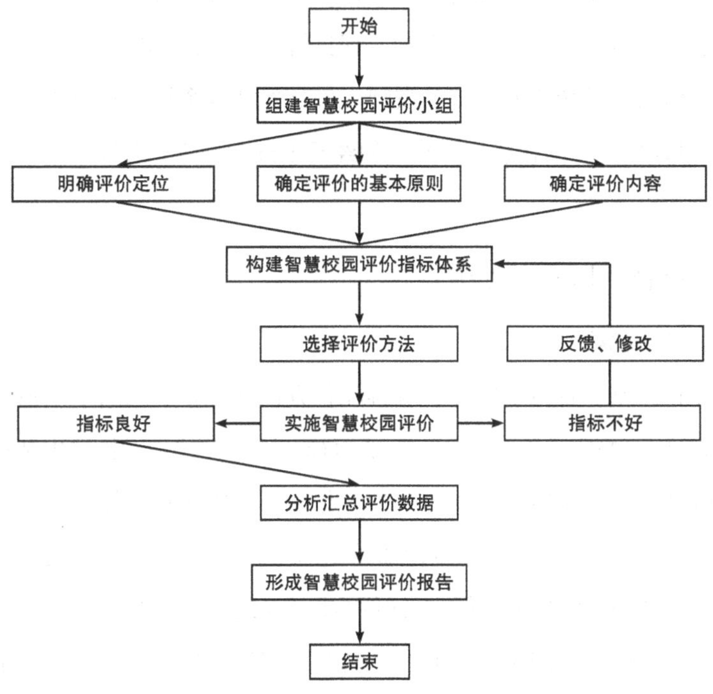

图 8-2　智慧校园评价流程

一般情况下，首先需要组建智慧校园评价小组，由评价小组明确评价定位、确定评价的基本原则、确定评价内容，进而构建智慧校园评价体系，选择评价方法，实施智慧校园评价，如果评价指标体系存在问题则需要修改评价指标体系重新进行评价，如果评价指标体系良好则分析汇总评价数据，撰写智慧校园评价报告。

8.5.2 智慧校园评价目的

智慧校园评价是以评促建，通过评价的方式来促进智慧校园的良性发展。通过各种类型的评价及时发现建设中存在的问题，及时给予指导性意见，以促进智慧校园更好地发展，更有效地支持学校各项工作的开展。

对智慧校园评价主要有如下目的。

（1）从国家、省市和区县层面来看，通过智慧校园评价，国家、省市和区县可以全面了解智慧校园的整体推进情况，以及在具体建设中存在的共性问题等，以便在政策上给予引导和支持。

（2）从学校层面来看，通过智慧校园评价，学校可以发现智慧校园建设中存在的问题或不完善的地方，以便更好地整改，保证智慧校园建设沿着正确的路径运行。

（3）从经验共享的角度看，智慧校园评价是发现各个智慧校园建设单位建设经验的手段。通过评价发现的智慧校园建设的经验上升为理论，可以在其他学校进行推广应用。

8.5.3 智慧校园评价原则

智慧校园评价应遵循如下原则。

（1）独立性原则。智慧校园评价应排除各方面和各种形式的干预独立地进行。参与评价的人员应该恪守评价的纪律和职业道德，不与被评价学校发生利益关系。依据智慧校园评价标准体系和可靠的数字资料，作出完全独立的评定。

（2）客观性原则。参与智慧校园评价的人员应该具有公正、客观的态度，严格按照智慧校园评价指标体系进行评价，评价结果有充分的事实依据、智慧校园评价后给出的指导性改进意见，切实可行，能反映智慧校园建设和发展中存在的问题。

（3）科学性原则。智慧校园评价过程中，必须依据智慧校园水平评价和诊断性评价定位，采用科学的评价方法，制定科学的评价方案。

（4）可操作性原则。可操作性是智慧校园评价的一项重要原则。没有可操作性的评价是没有任何意义的评价。

8.5.4 智慧校园评价方法

智慧校园评价可以采用如下方法。

1. 自评与他评相结合的方法

自评是指学校依据市级发布的智慧校园评价指标体系进行自我评价。

他评包括智慧校园专家的评价和智慧校园用户的评价。智慧校园专家由教育部门指定，并委托其完成智慧校园评价任务；智慧校园用户主要有学生、教职工、家长、管理者（智慧校园管理者、学校中层领导及校长等）。

2. 网络评价与现场评价相结合的方法

网络评价，即智慧校园的评价人员在线查询智慧校园的建设情况和运行情况。

现场评价，即智慧校园的评价人员可以根据实际需要，到学校现场了解智慧校园的建设情况，听取智慧校园用户在智慧校园使用中存在的问题。

3. 全面评价与重点评价相结合的方法

智慧校园的评价涉及智慧校园基础设施、智慧校园资源建设、智慧校园应用水平、智慧校园保障机制等各个方面，在评价中不可能面面俱到、一视同仁。教育信息化发展到了重视应用的阶段，智慧校园的建设也是如此。在智慧校园评价中重点突出评价智慧校园的应用水平。应用水平不高的智慧校园，即使建设投入资金很多，基础设施相当完备，也不是一所高水平的智慧校园。在智慧校园评价中，重要指标将给予特殊控制。

4. 静态评价与动态评价相结合的方法

智慧校园的评价，既要重视评价期间智慧校园的建设和应用情况，又要重视校园日后的建设和应用情况。评价中要关注智慧校园是否真正发挥了效益，是否真正支持了教育教学改革，是否真正提升了学校的办学水平。在智慧校园发展中，动态评价智慧校园具有重要的意义。

8.5.5 智慧校园评价体系

1. 理论研究

目前，专家学者已经对智慧教育、智慧校园的建设标准和评价指标体系展开了研究，研制出了一些具有代表性的成果，代表人物是清华大学的蒋东兴[7]。

蒋东兴认为智慧校园成熟度模型目前在国内外都没有合适的模型可以直接参考，

相近的有能力成熟度模型（Capability Maturity Model，CMM）和智慧城市建设成熟度模型（Maturity Model of Smart City Construction，SCCMM），参考 CMM 和 SCCMM，结合高校智慧校园的特点，特别是考虑到智慧校园建设是在数字校园基础上的提升，高校智慧校园成熟度模型从智慧类技术应用情况、智慧型应用开展情况和智慧型业务融合情况三个维度进行评价，将智慧校园建设与发展状态划分为四个阶段：萌芽阶段、集成阶段、融合阶段和创新阶段，如图 8-3 所示。

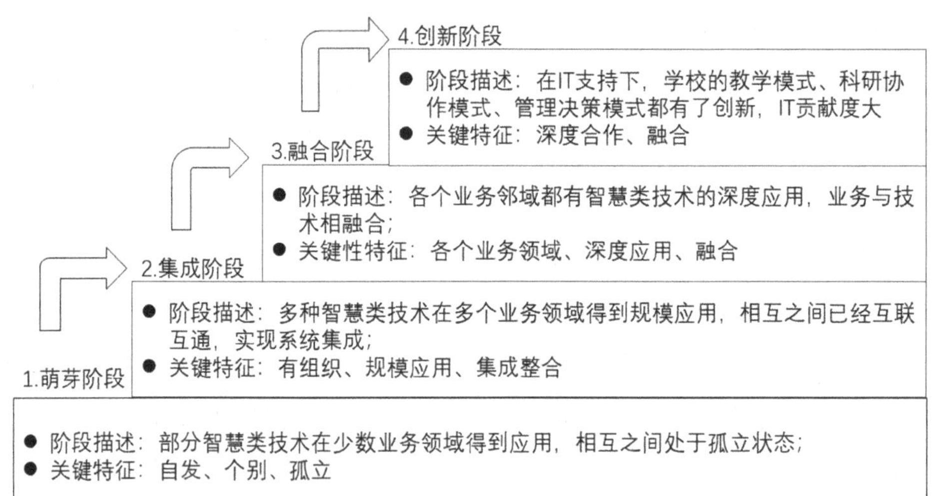

图 8-3　智慧校园成熟度模型

（1）萌芽阶段：萌芽阶段是高校智慧校园建设的最低等级。此阶段高校信息化总体上仍处于数字校园建设阶段，智慧校园建设处于自发状态，一般都是部分智慧类技术在个别业务领域得到应用，这些智慧型应用之间没有有机的联系，处于各自孤立的状态，全校也没有成型的智慧校园整体建设方案。

（2）集成阶段：集成阶段的智慧校园建设由自发状态进入自觉状态，学校开始有组织地推进智慧校园建设工作。在此阶段，多种智慧类技术在多个业务领域得到规模化应用，并且各智慧型应用之间有了集成与整合，实现了互联互通。

（3）融合阶段：融合阶段的智慧校园建设开始成熟，学校通过总体规划统筹推进，开始全面地建设智慧校园。学校的各个业务领域都有智慧类技术的深度应用，智慧型应用已经成为学校信息化的主流应用，信息技术与教育教学业务不断融合。

（4）创新阶段：进入创新阶段的智慧校园开始充分发挥信息化对教育教学业务的优化与提升作用，高校教育教学业务得到创新发展。智慧类信息技术得到普遍而深入的应用，信息技术与学校各项业务实现深度融合，学校的教育教学模式、科研协作模式、管理决策模式都在智慧型应用的支撑下发生了重大变革与创新，学校整体上实现智慧运行，智慧教育的功效得到充分显现。

为了客观地评价一个学校的智慧校园成熟度，建立了由智慧类技术应用程度、智慧型应用开展程度和智慧型业务融合程度三个成熟度评价维度组成的评价指标体系。高校智慧校园的成熟度由其在三个评价维度上的成熟度决定。

具体地，每个维度都按照 10 分计算，当智慧校园在技术应用维度评分达到 2、应用开展维度评分达到 1 时，智慧校园进入萌芽阶段；当智慧校园在技术应用维度评分超过 6、应用开展维度的评分超过 3、业务融合维度的评分超过 1 后，智慧校园从萌芽阶段进入集成阶段；当智慧校园在技术应用维度评分超过 8、应用开展维度的评分超过 6、业务融合维度的评分超过 3 后，智慧校园从集成阶段进入融合阶段；当智慧校园在技术应用维度评分超过 9、应用开展维度的评分超过 8、业务融合维度的评分超过 6 后，智慧校园从融合阶段进入创新阶段，见表 8–5。作为一个渐进模型，智慧校园一般不会出现成熟度阶段的跨越情况，这也符合高校信息化的发展规律。

表 8–5　智慧校园应用维度评分

维度 \ 等级	萌芽阶段	集成阶段	融合阶段	创新阶段
技术应用	2	6	8	9
应用开展	1	3	6	8
业务融合	0	1	3	6

对于每一个评价维度（一级指标），设置若干个二级指标，如智慧型应用开展程度可以设置教学类应用、科研类应用、管理类应用和服务类应用等四个二级指标。对于每一个二级指标，再设置一个或多个观察点，二级指标的观察点可以随着智慧校园建设的进展情况而发展变化。对于每一个观察点，都采用五级梯度评价：

智慧类技术应用程度的五级分别为：未使用、局部使用、大面积使用、全面使用、全面深度使用。

智慧型应用开展程度的五级分别为：未开展、零星开展、有组织开展、全面开展、全面深度开展。

智慧型业务融合程度的五级分别为：无影响、组合、整合、融合、创新。

由于智慧校园成熟度等级确定属于典型的需要进行定量分析的定性问题，因此可以采用层次分析法（Analytic Hierarchy Process，AHP）的计算思路来获得各指标的权值。具体地，对于每一个观察点，规定五级梯度对应的分值分别为0、1–3、4–5、6–8、9–10，由专家独立打分；而二级指标及各个观察点的具体权重，可预先通过采用德尔菲法（Delphi method）对若干位专家进行问卷调查，将专家的赋值情况进行整理得到。在智慧校园建设的不同阶段，观察点可能不同，各二级指标和观察点的具体权重也可能不一样。在当前阶段，一个可供参考使用的高校智慧校园评价指标体系见表8–6。

表8–6 智慧校园评价指标体系

一级指标	二级指标	观察点示例
智慧类技术应用程度	计算技术	IaaS、PaaS、SaaS
	通信技术	Wifi、4G、物联网
	智能感知技术	智能手机、可穿戴设备、传感器
	数据技术	大数据技术、主体虚拟映像、数据挖掘
	智能技术	人工智能、商务智能
	虚拟现实技术	VR、AR、MR
	其他技术	知识管理、社交网络
智慧型应用开展程度	教学类应用	基于用户特征的推荐式学习交流系统 支持O2O模式的在线学习系统
	科研类应用	基于知识管理的科研协作系统
	管理类应用	基于大数据的学生平安监测系统 基于BI和大数据技术的决策支持系统
	服务类应用	基于物联网的建筑节能监管系统 面向新媒体环境的宣传平台 O2O模式的一门式公共服务系统
智慧型业务融合程度	智慧型人才培养	基于IT的教师协同备课 基于学习大数据的个性化学习指导 基于学习过程的智能教学评价 基于学习历程的就业引导 基于大数据的学生行为分析

续表

一级指标	二级指标	观察点示例
智慧型业务融合程度	智慧型科学研究	基于 IT 的科研协同与协作 基于大数据的科研辅助 智能仪器设备与自动实验 科研共享数据库与利用
	智慧型社会服务	基于 IT 的服务社会新模式 基于在线教育的科普教育与人文教育 基于大数据的智库建设 基于 IT 的科技成果转化
	智慧型文化传承创新	多语言全媒体宣传 校园网络虚拟社区
	智慧型管理决策	基于大数据的学校声誉评估管理 跨部门的管理协同 数据支持的科学决策
	智慧型生活服务	基于物联网的校园安全与环境监控 校园智能交通管理 智慧型校园餐饮服务 一站式的校园生活服务

该研究成果较好地实现了智慧校园的评价，但其设置较学术性，没有囊括智慧校园评价的各种要素，也没有对各级各类学校进行分类指导。

（二）高校使用的量表

相比较而言，江苏省、浙江省、安徽省制定的评价体系更具有可操作性，在具体的应用中得到了较好的肯定。

江苏省发布 2015、2018 版《江苏省职业学校智慧校园建设评价指标体系》，职业学校智慧校园建设评价指标分为师生发展（40 分）、应用服务（100）、数字资源（60）、基础设置（70）、组织保障（30）5 个一级指标、28 个二级指标、170 个三级指标，评价总分值 300 分，达标分值 240 分[8]；2018 年版本增加了 30 分的特色创新，总分达到 330 分[9]。

浙江省的高校智慧校园建设评价 2018 年版，分信息化基础设施及其运行（权重 25）、教学科研信息化（权重 30）、管理信息化（权重 25）、信息化保障体系（权重 20）4 个一级指标，18 个二级指标，77 个三级指标，总分值 110 分，其中附加分“特色与创新”10 分，总分达 60 分以上，重要指标不低于 15 项的，为教育信息化合格学校 [10]。

江苏省的高校智慧校园建设评价 2018 年版，分智慧环境（26 分）、融合创新（33 分）、数字资源（18 分）、网络安全（8 分）、保障机制（15 分）、特色发展（10 分）6 个一级指标，18 个二级指标，71 个三级指标，总分值 110 分，其中附加分“特色与创新”10 分，总分达 80 分以上，为教育信息化达标学校 [11]。

安徽省的高校智慧校园建设评价 2017 年版，分基础设施（权重 15.0）、业务支撑（权重 10.0）、数据与资源（权重 25.0）、业务应用（权重 25.0）、保障体系（权重 25.0）、特色与创新（0 ~ 10 分）6 个一级指标，18 个二级指标，83 个三级指标，总分值 110 分，其中附加分特色与创新 10 分，总分达 60 分以上，且重要指标不低于 25 项的，为教育信息化合格学校 [12]。

以上评价标准都很有代表性，在实际的应用中效果较好，具体内容详见附录 3、附录 4、附录 5。

引用及参考文献

[1] 爱德华 · 弗里曼 . 战略管理——利益相关者方法 [M]. 王彦华，梁豪译 . 上海：上海译文出版社，2006：32.

[2] 辛蔚峰，刘强 . 利益相关者导向的学校教育信息化绩效评估——基于绩效三棱镜方法 [J]. 现代教育技术，2014，24（06）：12–18.

[3] 于长虹，马武 . 基于利益相关者理论的智慧校园建设框架 [J]. 教学与管理，2015（33）：44–46.

[4] 中国共产党新闻网 . 汪玉凯：中央网络安全与信息化领导小组的由来及其影响 [EB/OL]. http://theory.people.com.cn/n/2014/0303/c40531–24510897.html.2014–03–03.

[5] 搜狐网 . 中央网络安全和信息化领导小组改为委员会，安全保障职能将加强 [EB/OL]https://www.sohu.com/a/226249181_161795.2018–03–23.

[6] 中国信息技术标准化技术委员会教育技术分技术委员会 . 标准文库 [DB/OL] http://www.celtsc.org/.2019–02–01.

[7] 蒋东兴，吴海燕，袁芳，等 . 高校智慧校园成熟度模型与评价指标体系研究 [J]. 郑州大学学报（工学版），2017，38（02）：1–4.

[8] 高邮教育 . 江苏省职业学校智慧校园建设评价指标体系（2015）[EB/OL].http://www.gyedu.net/news/zcfg/2017–03–21/13952.html.2017–03–21.

[9] 江常熟高新园中等专业学校 . 江苏省职业学校智慧校园建设评价指标体系（2018）[EB/OL].http://www.cssysxx.com/Article/ShowArticle.asp?ArticleID=9405.2018–09–12.

[10]浙江省教育厅 . 浙江省教育厅办公室关于开展省数字校园示范建设工作的通知 [EB/OL].http://jyt.zj.gov.cn/art/2012/8/31/art_1532974_27485590.html.2012–08–31.

[11]河海大学网站 . 江苏省高校智慧校园建设指导意见（试行）[EB/OL].http://hhic.hhu.edu.cn/2018/0522/c2839a172735/page.htm.2018–05–22.

[12]合肥职业技术学院 . 安徽省高等学校教育信息化建设评价指标体系（试行）[EB/OL].http://xjzx.htc.edu.cn/info/1009/1175.htm.2017–07–10.

附录 1 XX 大学信息化建设十三五规划

1. 学校信息化建设目标及现状分析

1.1 信息化建设目标

1.1.1 数字化校园概述

数字化校园是以数字化信息和网络为基础，在计算机和网络技术上建立起来的对教学、科研、管理、技术服务、生活服务等校园信息的收集、处理、整合、存储、传输和应用，使数字资源得到充分优化利用的一种虚拟教育教学环境。通过实现从环境（包括设备、教室等）、资源（如图书、讲义、课件等）到应用（包括教、学、管理、服务、办公等）的全部数字化，在传统校园基础上构建一个数字空间，以拓展现实校园的时间和空间维度，提升传统校园的运行效率，扩展传统校园的业务功能，最终实现教育教学过程的全面信息化，从而达到提高管理水平和效率的目的。数字化校园建设的目标是：建设数字化网络环境、数字化教学资源、数字化教学与学习环境、数字化管理手段和工作环境，实现数字化学习、数字化教学、数字化科研和数字化管理，实现将信息技术与学院的管理及教育教学深度融合，建设信息化校园、智慧校园。

1.1.2 数字化校园建设的机遇及挑战

随着科学技术的进一步发展，人们对生活和服务水平的要求也大大提高。在高校，数字化校园的最终目标是把学校建设成为一个面向校内外超越时间和空间的虚拟大学，无论从管理的层面，还是从学生生活、学习，教师教学等的层面来讲，都有着十分重要的意义，所以新时代的大学必须重视数字化校园建设。

从国家政策层面，国家教育部先后发布《教育信息化十年发展规划（2011—2020）》《教育部财政部人力资源社会保障部关于进一步加强教育管理信息化工作的通知》《教育管理信息化建设与应用指南》等，其目标就是为了促进教育信息化的发展，使得教育能够与时俱进，把握好教育信息化发展的方向。

从四川省教育厅政策层面，省教育厅最近发布信函【2015】《关于开展全省教育系统信息安全培训的通知》、四川省教育厅关于转发《教育部办公厅关于印发 < 教育行业信息系统安全等级保护定级工作指南（试行）的通知 >》的通知、四川省教育厅关于转发《教育信息化推进办公室关于印发 < 教育管理信息化建设与应用指南 > 的通知》的通知。

可以看出，国家大力推进信息化，四川省教育厅配合教育部专门成立了信息化推进办，说明了信息化建设在高校的重要地位。我院信息化建设得到了前所未有的发展机遇，同时信息化建设也是百家争鸣，如何在这样的环境中做好我院信息化建设，如何在尽可能实用的情况下体现我院有特色的信息化建设，是我院信息化建设全体参与者的一大挑战。

1.1.3　数字化校园建设总体目标

建成完整统一、技术先进，覆盖全面、应用深入，高效稳定、安全可靠的数字化校园，消除信息孤岛和应用孤岛，建立院级统一信息系统，实现部门间流程通畅，可平滑过渡到新一代技术，对校园的教育教学、各项服务、管理工作和广大师生员工提供无所不在的一站式服务。提高工作效率，提高管理效率，提高决策效率，提高信息利用率，提高核心竞争力，总体水平达到国内前列，满足教学、科研、管理和服务工作的需要。具体目标就是实现“六个数字化”和“一站式服务”：

（1）环境数字化：构建结构合理、使用方便、高速稳定、安全保密的基础网络。在此基础上，建立高标准的共享数据中心和统一身份认证及授权中心，统一门户平台以及集成应用软件平台，为实现更科学合理的高校数字化环境打下坚实的基础。

（2）管理数字化：构建覆盖全校工作流程的、协同的管理信息体系，通过管理信息的同步与共享，畅通学校的信息流，实现管理的科学化、自动化和精细化，突出“以人为本”的理念，提高管理效率，降低管理成本。

（3）教学数字化：构建囊括全日制教育、继续教育和成人培训等在内的综合教学管理的数字化环境，科学统一的配置教学资源，提高教师、教室、实验室（含实训）等教学资源的利用率，改革教学模式、手段与方法，丰富教学资源，提高教学质量与效率。

（4）产学研数字化：构建数字化产学研信息平台，为产学研工作者提供快捷、全面、权威的信息资源，实现教学、科研和实训一体化，提供开放、协同、高效的数字化产学研环境，促进知识的产生、传播与管理。

（5）学习数字化：构建先进实用的网络教学平台，整合、丰富数字化教学资源，创造主动式、协同式、探讨式等数字化学习环境，建立师生互动的新型教学模式。

（6）生活数字化：构建便捷、高效、高雅、健康的数字化生活环境和校园电子商务服务平台；以校园“一卡通”系统为载体，实现校内主要消费流通、学生缴费、奖助贷勤、身份认证及门禁管理等。

（7）一站式服务：实现教职工和学生的管理、教学、科研、学习、生活等主要活动的一站式服务，提高对师生服务的水平，提高对社会的服务能力。校园信息化全面实现后，大学功能、范围将得到自然扩展，使学校的教学、科研和管理突破传统的概念，延伸其内涵，成为一个可以覆盖网络可达范围的无围墙的数字化校园。

1.2 十二五期间学校信息化建设概况

1.2.1 网络基础设施相对完善

XX 大学校园网已经有教育网、公网两个出口链路，公网出口带宽 6G，教育网出口带宽 500M，总带宽 6.5G。校园网已形成了覆盖三校区全部教学、科研、学生宿舍、家属区等区域的所有建筑物，高速安全的千兆主干、千兆到桌面的网络。此外，无线校园网已经实现对全部学生宿舍和部分教学、科研和办公楼宇的覆盖。

截止到 2015 年底，校园网信息点 3 万余个，注册用户数 24000 余名，每月活动用户 20000 余名。铺设主干光缆超过 140 km，实现所有楼宇光缆互连，部署新型网络交换机数量 1000 余台。三校区间通过中国移动成都分公司提供的数字链路实现了高速互连。校园网上多数核心设备和汇聚设备支持或部分支持 IPv6 协议，绝大部分边缘交换机可管理或基本可管理。

1.2.2　数字化校园建设效果明显

完善 XX 大学信息标准与技术规范，新建或升级部分权威数据源系统，消除“信息孤岛”，实现了跨部门、跨系统的共享数据的清洗与流转，在数据沉淀的基础上提供综合查询，有力促进了教学、科研、管理和服务的信息化。

“十二五”期间，建立和完善了数据标准和权威数据，新建或更换部分权威数据源系统（学工、人事、财务、宿管、研究生、易支付系统），建成一卡通、迎新、离校等系统，搭建了数据交换平台、统一身份认证、综合信息门户、公共数据平台，整合教务、财务、人事、学工、科研、图书馆、一卡通等 18 个业务系统。

目前，基于校园网的业务应用系统主要有：办公自动化、教务、学工、人事、研究生、计财、科研、国资、招生 / 就业、数字图书馆、迎新系统、离校系统、宿管、校园一卡通、课程中心等五十多个系统，初步实现了教学、科研、管理、服务的数字化和网络化。

1.2.3　信息资源和公共服务具备一定基础

“十二五”期间，虚拟化技术的应用取得较为明显的效果：减少重复建设，降低硬件和软件成本；促进资源的整合和共享；提高数据存储安全保障。学校立足校园网，提供稳定的门户网站服务、DNS 服务、Email 服务、教学、科研资源共享等公共基础服务。

1.2.4　按国家或行业标准改造和完善校园网中央机房的基础设施

“十二五”期间中央机房进行如下改造：自动灭火系统建设、三台精密恒温恒湿中央空调系统建设、2 台 90KVA 大容量 UPS 系统建设、机房安全系统建设、运维监控系统建设和服务器群集中管控系统建设等。

1.2.5　2015 年信息化建设情况

（1）校企合作。2010 年，我校与中国移动成都分公司开展校企合作模式。从 2010 年至 2014 年期间，中国移动分批次投入资金对我校网络基础进行改造和建设。投资 500 万元用于我校数据中心建设；投资 2000 多万元用于我校无线网络建设；目前学校布点的无线网络 AP 数已达 5467 个。中国移动提供的出口带宽达到 6G。

2015 年为进行改善师生员工的上网体验、学校网络运维和安全需求，我校重新分别与多家运营商协商合作事宜，现已分别与中国电信成都分公司、中国移动成都分公司和中国联通成都分公司达成校企合作协议。合作主要内容：由三家运营商共同投资 900 万对我校有线网络进行全网大二层改造；三校区高速互连，构建架构统一、集中管理的局域网；建设免费高速的办公网；三大运营商各提供 800M 带宽用于学校数据中心和易班西部数据中心访问；对外服务资源同时放置四个网（移动、联通、电信、教育网）上，满足高速、稳定、安全的访问需求；三大运营商各提供 10G×2 的双物理链路，提供方便、快捷、使用成本低的用网环境。

（2）新建网上预约报账系统。

（3）满足数字档案馆要求，升级办公系统（OA）。

（4）建设全校网站群系统及信息发布系统。全面导入“网站群”系统，统一构建学校网站管理平台，提升全校网站建设和管理服务水平。通过构建统一的“网站群”系统，将全校网站统一建设，学校门户网站和各单位、学院网站共享一个后台管理系统，由网络中心统一进行系统技术维护，既可解除各单位自行维护的困难，避免重复投资，又保证了学校网站的整体安全。

（5）移动门户“掌上 XX”建设。

（6）教务系统升级。

（7）数字档案馆建设。

（8）校园“一卡通”与城市“一卡通”（天府通）对接。

（9）与支付宝合作事宜目前正在推进中。

1.2.6 目前存在的主要问题

（1）建立和完善相关管理制度，保障信息化建设工作的可持续化发展。目前学校信息化建设所面临的困惑和问题，在某种程度上已超越了技术层面本身，更多的是指向信息技术背后的办学理念、教学、科研、管理体制创新乃至大学文化、观念等影响学校发展的深层次问题，各级各部门领导应充分认识校园信息化的重要性和必要性，加强学习、更新观念、着眼全局，以实际行动关心、参与、重视、支持信息化建设。

（2）目前停留在“面向管理”阶段，应向“面向服务”转变。信息化建设只有一个核心—服务。数字化校园由信息基础设施、应用支撑系统、信息资源系统和虚拟校园 4 部分组成。数字校园的信息基础设施包括：①网络基础。在园区网环境下建设的校园宽带网络是数字校园的信息基础设施，没有网络，就不可能形成数字的空间；②网络基本服务。网络基本通信服务，包括电子邮件、文件传输、信息发布、身份论证、目录服务等，是网络应用服务的基础。数字校园的应用支撑系统包括：①应用环境系统。适于在网络条件下进行教学、科研、管理、办公等活动的现代化的物质设备和设施；②应用软件系统。形成能够实际应用的办公自动化系统、数字化信息服务系统、行政管理信息服务系统，它们是数字校园的核心支持系统；③应用活动系统。主要是保证环境系统和软件系统得到充分广泛的实际应用。数字校园的信息服务系统包括：① 建立数字化的信息资源体系；②建立信息服务系统，成为校园内外用户的主要应用界面，为用户提供各种服务，如信息查询、信息流通、后勤服务、电子邮件等。虚拟校园即形成网上的虚拟大学，这是校园数字化后功能的自然扩张，将校园的功能突破围墙的限制，成为一个可以覆盖网络可达范围的无疆域的虚拟空间。从空间上包括物理空间、网络空间、信息空间、虚拟空间 4 个空间层次。

1.3 规划总体框架

1.3.1 “十三五”信息化规划总体目标

服务学校“三步走”战略，依托网络信息化环境，充分利用先进的“云计算”“物联网”“新一代网络”等信息化前沿技术，优化基础资源配置，为决策领导提供全面、实时、准确的数据支撑，为管理人员提供高效的信息化手段，为广大师生提供便捷、高效的信息化服务，实现绿色节能、平安和谐、决策科学、服务便捷的校园综合服务环境，促进我校人才培养、科学研究、国际合作、管理服务能力的全面提升，最终建成信息化校园。

数字化校园是由多个领域的信息化应用构成的有机组合体，“十三五”信息化规划目标如下：

（1）建设先进的信息化基础资源环境、基础设施、网络环境和公共服务平台，促进资源共享、业务协同，构建“服务 XX”。

（2）发展电子校务、网上办公、移动办公等信息化应用，构建一站式服务，提升管理及服务的信息化水平，构建“高效 XX””。

（3)搭建信息沟通平台,为各项工作提供及时、准确的数据和信息,实现资源共享,提升学校整体工作水平，构建“共享 XX””。

（4）搭建一体化的教学和科研支撑平台，支持网上教学、泛在学习和虚拟场景，支持科研协作和国际合作，提升人才培养质量与科研水平，构建“学研 XX””。

（5）建设领导驾驶舱、战略管理等大数据应用中心，为学校提供及时准确的发展数据和决策工具，构建“战略 XX”。

1.3.2 信息化规划总体思路

紧跟数字校园建设主旋律，以“需求牵引、总体规划、分步实施、重点突破”为指导思想，以“梳理、整合、共享、服务”为核心，以“大信息支撑、大平台服务”模式，打通跨部门、跨系统信息孤岛，推动业务协同和互通，按照“六个统一、一个相对独立”的基本原则（六个统一，即统一技术架构和规范、统一基础资源平台、统一信息资源承载平台、统一信息交换与共享平台、统一业务支撑平台、统一安全保障与运维平台。一个相对独立，即在总体架构和技术规范下，各部门建立相对独立的业务系统），推动信息化校园建设，为“智慧校园”打下坚实基础。

信息化校园的建设总体思路是以建设适度集中、资源共享、按需服务和绿色可持续发展的信息化基础设施为先导；以建设泛在、安全、可信的网络基础环境为桥梁；以开展需求迫切、师生关注度高的综合管理和公共服务信息化应用为突破口，广泛采用物联网、云计算、人工智能、数据挖掘、知识管理等信息技术，开展信息化集中建设，全面提升学校智能化服务水平，使学校运转更高效、更敏捷、更低碳，到 2017 年初步实现信息化校园的战略目标，为“智慧校园”奠定坚实的基础，到 2020 年初步把学校建设成为信息化基础设施完善、信息技术应用水平领先、具有国际化特质的“智慧校园”。

2. 重点工作

2.1 师生一站式服务中心建设

推动面向师生的一站式服务。改变传统的应用建设模式，从“紧耦合”转变为“松耦合”，打破系统界限，实现应用模块化。通过流程梳理和应用整合实现校内各部门协同办公，在现有数据和应用的基础上，逐步推动一站式服务。以师生的需求、定制和评价为原则，梳理各类应用和服务，加强应用系统的集成和改造，构建跨部门和跨业务系统的一站式信息服务体系。通过一站式信息服务门户和移动门户，针对教师、学生等不同对象多渠道提供一体化的信息服务如图 1 所示。

图 1 一站式服务门户

一站式服务的主要目标是以学校全体师生员工为对象，通过整合学校的教学、学工、信息和生活等各种资源，为其提供综合性的全局服务，以帮助他们更好地在学校教学和生活。按照服务内容的不同，可以分为三大类：

第一类为业务协同服务。由各级学校管理部门为全校师生提供的服务，它们一般都是以管理类应用系统为基础，从中延伸出来的为师生提供的网上自助服务，比如教务管理系统延伸的网上选课服务、人事管理系统延伸的人事服务、学工管理系统延伸的学工服务等；或者由不同的部门共同为师生提供的、跨部门的全局性服务，比如迎新服务、离校服务、收费注册服务等。业务协同类服务一般都基于数字化校园基础平台，协同多个管理类应用系统完成，并且形成良好的前后台协同。

第二类为信息资源服务。综合学校的信息资源为师生提供的全局性服务，比如基于公共数据平台的综合查询服务、统计分析服务、填表服务；以及各种电子课件、流媒体等数字教学资源服务。

第三类为公共服务。由学校的公共服务部门为师生提供的专业化服务。比如 IT 部门提供的 IT 及网络服务、后勤部门提供的后勤及生活服务、一卡通管理部门提供的一卡通服务等，这类服务应用一般都需要功能强大的应用系统支持，如图 2 所示。

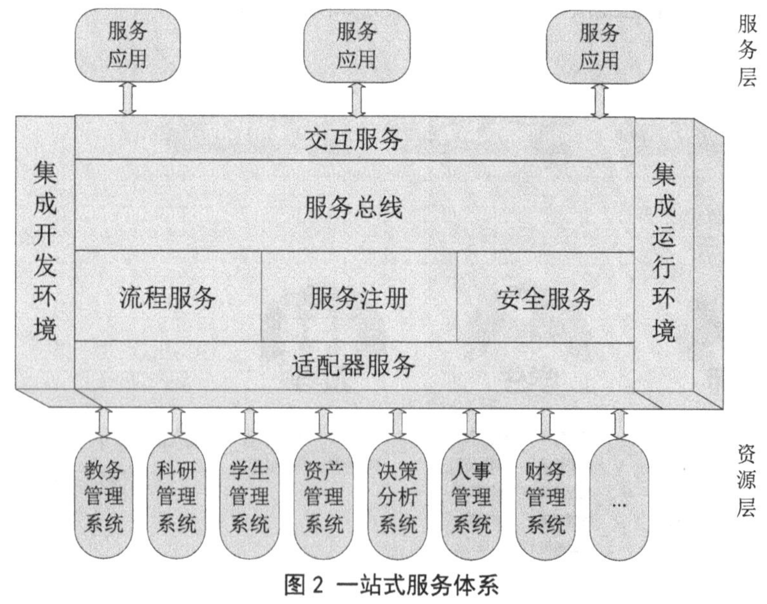

图 2 一站式服务体系

各类服务应用系统需要数字化校园基础平台来整合后台的各种管理类应用系统，实现全校范围的信息资源共享以及跨部门的业务协同，同时统一校园门户作为提供服务的主要窗口，从而达到“后台协同工作，前台一站式服务”。一站式服务重点要做好如下几项工作：

2.1.1　学生一站式服务

将各种与学生个人相关的学习、生活及活动等服务从相应业务系统中进行抽取，一站式的展示学生从入校前到离校后的所有服务，提高学生满意度。采用“以生为本”的设计思想，综合了招生、迎新、奖助、档案、考核、住宿、注册、就业、思政、离校、校友等管理信息系统，通过对服务的集成改造，突破业务部门与应用系统的管理边界，覆盖从学生入校、在校到离校的全生命周期，为考生、新生、在校生、毕业生、校友等不同的学生人群提供信息查阅、交互协同和事务处理等服务。

具体表现在：

（1）学习方面。通过学生服务中心，学生可以实现网上选课、课表查询、教材订购、成绩查询、学分查询和统计、网上学习、网上作业、网上撰写论文。

（2）报到注册。学生通过学生服务中心实现网上报到注册、办理缴费、住宿、户口等事宜，通过网络联络辅导员。

（3）图书文献服务。学生通过学生服务中心的图书文献服务板块实现文献查询、图书借阅、信息查询、资源检索、论文求助、文献传递、资源下载。

（4）就业实习。学生服务中心为学生的实习、就业提供以下帮助，包括简历生成维护和递交、用人单位检索、网络面试、结业咨询等。

（5）学工管理。学生可以通过学生服务中心办理评奖评优、参加党团组织、参加社团活动。

（6）交流互动。学生可以利用学生服务中心与教师、其他学生进行交流互动，系统可以提供信息发布、邮件、网络空间、网络社区、即时通信、博客、论坛等功能。

（7）个人综合服务。包括一卡通消费情况的查询、个人数字档案查询和维护等。

（8）生活服务。学生服务中心可以向学生提供航班查询、班车时刻查询、天气预报查询、订票、校内黄历查询、预约办事等服务。

（9）辅助学生协同创新创业。

2.1.2　教师一站式服务

针对全校教职工以及校外科研人员，以教学、科研及院系事务的配套服务为核心，提供教职工入校至离校全生命周期的信息化服务与管理，并实现选才、育才、用才、留才的一体化人事管理，为教师评聘、考核、评奖、评优提供有效方便的数据支持与服务。将各种与教师个人相关的教学、科研、生活等服务进行抽取和集中展示，打造教师一站式服务。

从教师角度具体表现在：

（1）教学教务。教师通过教师服务中心可以开展教学计划管理、课程建设、网上布置和批改作业、网上答疑等教学任务，可以查询教学任务、课表、学生成绩的信息。

（2）科研。教师通过教师服务中心进行项目申请申报、项目信息查询和维护、课题讨论、文献资料检索、下载、传递等工作。

（3）人事。进行职称申报、考评、评奖评优的自评内容的填写和提交，相关信息查询，人事信息查询和自我维护部门信息的维护等工作。

（4）办公。查看校内通知公告，进行公文处理、公共事务处理等办公事务处理。原则上协同办公系统的各项功能都能集成到教师服务中心上。

（5）交流互动。可以利用教师服务中心与学生、其他教师进行交流互动，系统可以提供信息发布、邮件、网络空间、网络社区、即时通信、博客、论坛等功能。

（6）个人综合服务。包括一卡通消费情况的查询、个人数字档案查询和维护、考核结果查询、工资查询等。

（7）生活服务。教师服务中心可以向教师提供航班查询、班车时刻查询、天气预报查询、订票、校内黄历查询、预约办事等服务。

从管理及领导角度具体表现在：

（1）办公。领导服务中心可以办理各项办公事务，包括文件收阅、公文审批、网络会议、行程安排、会议提醒等。

（2）报表。可以查询各项上报报表，可以进行横向和纵向报表比对。

（3）统计。可以对学校的各项数据进行统计分析，可以与历史数据进行对比分析。

（4）动态。可以了解学校各种动态，掌握校情动态数据。

（5）评估。可以进行教学指标评估，学校综合评估，查询排名情况。

（6）决策。系统提供各种工具供领导进行辅助决策，及时掌握各种决策数据。

（7）人财物管理。即时掌握学校的人财物情况，可以进行抽查和远程监控。

2.1.3 重点建设部分

（1）建设先进的电子校务系统（行政办事大厅）。大力推进管理与服务信息化，改造优化传统业务流程，加速信息流动共享，提高管理服务效率。

（2）学费联动收缴系统。实现学生缴费数据在财务、教务、学工等系统和服务门户中同步实时呈现；实现学生、辅导员、院系书记、学工部领导、分管校领导角色分级授权查询。

（3）教师职称评定系统。通过一个系统式服务，收集分散于各个业务系统的教学、科研、奖惩等数据，完成自动填表功能，用服务总线定义评定过程，真正实现自动化、智能化的线上线下结合的职称评定应用。

（4）经费预算：约600万。根据调研和厂商报价，在专家评审和论证后计算所得。

2.2 大数据中心建设

2.2.1 数据仓库

1. 数据仓库建设

数据仓库以主题模式存储学校各项数据，数据仓库中的数据模型是数据分析的数据支撑。

数据仓库建设的主要内容为数据模型建设，数据模型包括事实表、维度表、维度级别、关联关系、逻辑列等，通过数据模型建设，可实现灵活多变的钻取、切片、即席查询、即席分析等功能，通过数据仓库建设，可实现标准评估、预测、差异分析、问题定位等面向领导者服务的复杂功能。

2. 模型设计

数据仓库借鉴高校业务领域模型，并在教学、科研、学生、财务、人事、设备资产领域，为校长及各级单位管理者提供分析与决策支撑手段。

高校业务信息模型内容丰富，涵盖了分析主题涉及的所有数据，将事实数据与维度关联起来，从而高性能、灵活方面地提供多角度、多层次的数据分析服务。

业务模型设计主要针对学校的公共数据抽取业务模型，从而为学校的数据展现和数据服务提供数据支撑。

2.2.2 数据应用

1. 综合指标统计分析

综合指标统计分析系统即是利用信息化工具来梳理校情数据、积累信息资源、规范信息管理、加强教学的质量监控，提供现有、历史等多维数据的分析展示，为学校整体了解、改进各方面工作提供动态、真实、可靠的依据，促进学校各部门协调运作，提高学校管理水平，帮助学校管理部门建立先进的管理模式。

综合指标统计分析查询主要以学校基本对象（学生、教师、资产）的数据为基础展开分析，采取“泛化”的建设思路，初步体现共享库及归档库的建设效果。

例如：学生招生数量与质量分析、学生培养统计分析、学生工作统计分析、科学研究统计分析、学科建设分析等。

2. 分析模型工具

采用成熟的商务智能平台，提供一系列全面的功能——包括交互式信息仪表板、即席查询、OLAP 分析、通知和报警、财务报表编制、记分卡和战略管理、业务流程调用、搜索和协作、移动应用、集成的系统管理等功能。

3. 支持热插拔的商务智能基础架构

可与任何数据源、ETL 工具、业务管理软件、应用服务器、安全基础架构、门户技术以及其他前端和分析工具集成。可访问多个异构数据源中的数据，包括普通的关系型和多维数据源以及管理软件。还与标准门户、Web 服务和认证技术集成。

4. 交互式信息仪表板

该信息仪表板运行在基于 Web 的架构之上，根据预先定义的安全规则，为用户提供针对其身份、职能或角色的经过筛选和个性化的信息。内容丰富的交互式用户界面使得数据的展示直观、相关且易于理解。此外，指导性导航和报警功能有助于业务用户获得更高的洞察力并采取更好的措施。因此，该信息仪表板可指导用户做出科学、有效的决策，从而提高整个学校的核心竞争力。

5. 自定义分析和交互式报告

通过为业务用户提供真正的自定义查询和分析功能，业务用户无需了解数据物理存储结构，即可直观、快速、轻松地将来自多个信息源的数据结合起来。商务智能为数据源无关的查询、报告和分析提供了一个统一的用户体验。

6. 前瞻性的检测和报警

提供实时的多步骤报警引擎可基于业务活动触发工作流，并通过相关首选的媒介和渠道来通知用户。

7. 可指导行动的智能

提供从商务智能信息仪表板和报表中调用业务流程的能力，可将洞察力转变为行动。调用的操作可以包括启动业务流程、Web 服务、Java 方法或只是调用另一个商务智能内容。

2.2.3 重点建设部分：构建学校公共网络存储系统

包括满足学校结构化和非结构化数据存储需要的大容量、可扩充、可动态调配的存储系统、离线备份系统和异地容灾中心，确保学校重要数据资源的安全备份。网络存储空间不低于 1000T。基于云计算技术，提供面向部门和用户的个性化计算、存储、空间以及公共网盘等公共性和个性化基础服务，为实现师生的移动办公和学习提供条件。

经费预算：约 2400 万。根据建设目标，调研一线厂商并询价，在专家审评和论证后初步计算所得。

2.3 移动应用中心建设

2.3.1 移动应用平台

传统的应用系统由于受限于使用模式和办公地点的限制，绝大部分功能只能通过计算机进行访问，查询各类信息、处理日常事物都必须在计算机的面前，这种局限性使得学校师生离开了固定的计算机终端，就很难及时获得学校信息和办理日常事务。

移动应用平台是实现数字校园基础平台与业务数据在手机上访问的支撑。根据高校信息门户各种应用系统功能的特点，将其移植到移动终端（如智能手机、上网本、个人数字终端等）上进行实现，达到实时互动，完成大部分必须通过有线网络完成的相关事务，并以为学生提供教学信息服务为基础，向外延伸到提供校园生活服务（包括生活、校际交友、娱乐、就业兼职等）和传统的运营商通讯增值业务服务，是实现校园信息服务无线和有线的无缝结合，搭建成固网、无线网络终端数字校园一体化的成熟应用的底层支撑。

移动应用平台是为各种移动应用服务提供支撑平台，主要提供以下功能：

（1）运行支撑组件。运行支撑组件包括客户端服务和平台基础服务，主要提供平台和客户端运行的支撑，平台将客户端常用的功能或者技术壁垒较高的功能进行整合处理，并提供出相应的接口，终端应用调用这些接口进行数据的处理等。

（2）管理支撑组件。管理支撑组件是系统进行应用统一维护管理的窗口，管理员可以通过管理支撑组件进行用户组管理、权限管理、应用访问分析、运营商用户分析、日志查询等。

2.3.2 移动应用服务

1. 移动迎新

为新生入学提供导航、资讯等服务，确保学生入学顺畅，同时有利于提升学校口碑和形象。报到主要包括报到通知、路线导航、接待点位置、报到日程、住宿信息等信息，多维度全方位为学生提供入学所需信息服务，同时还提供结伴入学服务，让学生在入学途中就结识自己的老乡。

支持手机端二维码、条形码扫描迎新报到，减少现场报到设备和保障工作。

支持手机端的报到率实时统计查询。

2. 移动教学

为高校教师提供教课的相关服务，包括查看教课安排、每个班级的程进度，同时还为任课教师提供了添加备注功能，方便任课教师记录课程实施过程中遇到的问题及最终结果。

3. 移动 OA

提供数字校园门户平台中的 OA 公告的查看，展示 OA 公告，通过数据中心的数据交换推送到移动办公系统中，移动办公系统根据时间对公告进行列表展示，点击公告的标题进行详情查看，当前用户只能查看自己有权限的通知公告。如果公告包括附件，支持 Word、Excel、PDF 等格式的本地保存打开。

4. 移动科研

为老师提供科研的相关资讯服务，包括科研的通知公告、项目金额查询、余额查询、科研成果等，同时还支持科研提醒和科研通知订阅推送。

5. 移动财务

为广大师生提供实时查询校园卡、水电、工资等实时财务信息。移动财务面向学校用户，可通过手机等移动终端实现数据查询、上报、审批等各类财务管理以及分析、预警和辅助工作。

6. 移动图书服务

为广大师生提供查看在借的图书信息、超期欠书和欠费提示、在线搜索图书馆中的图书信息等服务。

7. 移动出行服务

为广大师生的出行提供便捷的资讯服务，主要包括班车和周边交通。班车主要包括不同校区的所有班车线路、发车时间、起始站点等信息，周边交通主要包括周边的公交路线信息以及热点区域的推荐路线。

经费预算：约 300 万。根据智慧校园厂商的报价测算所得。

2.4 云服务中心

2.4.1 云服务模式

基于云计算的应用数据中心建设将遵循简化、共享、动态的原则，利用虚拟化、负载均衡和多级存储等技术，来建设一个动态资源基础平台，从而实现整合计算资源，提高设备利用率，降低应用复杂性，增强存储资源的共享能力、节约能耗等目标，最终使得在此基础之上构建的业务应用管理更简单、更全面，运行更可靠、更稳定，并能更加灵活便捷地为师生提供“随需而变”的应用服务。

学校将首先初步建设云计算基础框架，实现虚拟化、云平台管理中心等功能，初步提供 IaaS 服务能力。再全面构建云计算数据中心平台，实现所有已建设应用系统的支撑平台服务，并且提供桌面云等 PaaS 服务。最终达到全面实现基于云计算架构的科学计算服务等目标。

2.4.2 云服务内容

1. 云存储

提供平台式的云存储服务，有利于全校师生进行资源共享，促进信息交换，同时可进行在线数据备份，防止数据丢失，为教师的教学科研工作及学生的学习提供便利。因此，本次规划拟通过增加基于 SAN 架构的存储系统，用于存储多媒体课件和视频资源，以及有大数据量需要的应用系统，满足学校结构化和非结构化数据存储需要；同时，面向师生提供云盘服务，实现师生个人存储空间的大容量、可扩充及可动态调配。

进一步完善安全运维管理，完善数据资源的备份保障措施和管理规范；实现云存储的跨校区异地容灾，使容灾中心与主存储中心保持数据同步，降低信息化业务风险，减少业务停顿时间，确保学校数据资产安全。

2. 云计算

利用虚拟化、云计算等技术，加速基础设施集中化，探索建设基于云架构的新型数据中心，全面支持物联网和大数据时代的到来。建设 XX 大学云计算中心，探索实践 XX 大学的私有云和跨校公共云建设，集约化管理计算资源，共享校内的信息处理能力，整合校内各部门的计算需求，经过合并与优化，统一进行计算处理，实现计算资源的最大化共享，进行服务质量控制，保障服务安全，为信息化建设和教学、科研、管理提供先进的计算服务。

3. 云桌面

云桌面对用户呈现为桌面服务、资源可弹性管理、通过网络提供，是一种云化的服务。用户通过终端，或者其他任何可以连接网络的设备，通过专用程序或者浏览器，访问驻留在服务器端的个人桌面以及各种应用。

通过桌面云将个人计算机桌面环境通过云计算模式从物理机器分离出来，成为一种可以对外提供的桌面服务；个人桌面环境所需的计算、存储资源集中于中央服务器上，以取代客户端的本地计算、存储资源；中央服务器的计算、存储资源同时也是共享的、可伸缩的，使得不同个人桌面环境资源按需分配、交付，达到提升资源利用率，降低整体拥有成本的目的。适时面向师生提供可灵活申请、可动态伸缩、按需即取的云计算服务，实现集中管理、标准服务与可持续发展。

经费预算：约 2000 万。按照一线品牌的报价并根据学校各院建设内容进行初步测算所得。

3. 行动计划

按照教育部《教育信息化十年发展规划（2011—2020年）》，我校信息化建设紧密围绕人才培养和科学研究两个中心工作，按照基础服务、数据服务、平台服务、应用服务和门户服务五个层次逐级展开，以大学学习生涯学生线和员工职业生涯教师线的信息化为抓手，在全面梳理业务流程，构建公共数据平台的基础上，面向学校领导提供全面详实的综合数据与决策支持，面向部门提供网络化、规范化的管理手段，面向师生员工提供丰富的、个性化、智能化的可定制应用服务，带动管理、财务、资产、生活等学校工作的各个方面，为学校跨越式发展提供有力的系信息化保障。将学校信息化建设工作分为三个阶段。

3.1 第一阶段（2016-2017年）

完善基础服务体系，重点解决用户反映的突出问题，主要是做好基础信息服务，提升服务水平，重点解决学生信息化业务的相关应用和服务建设。

完善基础服务体系主要包括做好网络安全和信息安全防护工作，开展公共服务平台建设。

梳理应用服务、建设师生一站式服务中心主要包括升级信息门户平台，提高工作协作效率，提高用户产品体验。进行跨部门业务梳理，教师、教学、科研、财务、资产线应用与服务的建设。

3.2 第二阶段（2018–2019 年）

创新建设模式，打造绿色校园，利用虚拟化、云计算、移动计算等技术，建立绿色、柔性、可控的分布式数据中心，在降低成本的情况下，为学校的信息化应用运行提供资源充足、安全稳定的基础设施环境；支持运行过程精细化、运行数据可视化、运行管理自动化、运行状态可测化。

具体建设任务包括：开展云服务中心建设，提供云存储、云计算和云桌面服务；完成移动应用中心建设，为用户提供“随时随地”核心应用服务。

3.3 第三阶段（2020 年）

走高等教育内涵式发展道路，按照国际化水准建设信息化校园，在做好前两个阶段建设的基础上，重点完成五项工作：完成教学、科研、管理、生活线的建设；开展数据挖掘分析，探索面向学校领导的决策支持；进一步丰富和完善面向师生的一站式服务。积极促进信息技术支持教学 、管理模式的变革，实现智慧学习，促进科研创新能力的提升；与国际知名高校信息化建设水平保持同步，基本完成智慧校园基础建设。本阶段具体建设任务包括：完成教学主线建设，完成个性化学习环境建设；完成科研主线建设，实现科研资源的共享和有效利用；完成校园门户整合，深化师生“一站式”服务；开展数据仓库建设，实现数据挖掘与决策支持，建设战略管理系统。

4. 保障措施

4.1 组织保障

4.1.1 加强组织领导

充分发挥信息化建设领导小组的决定性作用，广大用户的需求推动作用，各部门的主观能动作用，全面加强我校信息化工作的统筹协调，理顺关系，明确职责任务，细化工作要求，强化工作指导，狠抓督导落实。加大各有关部门的协调与配合，形成部门联动沟通协作的长效机制，统筹推进信息化工作。将我校信息化发展规划纳入学校总体发展规划，并将信息化工作作为年度考核内容之一。

4.1.2 明确工作责任

信息化建设是一项学校全局性工作，建立和完善以信息中心为主体，各部门分工明确的全校信息化建设体系。信息中心负责学校信息化整体规划的制定和组织实施，负责全校信息化制度和规则制定，负责校级公共平台的建设，负责校级数据交换与共享机制建设，负责面向服务的跨部门业务协调，同时指导、监督各部门信息化建设工作的开展；各部门、学院在学校信息化规划的指导下，制定本部门的信息化工作任务，负责本部门业务系统的建设和运维，并接受学校的监督和考核。

4.2 制度保障

建立、健全信息化建设制度保障体系和信息化技术规范与标准体系。制定和完善信息化建设制度、评估考核制度和监督机制，建立教育信息化项目建设事前评估、资金预算、工程监理、竣工验收、运行维护、应用绩效等考核评估办法，加强重点项目的跟踪监测和考核；制定和完善数据规范共享、应用服务、信息安全、信息资源共享以及业务协同等保障制度和技术规范，保障我校信息化工作的可持续发展。

4.3 队伍保障

按照教育部有关文件要求，建立包括信息化建设领导小组、专家组、信息中心、各部（处）、学院的完整的信息化建设工作队伍。领导小组负责对校园信息化发展规划、阶段行动计划、相关制度文件等进行审议，并对全校信息化建设进行宏观管理；专家组负责为学校信息化建设的总体规划、重大建设与技术改造论证等重要技术问题与重大管理事项提供咨询，并对信息化建设提供技术性指导；信息中心是学校信息化建设工作具体实施机构，负责校园信息化发展规划、阶段行动计划、相关制度、年度工作计划的调研论证、起草、制定及实施工作；行政各部（处）处长或书记为本部门信息化建设与管理工作负责人，学院院长或书记为本学院信息化建设与管理工作负责人，全面负责本单位的信息化工作；行政各处级单位设立信息科或专职、兼职信息员，具体负责本单位信息化建设、实施工作，并负责管理、维护本单位信息化系统、设施，保障安全稳定运行。根据我校信息化校园规划，信息中心专职信息化工作队伍应达到 25~30 人，各部门及学院应有专、兼职信息化人员 2~3 人。

4.4 经费保障

在“加快教育信息化进程”“以教育信息化带动教育现代化”和国家加大对高校投入的背景下，学校每年安排与“规划”任务相适应的专项经费支持信息化建设。具体经费以事前经过专家组论证、学校批准的立项书为准。

学校信息化建设涉及的财力与物力投入将根据总体规划，相对集中，全校一盘棋，避免重复建设、重复投资。

5. 参考资料

1.《国家中长期教育改革和发展规划纲要》

2.《教育信息化十年发是规划（2011—2020）》

3.《国家教育管理系统信息系统建设总体方案》

4. 刘延东副总理在全国教育信息化工作电视电话会议上的讲话（2012 年 9 月 5 日）

5. 教育部关于 2013 年深化教育领域综合改革的意见（教改〔2013〕1 号）

6. 教育部办公厅关于印发《教育行业信息系统安全等级保护定级工作指南（试行）》的通知（教技厅函〔2014〕74 号）

7. 教育部信息化推进办公室关于印发《教育管理信息化建设与应用指南》的通知（教信推办〔2014〕20 号）

8.《四川省普通高等学校“十二五”信息化工作参考指南》（2012 年 12 月）

9.《四川省教育信息化十年发展行动计划（2011—2020）》

10. 四川省教育厅关于开展教育信息化试点示范工作的通知（川教函〔2013〕78 号）

附录 2 网络安全等级保护测评指标

依据 GB/T 28448—2019 国家标准，网络安全等级保护测评包含安全物理环境、安全通信网络、安全区域边界、安全计算环境、安全管理中心、安全管理制度、安全管理机构、安全管理人员、安全建设管理、安全运维管理 10 个类别。一般说来，智慧校园的中站群系统要求达到第三级测评要求，因此网络安全至少按照等级保护第三级测评指标通用要求进行，具体如下所示：

1. 安全物理环境 10 个单元

<table>
<tr><th>测评对象</th><th>安全控制点</th><th>测评指标</th></tr>
<tr><td rowspan="24">安全物理环境</td><td rowspan="2">物理位置选择</td><td>a）机房场地应选择在具有防震、防风和防雨等能力的建筑内</td></tr>
<tr><td>b）机房场地应避免设在建筑物的顶层或地下室，否则应加强防水和防潮措施</td></tr>
<tr><td>物理访问控制</td><td>机房出入口应配置电子门禁系统，控制、鉴别和记录进入的人员</td></tr>
<tr><td rowspan="3">防盗窃和防破坏</td><td>a）应将设备或主要部件进行固定，并设置明显的不易除去的标识</td></tr>
<tr><td>b）应将通信线缆铺设在隐蔽安全处</td></tr>
<tr><td>c）应设置机房防盗报警系统或设置有专人值守的视频监控系统</td></tr>
<tr><td rowspan="2">防雷击</td><td>a）应将各类机柜、设施和设备等通过接地系统安全接地</td></tr>
<tr><td>b）应采取措施防止感应雷，例如设置防雷保安器或过压保护装置等</td></tr>
<tr><td rowspan="3">防火</td><td>a）机房应设置火灾自动消防系统，能够自动检测火情、自动报警，并自动灭火</td></tr>
<tr><td>b）机房及相关的工作房间和辅助房应采用具有耐火等级的建筑材料</td></tr>
<tr><td>c）应对机房划分区域进行管理，区域和区域之间设置隔离防火措施</td></tr>
<tr><td rowspan="3">防水和防潮</td><td>a）应采取措施防止雨水通过机房窗户、屋顶和墙壁渗透</td></tr>
<tr><td>b）应采取措施防止机房内水蒸气结露和地下积水的转移与渗透</td></tr>
<tr><td>c）应安装对水敏感的检测仪表或元件，对机房进行防水检测和报警</td></tr>
<tr><td rowspan="2">防静电</td><td>a）应采用防静电地板或地面并采用必要的接地防静电措施</td></tr>
<tr><td>b）应采取措施防止静电的产生，例如采用静电消除器、佩戴防静电手环等</td></tr>
<tr><td>温湿度控制</td><td>机房应设置温、湿度自动调节设施，使机房温、湿度的变化在设备运行所允许的范围之内</td></tr>
<tr><td rowspan="3">电力供应</td><td>a）应在机房供电线路上配置稳压器和过电压防护设备</td></tr>
<tr><td>b）应提供短期的备用电力供应，至少满足设备在断电情况下的正常运行要求</td></tr>
<tr><td>c）应设置冗余或并行的电力电缆线路为计算机系统供电</td></tr>
<tr><td rowspan="2">电磁防护</td><td>a）电源线和通信线缆应隔离铺设，避免互相干扰</td></tr>
<tr><td>b）应对关键设备实施电磁屏蔽</td></tr>
</table>

2. 安全通信网络 3 个单元

测评对象	安全控制点	测评指标
安全通信网络	网络架构	a）应保证网络设备的业务处理能力满足业务高峰期需要
		b）应保证网络各个部分的带宽满足业务高峰期需要
		c）应划分不同的网络区域，并按照方便管理和控制的原则为各网络区域分配地址
		d）应避免将重要网络区域部署在边界处，重要网络区域与其他网络区域之间应采取可靠的技术隔离手段
		e）应提供通信线路、关键网络设备和关键计算设备的硬件冗余，保证系统的可用性
	通信传输	a）应采用校验技术或密码技术保证通信过程中数据的完整性。
		b）应采用密码技术保证通信过程中数据的保密性
	可信验证	可基于可信根对通信设备的系统引导程序、系统程序、重要配置参数和通信应用程序等进行可信验证，并在应用程序的关键执行环节进行动态可信验证，在检测到其可信性受到破坏后进行报警，并将验证结果形成审计记录送至安全管理中心

3. 安全区域边界 6 个单元

测评对象	安全控制点	测评指标
安全区域边界	边界防护	a）应保证跨越边界的访问和数据流通过边界设备提供的受控接口进行通信
		b）应能够对非授权设备私自联到内部网络的行为进行检查或限制
		c）应能够对内部用户非授权联到外部网络的行为进行检查或限制
		d）应限制无线网络的使用，保证无线网络通过受控的边界设备接入内部网络
	访问控制	a）应在网络边界或区域之间根据访问控制策略设置访问控制规则，默认情况下除允许通信外受控接口拒绝所有通信
		b）应删除多余或无效的访问控制规则，优化访问控制列表，并保证访问控制规则数量最小化
		c）应对源地址、目的地址、源端口、目的端口和协议等进行检查，以允许/拒绝数据包进出
		d）应能根据会话状态信息为进出数据流提供明确的允许/拒绝访问的能力
		e）应对进出网络的数据流实现基于应用协议和应用内容的访问控制
	入侵防范	a）应在关键网络节点处检测、防止或限制从外部发起的网络攻击行为
		b）应在关键网络节点处检测、防止或限制从内部发起的网络攻击行为
		c）应采取技术措施对网络行为进行分标，实现对网络攻击特别是新型网络攻击行为的分析
		d）当检测到攻击行为时，记录攻击源 IP、攻击类型、攻击目标、攻击时间，在发生严重入侵事件时应提供报警
	恶意代码和垃圾邮件防范	a）应在关键网络节点处对恶意代码进行检测和清除，并维护恶意代码防护机制的升级和更新
		b）应在关键网络节点处对垃圾邮件进行检测和防护，并维护垃圾邮件防护机制的升级和更新
	可信验证	可基于可信根对边界设备的系统引导程序、系统程序、重要配置参数和边界防护应用程序等进行可信验证，并在应用程序的关键执行环节进行动态可信验证，在检测到其可信性受到破坏后进行报警，并将验证结果形成审计记录送至安全管理中心
安全区域边界	安全审计	a）应在网络边界、重要网络节点进行安全审计，审计覆盖到每个用户，对重要的用户行为和重要安全事件进行审计
		b）审计记录应包括事件的日期和时间、用户、事件类型、事件是否成功及其他与审计相
		c）应对审计记录进行保护，定期备份，避免受到未预期的删除、修改或覆盖等
		d）应能对远程访问的用户行为、访问联网的用户行为等单独进行行为审计和数据分析

4. 安全计算环境 11 个单元

测评对象	安全控制点	测评指标
安全计算环境	身份鉴别	a）对登录的用户进行身份标识和鉴别，身份标识具有唯一性，身份鉴别信息具有复杂度要求并定期更换
		b）应具有登录失败处理功能，应配置并启用结束会话、限制非法登录次数和当登录连接超时自动退出等相关措施
		c）当进行远程管理时，应采取必要措施防止鉴别信息在网络传输过程中被窃听
		d）应采用口令、密码技术、生物技术等两种或两种以上组合的鉴别技术对用户进行身份鉴别，且其中一种鉴别技术至少应使用密码技术来实现
	访问控制	a）应对登录的用户分配账户和权限
		b）应重命名或删除默认账户，修改默认账户的默认口令
		c）应及时删除或停用多余的、过期的账户，避免共享账户的存在
		d）应授予管理用户所需的最小权限，实现管理用户的权限分离
		e）应由授权主体配置访问控制策略，访问控制策略规定主体对客体的访问规则
		f）访问控制的粒度应达到主体为用户级或进程级，客体为文件、数据库表级
		g）应对重要主体和客体设置安全标记，并控制主体对有安全标记信息资源的访问
	安全审计	a）应启用安全审计功能，审计覆盖到每个用户，对重要的用户行为和重要安全事件进行审计
		b）审计记录应包括事件的日期和时间、用户、事件类型、事件是否成功及其他与审计相关的信息
		c）应对审计记录进行保护，定期备份，避免受到未预期的删除、修改或覆盖等
		d）应对审计进程进行保护，防止未经授权的中
	恶意代码防护	应采用免受恶意代码攻击的技术措施或主动免疫可信验证机制及时识别入侵和病毒行为，并将其有效阻断
	可信验证	可基于可信根对计算设备的系统引导程序、系统程序、重要配置参数和应用程序等进行可信验证，并在应用程序的关键执行环节进行动态可信验证，在检测到其可信性受到破坏后进行报警，并将验证结果形成审计记录送至安全管理中心
安全计算环境	数据完整性	a）应采用校验技术或密码技术保证重要数据在传输过程中的完整性，包括但不限于鉴别数据、重要业务数据、重要审计数据、重要配置数据、重要视频数据和重要个人信息等
		b）应采用校验技术或密码技术保证重要数据在存储过程中的完整性，包括但不限于鉴别数据、重要业务数据、重要审计数据、重要配置数据、重要视频数据和重要个人信息等
	入侵防范	a）应遵循最小安装的原则，仅安装需要的组件和应用程序
		b）应关闭不需要的系统服务、默认共享和高危端口
		c）应通过设定终端接入方式或网络地址范围对通过网络进行管理的管理终端进行限制
		d）应提供数据有效性检验功能，保证通过人机接口输入或通过通信接口输入的内容符合系统设定要求
		e）应能发现可能存在的已知漏洞，并在经过充分测试评估后，及时修补漏洞
		f）应能够检测到对重要节点进行入侵的行为，并在发生严重入侵事件时提供报警
	数据保密性	a）应采用密码技术保证重要数据在传输过程中的保密性，包括但不限于鉴别数据、重要业务数据和重要个人信息等
		b）应采用密码技术保证重要数据在存储过程中的保密性，包括但不限于鉴别数据、重要业务数据和重要个人信息等

测评对象	安全控制点	测评指标
安全计算环境	数据备份恢复	a）应提供重要数据的本地数据备份与恢复功能
		b）应提供异地实时备份功能，利用通信网络将重要数据实时备份至备份场地
		c）应提供重要数据处理系统的热冗余，保证系统的高可用性
	剩余信息保护	a）应保证鉴别信息所在的存储空间被释放或重新分配前得到完全清除
		b）应保证存有敏感数据的存储空间被释放或重新分配前得到完全清除
	个人信息保护	a）应仅采集和保存业务必需的用户个人信息
		b）应禁止未授权访问和非法使用用户个人信息

5. 安全管理制度 3 个单元

测评对象	安全控制点	测评指标
安全管理中心	系统管理	a）应对系统管理员进行身份鉴别，只允许其通过特定的命令或操作界面进行系统管理操作，并对这些操作进行审计
		b）应通过系统管理员对系统的资源和运行进行配置、控制和管理，包括用户身份、资源配置、系统加载和启动、系统运行的异常处理、数据和设备的备份与恢复等
	审计管理	a）应对审计管理员进行身份鉴别，只允许其通过特定的命令或操作界面进行安全审计操作，并对这些操作进行审计
		b）应通过审计管理员对审计记录进行分析，并根据分析结果进行处理，包括根据安全审计策略对审计记录进行存储、管理和查询等
	安全管理	a）应对安全管理员进行身份鉴别，只允许其通过特定的命令或操作界面进行安全管理操作，并对这些操作进行审计
		b)应通过安全管理员对系统中的安全策略进行配置，包括安全参数的设置，主体、客体进行统一安全标记，对主体进行授权，配置可信验证策略等
安全管理中心	集中管控	a）应划分出特定的管理区域，对分布在网络中的安全设备或安全组件进行管控
		b）应能够建立一条安全的信息传输路径，对网络中的安全设备或安全组件进行管理
		c）应对网络链路、安全设备、网络设备和服务器等的运行状况进行集中监测
		d）应对分散在各个设备上的审计数据进行收集汇总和集中分析，并保证审计记录的留存时间符合法律法规要求
		e）应对安全策略、恶意代码、补丁升级等安全相关事项进行集中管理
		f）应能对网络中发生的各类安全事件进行识别、报警和分析

6. 安全管理制度 4 个单元

测评对象	安全控制点	测评指标
安全管理制度	安全策略	应制定网络安全工作的总体方针和安全策略，阐明机构安全工作的总体目标、范围、原则和安全框架等
	管理制度	a）应对安全管理活动中的各类管理内容建立安全管理制度
		b）应对管理人员或操作人员执行的日常管理操作建立操作规程
		c）应形成由安全策略、管理制度、操作规程、记录表单等构成的全面的安全管理制度体系
	制定和发布	a）应指定或授权专门的部门或人员负责安全管理制度的制定
		b）安全管理制度应通过正式、有效的方式发布，并进行版本控制
	评审和修订	应定期对安全管理制度的合理性和适用性进行论证和审定，对存在不足或需要改进的安全管理制度进行修订

7. 安全管理机构 5 个单元

测评对象	安全控制点	测评指标
安全管理机构	岗位设置	a）应成立指导和网络安全工作的委员会或领导小组，其最高领导由单位主管领导担任或授权
		b）应设立信息安全管理工作的职能部门，设立安全主管、安全管理各个方面的负责人岗位，并定义各负责人的职责
		c）应设立系统管理员、网络管理员、安全管理员等岗位，并定义部门及各个工作岗位的职责
	人员配备	a）应配备一定数量的系统管理员、审计管理员、安全管理员等
		b）应配备专职安全管理员，不可兼任
	授权和审批	a）应根据各个部门和岗位的职责明确授权审批事项、审批部门和批准人等
		b）应针对系统变更、重要操作、物理访问和系统接入等事项建立审批程序，按照审批程序执行审批过程，对重要活动建立逐级审批制度
		c）应定期审查审批事项，及时更新需授权和审批的项目、审批部门和审批人等信息
	沟通和合作	a）应加强各类管理人员、组织内部机构和网络安全管理部门之间的合作与沟通，定期召开协调会议，共同协作处理网络安全问题
		b）应加强与网络安全职能部门、各类供应商、业界专家及安全组织的合作与沟通
		c）应建立外联单位联系列表，包括外联单位名称、合作内容、联系人和联系方式等信息
安全管理机构	审核和检查	a）应定期进行常规安全检查，检查内容包括系统日常运行、系统漏洞和数据备份等情况
		b）应定期进行全面安全检查，检查内容包括现有安全技术措施的有效性、安全配置与安全策略的一致性、安全管理制度的执行情况等
		c）应制定安全检查表格实施安全检查，汇总安全检查数据，形成安全检查报告，并对安全检查结果进行通报

8. 安全管理人员 4 个单元

测评对象	安全控制点	测评指标
安全人员管理	人员录用	a）应指定或授权专门的部门或人员负责人员录用
		b）应对被录用人员的身份、安全背景、专业资格或资质等进行审查，对其所具有的技术技能进行考核
		c）应与被录用人员签署保密协议，与关键岗位人员签署岗位责任协议
	人员离岗	a）应及时终止离岗人员的所有访问权限，取回各种身份证件、钥匙、徽章等以及机构提供的软硬件设备
		b）应办理严格的调离手续，并承诺调离后的保密义务后方可离开
	安全意识教育和培训	a）应对各类人员进行安全意识教育和岗位技能培训，并告知相关的安全责任和惩戒措施
		b）应针对不同岗位制定泰同的培训计划，对安全基础知识、岗位操作规程等进行培训
		c）应定期对不同岗位的人员进行技能考核
	外部人员访问管理	a）应在外部人员物理访问受控区域前先提出书面申请，批准后由专人全程陪同，并登记备案
		b）应在外部人员接入受控网络访问系统前先提出书面申请，批准后由专人开设账户、分配权限，并登记备案
		c）外部人员离场后应及时清除其所有的访问权限
		d）获得系统访问授权的外部人员应签署保密协议，不得进行非授权操作，不得复制和泄露任何敏感信息

9. 安全建设管理 10 个单元

测评对象	安全控制点	测评指标
安全建设管理	定级和备案	a）应以书面的形式说明保护对象的安全保护等级及确定等级的方法和理由
		b）应组织相关部门和有关安全技术专家对定级结果的合理性和正确性进行论证和审定
		c）应保证定级结果经过相关部门的批准
		d）应将备案材料报主管部门和公安机关备案
	安全方案设计	a）应根据安全保护等级选择基本安全措施，依据风险分析的结果补充和调整安全措施
		b）应根据保护对象的安全保护等级及与其他级别保护对象的关系进行安全整体规划和安全方案设计，设计内容应包含密码技术相关内容，并形成配套文件
		c）应组织相关部门和有关安全专家对安全整体规划及其配套文件的合理性和正确性进行论证和审定，经过批准后才能正式实施
安全建设管理	产品采购和使用	a）应确保网络安全产品采购和使用符合国家的有关规定
		b）应确保密码产品与服务的采购和使用符合国家密码主管部门的要求
		c）应预先对产品进行选型测试，确定产品的候选范围，并定期审定和更新候选产品名单
	自行软件开发	a）应将开发环境与实际运行环境物理分开，测试数据和测试结果受到控制
		b）应制定软件开发管理制度，明确说明开发过程的控制方法和人员行为准则
		c）应制定代码编写安全规范，要求开发人员参照规范编写代码
		d）应具备软件设计的相关文档和使用指南，并对文档使用进行控制
		e）应保证在软件开发过程中对安全性进行测试，在软件安装前对可能存在的恶意代码进行检测
		f）应对程序资源库的修改、更新、发布进行授权和批准，并严格进行版本控制
		g）应保证开发人员为专职人员，开发人员的开发活动受到控制、监视和审查
	外包软件开发	a）应在软件交付前检测软件其中可能存在的恶意代码
		b）应保证开发单位提供软件设计文档和使用指南
		c）应保证开发单位提供软件源代码，并审查软件中可能存在的后门和隐蔽信道
	工程实施	a）应指定或授权专门的部门或人员负责工程实施过程的管理
		b）应制定安全工程实施方案控制工程实施过程
		c）应通过第三方工程监理控制项目的实施过程
	测试验收	a）应制订测试验收方案，并依据测试验收方案实施测试验收，形成测试验收报告
		b）应进行上线前的安全性测试，并出具安全测试报告，安全测试报告应包含密码应用安全性测试相关内容
	系统交付	a）应制定交付清单，并根据交付清单对所交接的设备、软件和文档等进行清点
		b）应对负责运行维护的技术人员进行相应的技能培训
		c）应提供建设过程文档和运行维护文档
	等级测评	a）应定期进行等级测评，发现不符合相应等级保护标准要求的及时整改
		b）应在发生重大变更或级别发生变化时进行等级测评
		c）应确保测评机构的选择符合同家有关规定

测评对象	安全控制点	测评指标
安全建设管理	服务供应商管理	a）应确保服务供应商的选择符合国家的有关规定
		b）应与选定的服务供应商签订相关协议，明确整个服务供应链各方需履行的网络安全相关义务
		c）应定期监督、评审和审核服务供应商提供的服务，并对其变更服务内容加以控制

10. 安全运维管理14个单元

测评对象	安全控制点	测评指标
安全运维管理	环境管理	a）应指定专门的部门或人员负责机房安全，对机房出入进行管理，定期对机房供配电、空调、温湿度控制、消防等设施进行维护管理
		b）应建立机房安全管理制度，对有关物理访问、物品进出和环境安全等方面的管理作出规定
		c）应不在重要区域接待来访人员，不随意放置含有敏感信息的纸档文件和移动介质等
安全运维管理	资产管理	a）应编制并保存与保护对象相关的资产清单，包括资产责任部门、重要程度和所处位置等内容
		b）应根据资产的重要程度对资产进行标识管理，根据资产的价值选择相应的管理措施
		c）应对信息分类与标识方法作出规定，并对信息的使用、传输和存储等进行规范化管理
	介质管理	a）应将介质存放在安全的环境中，对各类介质进行控制和保护，实行存储介质专人管理，并根据存档介质的目录清单定期盘点
		b）应对介质在物理传输过程中的人员选择、打包、交付等情况进行控制，并对介质的归档和查询等进行登记记录
	设备维护管理	a）应对各种设备（包括备份和冗余设备）、线路等指定专门的部门或人员定期进行维护管理
		b）应建立配套设施、软硬件维护方面的管理制度，对其维护进行有效管理，包括明确维护人员的责任、维修和服务的审批、维修过程的监督控制等
		c）信息处理设备应经过审批才能带离机房或办公地点，含有存储介质的设备带出工作环境时其中重要数据应加密
		d）含有存储介质的设备在报废或重用前，应进行完全清除或被安全覆盖，保证该设备上的敏感数据和授权软件无法被恢复重用
	漏洞和风险管理	a）应采取必要的措施识别安全漏洞和隐患，对发现的安全漏洞和隐患及时进行修补或评估可能的影响后进行修补
		b）应定期开展安全测评，形成安全测评报告，采取措施应对发现的安全问题
	网络和系统安全管理	a）应划分不同的管理员角色进行网络和系统的运维管理，明确各个角色的责任和权限
		b）应指定专门的部门或人员进行账户管理，对申请账户、建立账户、删除账户等进行控制
		c）应建立网络和系统安全管理制度，对安全策略、账户管理、配置管理、日志管理、日常操作、升级与打补丁、口令更新周期等方面作出规定
		d）应制定重要设备的配置和操作手册，依据手册对设备进行安全配置和优化配置等
		e）应详细记录运维操作日志，包括日常巡检工作、运行维护记录、参数的设置和修改等内容
		f）应指定专门的部门或人员对日志、监测和报警数据等进行分析、统计，及时发现可疑行为
		g）应严格控制变更性运维，经过审批后才可改变连接、安装系统组件或调整配置参数，操作过程中应保留不可更改的审计日志，操作结束后应同步更新配置信息库

测评对象	安全控制点	测评指标
安全运维管理	网络和系统安全管理	h）应严格控制运维工具的使用，经过审批后才可接入进行操作，操作过程中应保留不可更改的审计日志，操作结束后应删除工具中的敏感数据
		i)应严格控制远程运维的开通，经过审批后才可开通远程运维接口或通道，操作过程中应保留不可更改的审计日志，操作结束后立即关闭接口或通道
		j）应保证所有与外部的连接均得到授权和批准，应定期检查违反规定无线上网及其他违反网络安全策略的行为
安全运维管理	恶意代码防范管理	a）应提高所有用户的防恶意代码意识，对外来计算机或存储设备接入系统前进行恶意代码检查等
		b）应定期验证防范恶意代码攻击的技术措施的有效性
	配置管理	a）应记录和保存基本配置信息，包括网络拓扑结构、各个设备安装的软件组件、软件组件的版本和补丁信息、各个设备或软件组件的配置参数等
		b）应将基本配置信息改变纳入变更范畴，实施对配置信息改变的控制，并及时更新基本配置信息库
	密码管理	a）应遵循密码相关的国家标准和行业标准
		b）应使用国家密码管理主管部门认证核准的密码技术和产品
	变更管理	a）应明确变更需求，变更前根据变更需求制定变更方案，变更方案经过评审、审批后方可实施
		b）应建立变更的申报和审批控制程序，依据程序控制所有的变更，记录变更实施过程
		c）应建立中止变更并从失败变更中恢复的程序，明确过程控制方法和人员职责，必要时对恢复过程进行演练
	备份与恢复管理	a）应识别需要定期备份的重要业务信息、系统数据及软件系统等
		b）应规定备份信息的备份方式、备份频度、存储介质、保存期等
		c）应根据数据的重要性和数据对系统运行的影响，制定数据的备份策略和恢复策略、备份程序和恢复程序等
	安全事件处置	a）应及时向安全管理部门报告所发现的安全弱点和可疑事件
		b）应制定安全事件报告和处置管理制度，明确不同安全事件的报告、处置和响应流程，规定安全事件的现场处理、事件报告和后期恢复的管理职责等
		c）应在安全事件报告和响应处理过程中，分析和鉴定事件产生的原因，收集证据，记录处理过程，总结经验教训
		d）对造成系统中断和造成信息泄漏的重大安全事应采不同的处理程序和报告程序
	应急预案管理	a）应规定统一的应急预案框架，包括启动预案的条件、应急组织构成、应急资源保障、事后教育和培训等内容
		b）应制定重要事件的应急预案，包括应急处理流程、系统恢复流程等内容
		c）应定期对系统相关的人员进行应急预案培训，并进行应急预案的演练
		d）应定期对原有的应急预案重新评估，修订完善
	外包运维管理	a）应确保外包运维服务商的选择符合国家的有关规定
		b）应与选定的外包运维服务商签订相关的协议，明确约定外包运维的范围、工作内容
		c）应保证选择的外包运维服务商在技术和管理方面均应具有按照等级保护要求开展安全运维工作的能力，并将能力要求在签订的协议中明确
		d）应在与外包运维服务商签订的协议中明确所有相关的安全要求，如可能涉及对敏感信息的访问、处理、存储要求，对 IT 基础设施中断服务的应急保障要求等

附录 3 浙江省高校教育信息化评价指标体系

评价指标		指标描述（观察点）	院校类型		备注
1、2 级指标	3 级指标		本科院校	高职高专	
1. 信息化基础设施及其运行（权重 25.0）					
1.1 信息化设备拥有水平（5.0）	1.1.1 网络基础设施建设情况（1.0）	建有良好的满足公共使用要求的网络基础设施，有符合国家标准的专用中心机房；有核心交换机；有大型存储设备；能够保障学校的网络应用	建有		
	1.1.2 网络设施软硬件投入（1.0）	网络设施软硬件设备投入资金比例： 近三年软件投入增长率：	≥ 25% ≥ 10%	≥ 20% ≥ 10%	两对比值分别对应两指标描述观察点专指学校公共基础设施
	1.1.3 多媒体教室配备情况（1.0）	配备多媒体设备（如计算机、投影仪）教室占教室总数比例（%）	≥ 90%	≥ 85%	
	1.1.4 多媒体教室的先进性（0.5）	多媒体教室可上网，基于新媒体新技术的交互性教学设施得到应用	具有		如电子白板等
	1.1.5 学校 PC（含笔记本）拥有情况（生机比）（1.0）	全校在校学生数（人）与计入固定资产的 PC 机（含笔记本）数（台）之比值	1.5 ~ 2.0		比值范围在 1.5 至 2.0 之间
	1.1.6 智慧校园建设（0.5）	物联网在数字化校园中得到应用	在建		

评价指标		指标描述（观察点）	院校类型		备注
1、2 级指标	3 级指标		本科院校	高职高专	
1. 信息化基础设施及其运行（权重 25.0）					
1.2 校园网建设与应用水平（5.0）	1.2.1 校园网覆盖情况（1.0）	校园网覆盖学校所有教学、科研、管理与服务建筑的比例	100%		
	1.2.2 校园网出口带宽（0.75）	校园网出口总带宽	≥ 1G		
	1.2.3 校园网主干带宽情况(1)	校园网主干网带宽	≥ 1000M		
	1.2.4 主干网络的可靠性(0.75)	提供 7×24 小时规范服务，及时解决校园网故障问题	具有		
	1.2.5 无线网络（0.5）	提供纳入校园网统一管理的安全的无线网络接入，覆盖区域达到：	全部教学、办公区	主要教学、办公区、	
	1.2.6升级到 IPv6 的能力（0.5）	校园网络具有升级到 IPv6 的能力	具有或在建		
	1.2.7 接入中国教育和科研网（0.5）	校园网络具有 CERNET 网络接口	具有		
1.3 网络与信息安全建设水平（2.5）	1.3.1 网络病毒防治（1.5）	具有网络防病毒、信息过滤和入侵检测功能	具有		
	1.3.2 网络运行故障监测系统（0.5）	建立了网络运行状态实时监测系统，能保存每个客户端对外网 IP 的访问情况；有网络运行故障实时报告系统	具有		
	1.3.3 通过的信息安全测评或认证（0.5）	相关的信息系统和工程通过信息安全测评或认证；相关的网络技术人员具有国家认可的信息安全认证资格	具有		

<table>
<tr><th colspan="2">评价指标</th><th rowspan="2">指标描述（观察点）</th><th colspan="2">院校类型</th><th>备注</th></tr>
<tr><th>1、2级指标</th><th>3级指标</th><th>本科院校</th><th>高职高专</th><th></th></tr>
<tr><td colspan="6">1. 信息化基础设施及其运行（权重25.0）</td></tr>
<tr><td rowspan="7">1.4 基本应用情况（5.0）</td><td>1.4.1 校园门户网站建设与应用情况（1.5）</td><td>具有安全的校园门户网站,能对校内外公开信息,提供相关服务；
具有稳定的安全通道能够访问内部网，满足不同校区间敏感数据访问</td><td colspan="2">具有</td><td></td></tr>
<tr><td>1.4.2 各部门、院、系、研究机构网站情况（1.0）</td><td>在学校有注册的部门、院、系、研究机构等二级网站域名规范，总数占全部部门总数的比例（%）达到:</td><td colspan="2">100%</td><td></td></tr>
<tr><td>1.4.3 电子邮件系统（0.5）</td><td>建立具有防范垃圾邮件能力的安全电子邮件系统；
信箱容量1G以上，上传文件容量大于10M</td><td colspan="2">具有</td><td></td></tr>
<tr><td>1.4.4 网络存储空间（0.5）</td><td>学校统一提供网上个人存储空间，用于师生存储资料和个人信息发布</td><td colspan="2">具有</td><td></td></tr>
<tr><td>1.4.5 校园一卡通系统（0.5）</td><td>实现了校园一卡通系统的应用项目（如图书证、饭卡、学生证、工作证、医疗卡、上机卡、考勤卡、门禁卡等）</td><td>5项以上</td><td>3项以上</td><td></td></tr>
<tr><td>1.4.6 校内信息呈现与资源的搜索工具（0.25）</td><td>提供校内信息呈现与信息资源的搜索工具</td><td colspan="2">具有或在建</td><td>如校园信息亭、室内多媒体查询台、室外大屏幕信息呈现等</td></tr>
<tr><td>1.4.7 网络视频交互系统（0.25）</td><td>建有实时互动的网络视频会议系统；
建有视频点播系统，已在教学、科研、行政管理等使用</td><td>具有</td><td>具有或在建</td><td></td></tr>
</table>

<table>
<tr><th colspan="2">评价指标</th><th rowspan="2">指标描述（观察点）</th><th colspan="2">院校类型</th><th>备注</th></tr>
<tr><th>1、2 级指标</th><th>3 级指标</th><th>本科院校</th><th>高职高专</th><th></th></tr>
<tr><td colspan="6">1. 信息化基础设施及其运行（权重 25.0）</td></tr>
<tr><td>1.4 基本应用情况（5.0）</td><td>1.4.8 虚拟社区（0.5）</td><td>建有校内虚拟社区（如虚拟班级、虚拟社团、BBS 社区），并且管理规范</td><td colspan="2">具有或在建</td><td></td></tr>
<tr><td rowspan="4">1.5 图书馆数字资源建设与应用水平（5.0）</td><td>1.5.1 图书馆数字资源提供情况（1.5）</td><td>提供有电子期刊，电子图书，网络数据库，多媒体光盘资源等数字化资源；近三年外文数据资源逐年增长</td><td colspan="2">具有</td><td></td></tr>
<tr><td>1.5.2 加入数字图书馆情况（1.0）</td><td>加入国家或地方的数字图书馆</td><td>已加入</td><td>逐步加入</td><td></td></tr>
<tr><td>1.5.3 图书馆电子资源浏览或下载情况（1.0）</td><td>上年度年图书馆数字资源浏览或下载的次数（次）</td><td>≥全校师生数的 5 倍</td><td>≥全校师生数的 2 倍</td><td></td></tr>
<tr><td>1.5.4 图书馆购置数字资源经费情况（1.5）</td><td>年均用于购买数字资源经费占图书馆图书投入总经费比例</td><td>≥ 25%</td><td>≥ 20%</td><td></td></tr>
<tr><td rowspan="3">1.6 应用集成环境（2.5）</td><td>1.6.1 校内信息门户（1.0）</td><td>建立了集成校内各种信息资源的校园信息门户</td><td colspan="2">具有</td><td></td></tr>
<tr><td>1.6.2 统一的身份管理与认证系统（0.5）</td><td>具有安全的统一用户身份管理、认证和计费等，为各种应用系统提供用户认证和权限等级识别</td><td>具有</td><td>具有或在建</td><td></td></tr>
<tr><td>1.6.3 数据共享能力（1.0）</td><td>建有校园学生信息，教职工信息，科研项目信息，公共资源信息等基础数据库或数据交换系统</td><td colspan="2">具有</td><td></td></tr>
<tr><td colspan="6">2. 教学科研信息化（权重 30.0）</td></tr>
<tr><td rowspan="2">2.1 教学资源的建设和应用（8.0）</td><td>2.1.1 有统一的教学资源开发规范（1.5）</td><td>向全校教师提供统一的数字化教学资源制作规范</td><td colspan="2">具有</td><td></td></tr>
<tr><td>2.1.2 教学资源库建设与应用情况（2.0）</td><td>具备面向学科专业的教学资源库（含视音频点播系统）及其管理平台</td><td colspan="2">具有</td><td></td></tr>
</table>

评价指标		指标描述（观察点）	院校类型		备注
1、2 级指标	3 级指标		本科院校	高职高专	
2. 教学科研信息化（权重 30.0）					
2.1 教学资源的建设和应用（8.0）	2.1.3 网络课程（2.0）	在线运行各级各类网络课程占全部课程的比例（含精品课程）	≥ 30%	≥ 20%	
	2.1.4 实验和实训资源及应用情况（1.0）	具有数字化的网络平台与资源，并在实验和实训教学中运用 建有专业特色的数字化实训设施，并得到有效应用	具有		如师范类院校的微格教学系统等
	2.1.5 信息化相关的课外活动（0.5）	利用信息技术开展第三课堂教育；举办或参加与信息化相关的大学生科技竞赛；成果丰富	具有		
	2.1.6 传统实验室数字化改造（0.5）	具有实验室管理系统、虚拟实验系统，并运用于实验教学	具有	具有或在建	
	2.1.7 数字化博物馆（0.5）	建立与教学相关的数字化博物馆并应用于教学	具有	具有或在建	
2.2 科研资源的建设与应用（8.0）	2.2.1 工具软件应用水平（3.5）	提供支持科研项目的专业工具软件	具有	具有或在建	
	2.2.2 大型仪器设备信息共享（2.5）	大型仪器设备的网上信息查询或网上预订及共享	具有	具有或在建	
	2.2.3 高性能计算应用水平（2.0）	建立了可服务全校的高性能或云计算系统	具有	具有或在建	
2.3 教学信息化手段（8.0）	2.3.1 多媒体教学（3.0）	采用以学生为主体的互动多媒体教学的课程占总课程的比例	≥ 80%	≥ 70%	
	2.3.2 网络教学平台（2.5）	具有学校或院系统一的网络教学或辅助教学平台；具备学习过程跟踪与管理功能	具有		
	2.3.3 移动学习平台（1.0）	具有移动学习平台，已经初步投入应用	具有	具有或在建	

<table>
<tr><th colspan="2">评价指标</th><th rowspan="2">指标描述（观察点）</th><th colspan="2">院校类型</th><th rowspan="2">备注</th></tr>
<tr><th>1、2 级指标</th><th>3 级指标</th><th>本科院校</th><th>高职高专</th></tr>
<tr><td colspan="6">2. 教学科研信息化（权重 30.0）</td></tr>
<tr><td>2.3 教学信息化手段（8.0）</td><td>2.3.4 网络考试系统（1.5）</td><td>具有学校或院系统一的网络考试系统（含题库）并得到有效应用</td><td colspan="2">具有</td><td></td></tr>
<tr><td rowspan="3">2.4 科研信息化手段（6.0）</td><td>2.4.1 网上科研信息发布程度（1.5）</td><td>校科研管理部门在网上发布科研相关信息的比例</td><td>≥ 95%</td><td>≥ 85%</td><td>采用网上形式发布的科研信息量占发布的科研信息量的比例</td></tr>
<tr><td>2.4.2 科研协作与交流平台（2.5）</td><td>学校建有科研项目协作交流平台，能满足各类研究数据等资源的共享，具有科研信息查询功能；
建有学报信息化平台，能在线处理稿件</td><td colspan="2">具有</td><td></td></tr>
<tr><td>2.4.3 科研成果转化、推广与服务平台（2.0）</td><td>具有科研成果信息发布、共享、转化与推广功能</td><td colspan="2">具有</td><td></td></tr>
<tr><td colspan="6">3. 管理信息化（权重 25.0）</td></tr>
<tr><td rowspan="3">3.1 管理系统建设与应用水平（15.0）</td><td>3.1.1 全校范围的办公自动化（2.5）</td><td>提供在线的公文流转、档案管理、会议管理、日程安排、电子公告等功能</td><td colspan="2">具有</td><td></td></tr>
<tr><td>3.1.2 教务管理（2.5）</td><td>为本校各级各类学生提供学籍管理、教学计划、选课管理、成绩管理、课室管理、排课、评教、论文管理、毕业管理等功能</td><td colspan="2">具有</td><td></td></tr>
<tr><td>3.1.3 图书馆管理（2.0）</td><td>提供馆藏书目信息的查询及维护、电子期刊数据库管理、读者服务、同其他院校共享数据库等功能</td><td colspan="2">具有</td><td></td></tr>
</table>

评价指标		指标描述（观察点）	院校类型		备注
1、2 级指标	3 级指标		本科院校	高职高专	
3. 管理信息化（权重 25.0）					
3.1 管理系统建设与应用水平（15.0）	3.1.4 人事管理（1.0）	提供引进与招聘、劳资管理、国际合作交流、离退休、合同制人员、人事档案等管理功能	具有		
	3.1.5 学生管理（1.5）	提供学生迎新离校系统、学生就业，学生评估、奖学金评定及管理、国家助学贷款审核、学费、住宿费，以及勤工助学管理、学生处分管理等功能	具有		
	3.1.6 科研管理（1.0）	提供科研项目和成果管理系统、项目申报、过程管理、经费管理、评估等功能	具有		
	3.1.7 财务管理（1.5）	提供资金的计划、管理及核算、财务信息发布、师生校内电子账号等功能	具有		
	3.1.8 资产管理（1.0）	提供固定资产仪器设备的管理、房地产的信息管理、学校投资校办企业的股份（资金）管理等功能	具有		
	3.1.9 后勤管理（1.0）	提供后勤工作规划、服务项目的确定、后勤经营服务单位的工作管理、后勤服务投诉及反馈等功能；为节能减排提供有效支持	具有		
	3.1.10 档案管理（0.5）	提供档案预立卷、档案组卷、档案指导、档案利用等功能	具有		
	3.1.11 校友管理（0.5）	提供海内外校友会管理、校友活动、校友联络和接待、校友信息管理、校友网站的维护等功能	≥ 5%		

<table>
<tr><td colspan="2">评价指标</td><td rowspan="2">指标描述（观察点）</td><td colspan="2">院校类型</td><td>备注</td></tr>
<tr><td>1、2 级指标</td><td>3 级指标</td><td>本科院校</td><td>高职高专</td><td></td></tr>
<tr><td colspan="6">3. 管理信息化（权重 25.0）</td></tr>
<tr><td rowspan="4">3.2 信息共享与利用水平（10.0）</td><td>3.2.1 业务部门内部业务之间的信息共享水平（3）</td><td>部门内部信息共享和业务流转的自动化功能</td><td colspan="2">具有</td><td></td></tr>
<tr><td>3.2.2 业务部门之间信息共享水平（3）</td><td>实现部门之间信息共享和业务流转的自动化功能</td><td colspan="2">具有</td><td></td></tr>
<tr><td>3.2.3 对外信息发布（2）</td><td>业务部门可以通过相应的平台对外公开信息和对外发布功能</td><td colspan="2">具有</td><td></td></tr>
<tr><td>3.2.4 综合数据处理与决策支持水平（2）</td><td>能够通过学校基础数据库进行数据综合分析，并实现辅助决策等功能</td><td colspan="2">具有</td><td></td></tr>
<tr><td colspan="6">4. 信息化保障体系（权重 20.0）</td></tr>
<tr><td rowspan="3">4.1 信息化组织保障（3.0）</td><td>4.1.1 信息化领导机构情况（1.0）</td><td>建有校一把手负责的信息化工作决策机构；
每年召开研究学校信息化建设发展工作会议；
分管领导的信息化意识强</td><td colspan="2">具有</td><td></td></tr>
<tr><td>4.1.2 信息化管理部门情况（1.0）</td><td>建有专门的学校信息化管理部门，并配备与学校规模相适应的专职人员；各院系具有信息化工作主管领导，及相应工作人员</td><td colspan="2">具有</td><td></td></tr>
<tr><td>4.1.3 建设、技术支持与服务队伍（1.0）</td><td>有信息化建设、技术支持和运行维护的专职队伍，并有队伍建设奖惩办法</td><td colspan="2">具有</td><td></td></tr>
<tr><td rowspan="2">4.2 信息化资金保障（5.0）</td><td>4.2.1 信息化经费预算情况（2.5）</td><td>有独立的学校信息化预算</td><td colspan="2">具有</td><td></td></tr>
<tr><td>4.2.2 近三年信息化资金投入（2.5）</td><td>年信息化运行维护及数字化资源建设资金占生均培养经费的比例</td><td colspan="2">≥ 5%</td><td>取近三年的平均值</td></tr>
</table>

<table>
<tr><th colspan="2">评价指标</th><th rowspan="2">指标描述（观察点）</th><th colspan="2">院校类型</th><th rowspan="2">备注</th></tr>
<tr><th>1、2 级指标</th><th>3 级指标</th><th>本科院校</th><th>高职高专</th></tr>
<tr><td colspan="6">4. 信息化保障体系（权重 20.0）</td></tr>
<tr><td rowspan="2">4.3 人员信息化技能保证（3.0）</td><td>4.3.1 定期对校内人员进行信息化培训（2.0）</td><td>定期对信息化领导、信息化管理者、专业人员和教师进行信息化培训</td><td colspan="2">具有</td><td></td></tr>
<tr><td>4.3.2 人员聘任的信息化技能要求（1.0）</td><td>对新聘任人员提出信息化技能要求，并实施上岗培训</td><td colspan="2">具有</td><td></td></tr>
<tr><td rowspan="3">4.4 信息化制度保障（6.0）</td><td>4.4.1 中长期信息化战略规划与发展策略制定情况（2.5）</td><td>学校领导重视信息化建设工作，单列信息化规划战略规划与发展策略</td><td colspan="2">具有</td><td></td></tr>
<tr><td>4.4.2 将信息化工作水平纳入学校内部考评制度情况（2.5）</td><td>将学校部门的信息化工作水平纳入学校绩效考评</td><td colspan="2">具有</td><td></td></tr>
<tr><td>4.4.3 信息化激励机制情况（1.0）</td><td>有具体的信息化工作激励机制；信息化技能运用作为考核和晋升依据</td><td colspan="2">具有</td><td></td></tr>
<tr><td rowspan="3">4.5 信息化标准与管理规范（3.0）</td><td>4.5.1 信息化技术标准及应用程度（1.0）</td><td>建有与国家和行业标准相衔接的技术标准，并在学校信息化建设中得到有效应用</td><td colspan="2">具有</td><td></td></tr>
<tr><td>4.5.2 应用系统运行与管理规范（1.0）</td><td>制定设备维护与更新管理、应用系统运行与管理的相关规范</td><td colspan="2">具有</td><td></td></tr>
<tr><td>4.5.3 信息化安全措施（1.0）</td><td>制定明确的信息化安全相关规</td><td colspan="2">具有</td><td></td></tr>
<tr><td colspan="6">5. 特色与创新（此项为建设特色项目附加分，计分范围为 0 ~ 10 分）</td></tr>
<tr><td>特色与创新</td><td colspan="5">列举信息化建设中的创新举措或特色应用</td></tr>
</table>

说明：

（1）本评价指标体系，采用三级指标制。一级指标 5 项，二级指标 18 项，三级指标 77 项，总分值 110 分，其中附加分“特色与创新”10 分。

（2）括弧中的数字表示相应指标的权重值。

（3）三级指标为黑体字的为重要指标，共 18 项。

（4）对照此评价指标体系，总分达 60 分以上，重要指标不低于 15 项的，为教育信息化合格学校。

附录 4 江苏省高校智慧校园建设指标体系

一级指标	二级指标	三级指标	权重
一 智慧环境 （26 分）	（一）网络环境（9 分）	1. 拥有完善的综合弱电管网，建有满足智慧校园建设需要的综合布线系统	1
		2. 校园网实现校园全覆盖，万兆到楼宇，千兆（百兆）到桌面，拥有功能完备的网络运维管理平台	2
		3. 接入 Internet 网络速率不低于人均 1Mp/s，提供泛在网络环境。校园网接入中国教育和科研计算机网	2
		4. 无线网实现校园全覆盖	2
		5. 建有智能校园安防系统，覆盖校园主要场所	1
		6. 部署消防报警系统、紧急广播与疏散、食品安全等智能安防子系统	1
	（二）数据中心（5 分）	1. 中心机房以不低于国家机房建设标准 B 级进行建设，管理制度完善	2
		2. 数据中心架构合理，具有高可靠性、高可用性，能够保障学校的网络应用	1
		3. 采用云计算技术实现计算、存储资源的云化部署，满足学校业务使用需求。学校统一提供网上个人存储空间	2
	（三）教学设施（3 分）	1. 师生人均拥有的备课、授课或学习用的信息化终端设备大于 1	1
		2. 多媒体教室可通过校园网共享各种教学资源，具备与学校其它应用系统融合的功能。多媒体教室比例 >90%	1
		3. 建有录播教室、智慧教室、创新实验室、智慧学习体验中心等，开展基于 VR、AR、MR、AI 等新技术的学习、探究和创造实践活动	1
	（四）应用支撑平台（9 分）	1. 建立学校统一的符合国家或行业数据标准规范的信息标准与技术标准，制定智慧校园建设、运维、应用系统建设等相关规范，并在智慧校园建设中得到应用	2
		2. 建有基础数据库和数据交换系统。提供开放的接口程序，集成不同架构下的各类业务应用	2
		3. 实现用户的集中化和统一管理，对智慧校园中的用户提供统一的电子身份，支持多平台、多终端统一的用户认证方式，支持单点登录功能	2
		4. 具有完善的校园门户网站，能对校内外公开信息，集成校内各种信息资源，提供相关服务，并为数字校园应用提供统一入口	1
		5. 移动应用平台通过校内外 Wifi、3G/4G 等移动网络，基于移动通信终端整合信息化的数据内容，实现面向校园移动数据服务	2

一级指标	二级指标	三级指标	权重
二 融合创新（33分）	（一）基础网络应用（7分）	1. 学校建有网站群系统，二级单位基于网站群建有二级网站，及时更新信息	2
		2. 提供服务师生需要的安全电子邮件服务，具有防范垃圾邮件能力	2
		3. 基于校园GIS构建校园基础设施资源管理平台，实现资源的统一管理	2
		4. 提供视频点播/直播、VPN等基础服务，建有网络的视频会议系统	1
	（二）教学科研应用（12分）	1. 建有网络教学系统，为教学全过程提供服务	3
		2. 建有科研管理服务系统，提供项目申报、科学研究、协同创新等支撑和服务	2
		3. 建立科技成果转化服务平台，为师生创新创业提供服务	1
		4. 建有大型仪器设备信息查询、网上预订及共享服务等信息系统	1
		5. 建有基于大数据的教与学过程分析系统，全面客观地评价教师教学质量和学生学习效果，实现个性化教与学	3
		6. 近两年每年有省级以上教育信息化研究课题，并有专著或论文在核心期刊发表	1
		7. 近两年有师生参加省级以上各类信息化大赛并获奖	1
	（三）教育管理应用（10分）	1. 为学生提供从入学、教育、管理、就业等全过程的信息化服务	1
		2. 为高校教职工及科研人员提供入职至离职全过程信息化服务	1
		3. 建有学校财务、资产、设备和后勤等一体化管理信息系统，提供高效管理服务	2
		4. 建有办公自动化系统，提供日常公共事务管理服务	1
		5. 利用物联网、GIS等智能感知技术，实现对学校人员、设备、能源等的智能管理	2
		6. 建有网上服务大厅，为学校师生提供一站式服务	2
		7. 建立数据分析模型和评估指标体系，采集、汇聚、存储、分析大数据，实施智能管理	1
	（四）校园服务应用（4分）	1. 建有功能完备的校园一卡通系统并有效应用	1
		2. 建有统一通信平台，集成校内各类系统信息，实现信息统一推送	1
		3. 建有统一支付平台，为学校提供统一的支付通道	1
		4. 为学校师生提供移动互联生活服务	1
三 数字资源（18分）	（一）课程资源（10分）	1. 建有高水平在线开放课程，覆盖主要公共课程和部分专业课程	2
		2. 建有校内外教育资源共享平台，实现资源共建共享	2
		3. 建有在线学习平台，实现个性化泛在学习	1
		4. 建有虚拟仿真实验系统，并应用于实验教学	1
		5. 建有数字化的网络实训平台与资源，并应用于实训教学	1
		6. 近两年每年至少有一门精品课程资源上传省智慧教育云平台并共享	2
		7. 实现优质数字化教学资源国际合作与共享	1
	（二）数字图书馆（5分）	1. 建有数字图书馆，并能提供移动阅读服务	2
		2. 提供电子期刊、电子图书、网络数据库、多媒体光盘等数字化资源并及时更新	2
		3. 建有数字档案馆，提供多途径电子档案查询、统计等服务	1
	（三）文化资源（3分）	1. 建设健康向上的校园网络文化，推动文化传承和创新	2
		2. 建有具有学校文化特色的数字博物馆，向师生和社会公众开放共享	1

一级指标	二级指标	三级指标	权重
四 网络安全 （8 分）	（一）系统建设（4 分）	1. 建有可信、可控、可查的网络安全环境	2
		2. 建有数据备份与恢复系统，可快速进行系统恢复	1
		3. 建有网络安全监测预警与应急体系	1
	（二）管理制度（4 分）	1. 建有完善的网络安全管理机构和制度	1
		2. 定期开展信息系统安全等级保护测评工作	1
		3. 建有完善的网络与信息安全应急响应机制，及时按规范处置网络与信息安全事件	1
		4. 近两年没有发生重大网络安全事件	1
五 保障机制 （15 分）	（一）组织机构（5 分）	1. 成立学校主要领导为组长的网络安全和信息化领导小组。每学期专题研究教育信息化工作	2
		2. 设立由校级领导担任的首席信息官（CIO），专门负责学校教育信息化工作	1
		3. 设立学校信息化工作的行政管理部门或机构，配备一定编制的行政管理人员，统筹学校信息化规划、建设、管理与经费	2
	（二）经费保障（3 分）	1. 在学校年度预算中安排信息化建设专项经费和日常运维经费	2
		2. 开展校企等合作，建立多元化经费投入机制	1
	（三）人才队伍（4 分）	1. 校领导要参加省级以上信息化领导力培训，提高信息化管理和决策能力	1
		2. 在二级部门（院系部处）设立职责明确的信息化秘书工作岗位	1
		3. 建设一支与办学规模相适应的信息化专业技术队伍，年龄、学历及职称结构合理	1
		4. 制定信息化培训计划，对教师与管理人员开展信息化专题培训，提升信息化素养	1
	（四）制度建设（3 分）	1. 制定学校信息化建设发展规划并按计划实施，将教育信息化工作纳入年度考核内容	1
		2. 建立完善的信息化建设、运维和管理制度	1
		3. 建立推进信息技术与教育教学和管理创新应用的激励机制	1
六 特色发展 （10 分）	教育信息化在学校管理、教与学、科学研究、师生服务等方面取得重大研究成果或特色应用		10

注：评价指标共 18 大类 71 小项，评价总分值 110 分（含特色发展 10 分），达标分值为 80 分。

附录 5 安徽省高等学校教育信息化建设评价指标体系

<table>
<tr><th colspan="2">评价指标</th><th rowspan="2">指标描述（观察点）</th><th colspan="2">院校类型</th><th>备注</th></tr>
<tr><th>1、2 级指标</th><th>3 级指标</th><th>本科院校</th><th>高职高专</th><th></th></tr>
<tr><td colspan="6">1. 基础设施（权重 15.0）</td></tr>
<tr><td rowspan="6">1.1 校园网络建设（5.0）</td><td>1.1.1 有线网络覆盖（1.0）</td><td>有线网络覆盖学校所有教学、科研、管理与服务建筑</td><td colspan="2">覆盖率 100%，信息点总数不低于师生总数的 1.2 倍</td><td></td></tr>
<tr><td>1.1.2 无线网络覆盖（1.0）</td><td>无线网络满足教学互动、移动学习和信息采集的需要</td><td colspan="2">各无线覆盖环境满足每个在线终端接入带宽不低于 4Mb/s</td><td></td></tr>
<tr><td>1.1.3 校园网络运行（1.0）</td><td>提供 7×24 小时高可靠无拥塞网络连接服务，能及时排除校园网络各种故障问题</td><td colspan="2">骨干网带宽不低于万兆，桌面带宽不低于百兆</td><td></td></tr>
<tr><td rowspan="2">1.1.4 校园网络出口（1.0）</td><td rowspan="2">校园网除经过安徽省教育和科研计算机网接入中国教育和科研计算机网，还具有其他公网出口，网络出口带宽能够满足师生教学、科研、管理与生活需求</td><td colspan="2">按师生总数计算，出口总带宽不低于人均</td><td></td></tr>
<tr><td>256Kb</td><td>128Kb</td><td></td></tr>
<tr><td>1.1.5 校园网络技术（1.0）</td><td>具有网络虚拟化能力，全网支持 IPv6 并接入 CERNET2</td><td>具有</td><td>可升级</td><td></td></tr>
<tr><td>1.2 数据中心建设（5.0）</td><td>1.2.1 数据中心机房（1.0）</td><td>建有符合机房建设国家标准《GB50174—2008》的专用机房，能满足使用需求的空间，具备高密度、高可靠、高带宽、大容量、低延迟的网络与存储交换设备</td><td>机房 A 级或 B 级，交换设备支持虚拟化</td><td>机房 B 级，交换设备可升级支持虚拟化</td><td></td></tr>
</table>

<table>
<tr><th colspan="2">评价指标</th><th rowspan="2">指标描述（观察点）</th><th colspan="2">院校类型</th><th>备注</th></tr>
<tr><th>1、2 级指标</th><th>3 级指标</th><th>本科院校</th><th>高职高专</th><th></th></tr>
<tr><td colspan="6">1. 基础设施（权重 15.0）</td></tr>
<tr><td rowspan="3">1.2 数据中心建设（5.0）</td><td>1.2.2 服务器配置（1.5）</td><td>能满足校内各类软件平台的计算需求，采用虚拟化技术实现冗余并提高利用率，具备远程管理维护功能</td><td colspan="2">具有</td><td></td></tr>
<tr><td>1.2.3 存储器配置（1.5）</td><td>采用先进、主流的架构，具备满足师生正常应用的吞吐量及 IOPS，采用虚拟化技术能根据需求灵活扩展容量，支持重要数据 10 年以上的存储空间需求，具有满足需要的备份能力</td><td>人均存储容不小于 10GB</td><td>人均存储容量不小于 8GB</td><td></td></tr>
<tr><td>1.2.4 云服务建设（1.0）</td><td>可根据需要提供虚拟主机租用服务、云桌面服务，可根据需要扩展支持云存储与云应用服务</td><td>具有</td><td>可升级</td><td></td></tr>
<tr><td rowspan="2">1.3 公共终端建设（5.0）</td><td>1.3.1 多媒体教室（1.5）</td><td>配备投影仪、一体化数字中控和音响系统，具备远程智能管控功能，支持虚拟桌面或云桌面。教室投影屏幕 60 人以下不低于 80 吋，60 人以上不低于 120 吋</td><td colspan="2">数量不低于教室总数的 80%</td><td></td></tr>
<tr><td>1.3.2 智慧教室（1.0）</td><td>在满足多媒体教室要求的基础上，配置多点触控互动白板，WiFi 覆盖并具有足够的接入能力，支持师生通过移动智能终端进行互动，支持校际远程课堂交互，配备视频监控，支持智能化考勤，根据需要配置高清教学实时录播系统</td><td colspan="2">数量不低于教室总数的 3%</td><td></td></tr>
</table>

<table>
<tr><th colspan="2">评价指标</th><th rowspan="2">指标描述（观察点）</th><th colspan="2">院校类型</th><th>备注</th></tr>
<tr><th>1、2 级指标</th><th>3 级指标</th><th>本科院校</th><th>高职高专</th><th></th></tr>
<tr><td colspan="6">1. 基础设施（权重 15.0）</td></tr>
<tr><td rowspan="2">1.3 公共终端建设（5.0）</td><td>1.3.3 安全监控系统（1.5）</td><td>建有安全监控中心，配备监控调度屏幕墙，具有覆盖校园的高清视频监控，对重点区域实施多角度监视，必要位置具备夜视功能；对接信息发布系统，可发布安全警示消息；对接区域广播系统，可对指定区域喊话警示；对接公共食品安全、危险物品和危险实验实训仪器设备配置的监测传感装置，可自动实时报警。在大量学生集中的学习、活动和生活等重点区域配备智能报警设备</td><td colspan="2">具有</td><td></td></tr>
<tr><td>1.3.4 节能减排系统（1.0）</td><td>建有校园水、电、气运行状态联网监控的智能管理系统，楼宇自控具备节能节水功能。具备重要教学设施的监测传感装置，集中存储日志记录，具备车辆进出校园的感知和记录装置</td><td colspan="2">具有</td><td></td></tr>
<tr><td colspan="6">2. 业务支撑（权重 10.0）</td></tr>
<tr><td rowspan="2">2.1 基础服务平台建设（5.0）</td><td>2.1.1 域名服务系统（1.0）</td><td>建有具备防攻击能力的域名管理服务系统，多出口学校应具有智能解析能力，拥有 edu.cn 域名</td><td colspan="2">具有</td><td></td></tr>
<tr><td>2.1.2 网站群管理系统（1.5）</td><td>建有具备防篡改能力的学校、部门两级及以上网站群系统，统一管理和防护，网站的内容要新鲜有效</td><td colspan="2">具有</td><td></td></tr>
</table>

评价指标		指标描述（观察点）	院校类型		备注
1、2 级指标	3 级指标		本科院校	高职高专	
2. 业务支撑（权重 10.0）					
2.1 基础服务平台建设（5.0）	2.1.3 电子邮件系统（1.0）	建有或统一租用学校管控的具备防垃圾邮件能力的电子邮件系统	邮箱容量教师 1G 以上、学生 500M 以上，附件文件容量大于 30M		
	2.1.4 信息发布系统（0.5）	建有具备分区域能力的信息发布统一管理系统，提供文字、图像、视频、声音的广播，重要地点还可实现部分信息查询功能	具有或在建		
	2.1.5 统一消息系统（0.5）	建有邮件、短信、QQ、微信等消息间的沟通联系，实现业务应用系统可通过统一接口智能的给服务对象发送消息	具有或在建		
	2.1.6 虚拟社区（0.5）	建有校内虚拟社区（如虚拟班级、虚拟社团、BBS 等），形成师生在不同层面上开展交流讨论的在线空间，并具有规范的实名制管理	具有或在建		
2.2 基础业务平台建设（5.0）	2.2.1 统一身份认证与管理（1.0）	建有安全的统一用户认证、身份管理系统，支持多种认证机制，支持校内各信息系统间的单点登录，实现用户角色与组织机构相统一的权限管理。具有服务接口可供其他系统调用，可升级支持跨校认证	具有		
	2.2.2 统一信息门户（1.0）	建有集中的统一信息入口，可由此进入各个业务信息系统，并提供通知公告、事务提醒及内部公共信息等服务，具有个性化自定义界面，支持多种终端设备	具有或在建		

<table>
<tr><td colspan="2">评价指标</td><td rowspan="2">指标描述（观察点）</td><td colspan="2">院校类型</td><td>备注</td></tr>
<tr><td>1、2 级指标</td><td>3 级指标</td><td>本科院校</td><td>高职高专</td><td></td></tr>
<tr><td colspan="6">2. 业务支撑（权重 10.0）</td></tr>
<tr><td rowspan="2">2.2 基础业务平台建设（5.0）</td><td>2.2.3 统一信息服务接口（1.0）</td><td>建有统一的信息服务接口，包括认证服务调用接口、通信服务调用接口、流程服务调用接口、数据交换服务接口等，由此形成方便师生网上办事的一站式服务窗口</td><td colspan="2">具有或在建</td><td></td></tr>
<tr><td>2.2.4 校园一卡通系统（2.0）</td><td>建有校园一卡通管理和结算系统，发放和管理师生的射频 CPU 卡，实现校内多场合的身份识别和刷卡支付。能满足数据传输网络化、信息记录结构化、结算管理集中化和用户终端智能化。支持脱机使用，多种方式充值，并能与其他需要的业务系统对接</td><td colspan="2">具有</td><td></td></tr>
<tr><td colspan="6">3. 数据与资源（权重 25.0）</td></tr>
<tr><td rowspan="3">3.1 数据的管理与应用（5.0）</td><td>3.1.1 数据标准建设（1.0）</td><td>遵循《中华人民共和国教育行业标准 -（教育管理信息高等学校管理信息 JY/T1006—2012）》，建有学校统一的数据编码标准</td><td colspan="2">具有</td><td></td></tr>
<tr><td>3.1.2 数据交换建设（1.0）</td><td>构建主题数据库，支持各类信息系统间数据交换，支持非结构化数据的存储交换，形成数据共享能力</td><td colspan="2">具有</td><td></td></tr>
<tr><td>3.1.3 基础数据库建设（1.0）</td><td>构建能够全面覆盖学校教学、科研、管理和服务等活动的数据库，数据符合相关数据标准，确保数据精准、实时，满足大并发访问需求</td><td colspan="2">具有</td><td></td></tr>
</table>

评价指标		指标描述（观察点）	院校类型		备注
1、2 级指标	3 级指标		本科院校	高职高专	
3.1 数据的管理与应用（5.0）	3.1.4 业务数据库建设（1.0）	能够记录业务数据操作过程，提供业务查询、统计等数据服务，向基础数据库提供共享数据视图，接收从基础数据库分发的共享数据并及时更新，满足并发访问需求	具有		
	3.1.5 数据仓库建设（1.0）	用以抽取、清洗、集成校内核心信息系统数据，按不同的主题组织数据，具有自动化管理工具，支持对数据的高效访问	具有或在建		
3.2 教学资源建设与应用（9.0）	3.2.1 有统一的教学资源开发规范（1.0）	建立全校统一的数字化教学资源制作规范	具有		
	3.2.2 教学资源库建设与应用情况（2.0）	具有面向学科专业的教学资源库（含视音频点播系统）及其管理平台	具有		
	3.2.3 网络课程建设与应用（2.5）	网络课程资源完整，包括课件或视频、作业、试题，开展作业提交和在线测试等活动，实现网络课程数量逐年增长。在线运行各级各类网络课程（含MOOC、精品资源共享课程、精品开放课程等）占全部课程的比例：	≥ 15%	≥ 10%	
	3.2.4 实验和实训数字化资源及应用（1.0）	建有数字化的实验、实训网络平台与资源，并在教学中运用数字仿真与虚拟实验等系统	具有		
	3.2.5 传统实验室数字化改造（1.0）	建有实验实训教学管理平台，具有实验活动安排、设备预约、实验项目管理、实验过程记录、统计分析等功能	具有		

评价指标		指标描述（观察点）	院校类型		备注
1、2 级指标	3 级指标		本科院校	高职高专	
3. 数据与资源（权重 25.0）					
3.2 教学资源建设与应用（9.0）	3.2.6 数字化博物馆、艺术馆或校史馆（1.0）	建有数字化博物馆、艺术馆或校史馆，并应用于教学	具有	具有或在建	
	3.2.7 信息化相关的课外活动（0.5）	利用信息技术开展第三课堂教育；举办或参加与信息化相关的师生创业创新竞赛、学科竞赛等活动	具有		
3.3 科研资源建设与应用（5.0）	3.3.1 工具软件应用水平（2.0）	提供支持科研项目的正版专业工具软件	具有	具有或在建	
	3.3.2 大型仪器设备信息共享（2.0）	建有大型仪器设备的监测传感和记录装置，能够网上信息查询、预约、共享和数据统计	具有	具有或在建	
	3.3.3 高性能计算应用水平（1.0）	建有或与有关服务机构共建共享服务于全校的大规模科学计算系统	具有	具有或在建	
4. 业务应用（权重 25.0）					
4.1 教学应用（8.0）	4.1.1 多媒体教学（3.0）	采用适应课程特点的、互动的多媒体教学促进课程质量显著提升的课程占总课程的比例	≥ 80%		
	4.1.2 网络教学平台（3.0）	建有学校统一的网络教学或辅助教学平台，具备实名注册，线上资源阅读，学习过程的记录、跟踪与管理，支持实体教学的互动、数据分析与统计等功能。师生运用该网络教学平台开展课程教学改革与互动教学的比例达到：	≥ 60%	≥ 40%	
	4.1.3 移动学习平台（0.5）	网络教学或辅助教学平台支持多种移动智能终端，实现学生的移动学习	具有		
	4.1.4 网络考试系统（0.5）	建有学校统一的网络考试与试题库管理系统	具有		

评价指标		指标描述（观察点）	院校类型		备注
1、2级指标	3级指标		本科院校	高职高专	
4. 业务应用（权重25.0）					
4.1 教学应用（8.0）	4.1.5 学生的信息素养（1.0）	非计算机专业学生开设2门及以上计算机类课程，其中至少有1门是与所学专业结合紧密的计算机类课程	具有		
4.2 科研应用（5.0）	4.2.1 网上科研信息发布度（1.0）	科研管理部门采用网上发布形式的科研信息占科研信息发布总量的比例：	100%		
	4.2.2 科研协作与交流平台（2.0）	建有可供校际间科研项目协作攻关与交流平台，基本满足各类研究数据等科研要素资源的共享，具有科研项目跟踪服务以及管理与信息查询等功能	具有		
	4.2.3 科研成果转化、推广与服务平台（2.0）	建有与企业、社会实际部门等密切互动的科研成果信息发布、共享、转化与推广等服务平台	具有		
4.3 管理应用（8.0）	4.3.1 全校范围的办公自动化与事务管理（1.0）	建有在线OA与事务管理系统，具有公文流转、文档管理、任务管理、会议管理、日程安排、消息公告等功能，支持移动客户端	具有		
	4.3.2 教务管理（1.0）	建有教务管理系统，具有各级各类学生的学籍管理、教学计划管理、选课管理、成绩管理、课室管理、排课、评教、论文管理、毕业管理等功能	具有		

评价指标		指标描述（观察点）	院校类型		备注
1、2 级指标	3 级指标		本科院校	高职高专	
4. 业务应用（权重 25.0）					
4.3 管理应用（8.0）	4.3.3 学生管理（1.0）	建有对在校学生的全程管理系统，包括迎新、学生综合素质评价、奖学金评定及管理、国家助学贷款管理、勤工助学管理、处分管理以及离校、就业办理等功能	具有		
	4.3.4 科研管理（1.0）	建有科研项目和成果管理系统，具有项目申报、项目评估、过程管理、经费管理、人员管理、论文收引、学术活动、评审、考核等功能	具有		
	4.3.5 人事管理（1.0）	建有人事管理系统，具有引进与招聘、劳资、考核、奖惩、培训、国际合作交流、组织、在职人员、离退休人员、合同制人员以及人事档案等管理功能	具有		
	4.3.6 图书馆管理（0.5）	建有图书馆管理系统，具有图书资料状态的监测传感装置支持馆藏书目信息的查询及维护，具有读者服务、电子期刊数据库管理、与其他院校共享数据库等功能。具有或在建图书自助借还系统，有计划推进元数据整合和读者大数据的利用	具有		
	4.3.7 财务管理（0.5）	建有功能完善的财务管理系统，进行资金的计划、管理及核算，具有师生校内电子账号、财务信息发布与查询、网上缴费等功能	具有		

评价指标		指标描述（观察点）	院校类型		备注
1、2级指标	3级指标		本科院校	高职高专	
4. 业务应用（权重25.0）					
4.3 管理应用（8.0）	4.3.8 资产管理（0.5）	建有资产管理系统，具有固定资产与仪器设备管理、招标采购管理、房地产管理、学校投资校办企业的股份（资金）管理等功能	具有		
	4.3.9 后勤管理（0.5）	建有后勤管理系统，具有就餐服务管理、师生健康档案、校园环境管理、基建项目管理、维修服务管理、能耗排放管理、后勤服务的投诉及反馈等功能，为后勤工作规划、服务项目的确定、后勤经营服务单位的工作管理提供有力支持	具有		
	4.3.10 档案管理（0.5）	建有档案管理系统，具有档案预立卷、档案组卷、档案指导、档案利用等功能	具有		
	4.3.11 校友管理（0.5）	建有校友管理与服务平台，具有海内外校友会管理、校友信息管理、校友活动、校友联络和接待、校友网站的维护等功能	具有		
4.4 信息共享与应用（4.0）	4.4.1 业务部门内部各业务之间的信息共享（1.0）	实现部门内部信息共享和业务流转的自动化功能	具有		
	4.4.2 业务部门之间的信息共享（1.0）	实现部门之间信息共享和业务流转的自动化功能	具有		
	4.4.3 对外信息发布（1.0）	业务部门可以通过相应的平台对外公开信息和对外发布功能	具有		

评价指标		指标描述（观察点）	院校类型		备注
1、2 级指标	3 级指标		本科院校	高职高专	
4. 业务应用（权重 25.0）					
4.4 信息共享与应用（4.0）	4.4.4 综合数据处理与决策支持（1.0）	能够通过学校基础数据库及数据仓库进行数据综合分析，并实现辅助决策等功能	具有		
5. 保障体系（权重 25.0）					
5.1 组织保障（7.0）	5.1.1 信息化工作领导机构（2.0）	设立学校主要领导担任主管的信息化工作领导小组，领导小组办公室设在信息化职能管理机构，每年召开学校信息化建设与发展工作会议，制定信息化发展策略，指导信息化推进工作，加强各级领导班子的信息化意识	具有		
	5.1.2 信息化职能管理机构（2.0）	设立具有行政职能的信息化管理机构，负责学校信息化架构的顶层设计，统筹协调，明确职责，理顺关系。各院、系及其他行政机构有明确职责的信息化工作主管领导，配备相应的信息化专岗工作人员	具有		
	5.1.3 技术支撑服务体系（2.0）	设立信息化建设、技术支持和运行维护的专职服务部门，技术队伍的结构合理，并建立与各院、系及其他行政机构信息化专岗人员的协作制度。开拓技术人才队伍的招聘与培养模式，形成能适应信息化工作特点的人事、薪酬和职称评定办法，建立了奖惩机制	技术支撑服务专职工作人数不低于全校师生总数的 1‰		

评价指标		指标描述（观察点）	院校类型		备注
1、2级指标	3级指标		本科院校	高职高专	
5. 保障体系（权重25.0）					
5.1 组织保障（7.0）	5.1.4 智库体系建设（1.0）	聘请校内外教育信息化专家组成专家委员会，保障领导小组工作决策的科学性。专家委员会要对学校信息化建设规划和重大工程项目进行论证，为决策提供参考，为信息化工作提供专业的评审咨询和意见建议	具有	具有或在建	
5.2 机制保障（7.0）	5.2.1 建设规划（1.5）	统一规划教育信息化、数字化校园和智慧校园的建设蓝图，统筹设计各项建设任务的实施方案，编制信息化建设项目预算，协调推动各个信息系统的建设进度	具有		
	5.2.2 管理制度（1.5）	制定学校信息化工作的指导意见，信息化建设项目的管理办法，设备维护与更新的管理办法，信息数据的管理办法，管理系统的数据标准、接口标准、服务标准等相关规章、规定和规范	具有		
	5.2.3 决策机制（1.0）	学校信息化工作领导小组不定期召开专题工作会议，布置当前工作任务，提出工作要求，发现当前工作存在的问题，拿出解决问题的具体措施	具有		

评价指标		指标描述（观察点）	院校类型		备注
1、2 级指标	3 级指标		本科院校	高职高专	
5. 保障体系（权重 25.0）					
5.2 机制保障（7.0）	5.2.4 资金支持（2.0）	有效保障信息化建设经费投入，将信息化建设和运维专项经费纳入学校年度预算。信息化建设和运行维护经费支出结构合理，建立了统筹管理、应用驱动的建设投入管理机制	年经费投入按生均不低于 300 元		
	5.2.5 考核激励（1.0）	将学校各部门的信息化工作纳入年度工作和绩效考核。制定信息化工作人员的业绩考核办法和激励制度	具有		
5.3 运维与服务保障（4.0）	5.3.1 运维平台（1.5）	建立运维监控中心，具备网络、服务器、存储等设备的集中监控能力，具备操作系统、信息系统、数据库、中间件等软件的集中监控能力，具备机房环境指标的集中监控能力，具备智能告警及故障分析能力，并严格执行系统运维的管理制度	具有		
	5.3.2 用户服务（1.5）	建立线上、线下的网络信息用户服务窗口，帮助和管理用户使用各种信息系统，支持网上自助服务、缴费和故障报修等业务。提供正版化软件、系统补丁升级、IPTV、信息查询等校内用户公共服务	具有		

评价指标		指标描述（观察点）	院校类型		备注
1、2 级指标	3 级指标		本科院校	高职高专	
5. 保障体系（权重 25.0）					
5.3 运维与服务保障（4.0）	5.3.3 用户培训（1.0）	建立完善的用户培训制度，定期对信息化领导、信息化管理者和广大教师进行培训，整体提高学校各类人员的信息化素养。及时为学生提供使用各类信息系统所必要的指导与培训。对学校新聘人员提出信息化技能要求，实行岗前培训制度	具有		
5.4 安全保障（7.0）	5.4.1 安全制度（1.5）	制定并发布学校的计算机网络与信息安全管理办法，明确责任，强化信息系统设备、设施物理安全的保障措施。每年审核和修订各项信息安全应急预案并进行必要的演练。具有规范用户上网行为的技术措施，定期开展增强师生信息安全意识的各种活动	具有		
	5.4.2 安全检查（1.5）	确定各信息系统的安全责任人，根据国家信息安全等级保护制度，对全校的信息系统与工程进行测评和认证，执行上线前的安全审查与备案，日常运行的监测评估与年审	具有		

评价指标		指标描述（观察点）	院校类型		备注
1、2 级指标	3 级指标		本科院校	高职高专	
5. 保障体系（权重 25.0）					
5.4 安全保障（7.0）	5.4.3 系统安全（1.5）	采取有效防护措施，防止对网络、服务器和应用系统的入侵、攻击与篡改，防范计算机病毒、恶意代码的侵害。加强系统授权管理和保护，对重要服务器实时监视，建立安全审计和跟踪体系。采用漏洞扫描等手段，消除系统隐患	具有		
	5.4.4 数据安全（1.5）	采取有效技术措施，保证各信息系统数据的准确、完整和可靠。规范信息数据的使用，防止数据的泄露、丢失和篡改。对重要数据进行备份、容灾和审计保护，防止数据存储媒介的故障、损坏和失效	具有		
	5.4.5 舆情管理（1.0）	明确舆情管理的责任部门，采取具体措施，对网络舆情进行有效监控和引导，一旦出现问题能够及时处置	具有		
6. 特色与创新（此项为建设特色项目附加分，计分范围为 0 ~ 10 分）					
6.1 特色与创新（10.0）	6.1.1 列举信息化建设中的创新举措或特色应用。				

说明：

（1）本评估指标体系，采用三级指标制。一级指标 6 项，二级指标 18 项，三级指标 83 项，总分值 110 分，其中附加分“特色与创新”10 分。

（2）括弧中的数字表示相应指标的权重值。三级指标要求为“具有”的按照（指标描述完成率 * 权重）= 得分，三级指标要求为“数值”的按照（达标值 / 要求值 * 权重值）= 得分，但最高不超过权重值。

（3）三级指标为黑体字的为重要指标，共17项。

（4）对照此评估指标体系，总分达60分以上，且重要指标达到大于等于25分的，为教育信息化合格学校。